高校教材 教师教育精品教材 · 学前教育专业

学前儿童健康教育与活动指导

庞建萍　柳　倩◎主编

第 3 版

华东师范大学出版社
· 上海 ·

图书在版编目(CIP)数据

学前儿童健康教育与活动指导/庞建萍,柳倩主编.—3版.
—上海:华东师范大学出版社,2023
学前教育专业系列教材
ISBN 978-7-5760-3587-2

Ⅰ.①学… Ⅱ.①庞…②柳… Ⅲ.①学前儿童-健康教育-高等学校-教学参考资料 Ⅳ.①G613.3

中国国家版本馆CIP数据核字(2023)第066010号

学前儿童健康教育与活动指导(第3版)

主　　编　庞建萍　柳　倩
责任编辑　余思洋
责任校对　李琳琳
装帧设计　庄玉侠　俞　越

出版发行　华东师范大学出版社
社　　址　上海市中山北路3663号　邮编200062
网　　址　www.ecnupress.com.cn
电　　话　021-60821666　行政传真021-62572105
客服电话　021-62865537　门市(邮购)电话021-62869887
地　　址　上海市中山北路3663号华东师范大学校内先锋路口
网　　店　http://hdsdcbs.tmall.com

印 刷 者　上海市崇明县裕安印刷厂
开　　本　787毫米×1092毫米　1/16
印　　张　17.25
字　　数　363千字
版　　次　2023年6月第3版
印　　次　2025年3月第5次
书　　号　ISBN 978-7-5760-3587-2
定　　价　46.00元

出 版 人　王　焰

(如发现本版图书有印订质量问题,请寄回本社客服中心调换或电话021-62865537联系)

目 MU LU 录

第一章 学前儿童健康教育概述

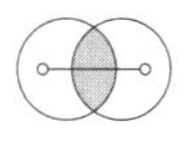

知识要点

- 健康教育的含义
- 学前儿童健康教育
- 学前儿童健康教育的目标及其达成

本书的主题是学前儿童健康教育，在探讨如何进行学前儿童健康教育之前，我们应对健康及健康教育有一个准确的理解。目前，健康已不仅仅指没有疾病或者身体健壮，而是结合社会、心理、精神、环境等诸多因素被重新定义。

那么，健康的含义是什么？健康教育的目的是什么？在学前教育阶段应当如何实施健康教育呢？

《幼儿园教育指导纲要（试行）》明确指出："幼儿园必须把保护幼儿的生命和促进幼儿的健康放在工作的首位。"2012年，教育部印发了《3—6岁儿童学习与发展指南》，其中的健康领域从身心状况、动作发展、生活习惯与生活能力三个方面，着重强调了三点：一是幼儿应具有积极、健康的身心状况，不仅包括健康的体态，也包括安定愉快的情绪和一定的适应能力；二是幼儿发展身体动作和手的精细动作，使自身具有一定的平衡能力、力量、耐力，同时动作协调、灵敏；三是幼儿应具有良好的生活与卫生习惯、基本的生活自理能力，以及具备基本的安全知识和自我保护能力。由此，我们可以看出，幼儿的健康包括身体健康和心理健康。

幼儿期是身体和心理发展的重要时期，维护和促进幼儿身心健康，不仅关系到幼儿当前的健康状况，也将对其未来的发展产生重要、深远的影响。树立正确的健康观念是开展幼儿园健康领域工作、帮助幼儿健康成长的认识基础。随着社会文明的进步以及人们对未来社会发展的关注，学前儿童健康教育已经成为重要的课程领域之一。

第一节　健康教育的含义

一、健康的含义

在相当长的一段时期中,人们认为健康仅仅是指身体的无病状态,只要身体(肉体,包括细胞、组织、器官等)没有疾病就可称为健康。但人们逐渐发现,很多疾病的发生不单纯由于身体本身的因素,而是与社会的、心理的等多种因素有关。于是,关于健康的概念被重新定义。

20世纪40年代,世界卫生组织(World Health Organization,简称WHO)对健康作出了新的定义:"Health is a state of complete physical, mental and social well-being and not merely the absence of disease or infirmity."即健康不仅为疾病或羸弱的消除,而且是体格、精神与社会适应完全良好的状态。这一表述正是人类对自身的认识不断深化的结果,也标志着医学模式从单纯的生物医学模式向"生物、心理、社会"的现代医学模式转变;同时,这一表述使健康的概念不再仅仅局限于生物学领域,而是与社会、心理、精神等诸多因素联系在一起被重新定义。

从宏观的方面来说,作为社会成员的每一个公民,其个人的健康状况都与整个社会有着千丝万缕的联系,而不仅仅是个人和家庭的事情。健康对整个社会的发展和进步是不可或缺的。

从微观的方面来说,即对个人而言,健康是生命存在最重要的条件之一,它是人们日复一日的生命旅途中的第一目标。有这样一个生动的比喻:健康为"1",事业、家庭等都是"1"后面的"0",如果有了"1",后面的"0"才有意义,如事业的成功使人拥有了"10",家庭的幸福使人拥有了"100",但是如果没有"1",后面的"0"再多也毫无意义。这个比喻将健康的本质淋漓尽致地表达了出来。

拓展阅读

健康的内涵

(1) 精力充沛,能从容不迫地应对日常生活和工作;

(2) 处世乐观,态度积极,乐于承担任务,不挑剔;

(3) 善于休息，睡眠良好；

(4) 应变能力强，能适应各种环境变化；

(5) 对一般感冒和传染病有一定的抵抗力；

(6) 体重适当，体态均匀，身体各部位比例协调；

(7) 眼睛明亮，反应敏锐，眼睑不发炎；

(8) 牙齿洁白，无缺损，无疼痛感，牙龈正常，无蛀牙；

(9) 头发光洁，无头屑；

(10) 肌肤有光泽，有弹性，走路轻松，有活力。

二、健康的标志

怎样才算是健康的呢？世界卫生组织对健康下的定义中包含三个层次的含义：一是身体健康，即生理状态良好，人体各器官、系统的功能正常，没有疾病和身体残缺，精力充沛。二是心理健康，表现为个性、处世能力、人际关系方面的良好状态：(1)良好的个性。情绪稳定，性格温和，意志坚强，感情丰富，胸怀坦荡，豁达乐观。(2)良好的处世能力。看待问题客观现实，具有良好的自控能力，能适应复杂的环境变化。(3)良好的人际关系。助人为乐，与人为善，有好人缘，保持心情愉快。三是社会适应健康，即能很好地适应周围环境、社会生活的各个方面，自己的思想、情感和行为能与社会环境的要求保持协调，能适应生活的各种变化。

由此看来，健康是立体的、全方位的概念。首先，就个体发展而言，其生物性、社会性展开的过程正是由健康所维系着的。从婴儿诞生之日起，其对周围环境和抚养者的高度依赖性，机体各器官功能的逐渐成熟性，身体各部位生长发育所需的保护性，都与健康密切相关。其次，人的社会性决定了随着年龄的增长，个体必然会受到来自家庭、邻里、集体、生活机构、社区和国家等因素的影响，这些因素都可以直接或间接地对其行为产生作用，因此社会因素与生物、心理因素交织在一起，影响和制约着人的心理健康。再次，处于信息时代的儿童往往也可能处于相互矛盾的生存环境之中，一方面高度发达的科技创新和日益丰富的物质产品为儿童提供了无限广阔的生活平台，另一方面这个生活平台也可能表现出复杂多样的特点。为此，主体与客体的平衡性、与人交往的协调性、面对环境变化的适应性都必须以健康为前提条件。

三、影响健康的主要因素

人的身体、心理和社会适应的健康状况有赖于环境、机体、病因三者之间的平衡关系。

健康是许多相互交叉渗透、彼此关联制约的因素综合作用的结果,这些影响因素可以归纳为以下四类。

(一) 环境

环境包括自然环境和社会环境。影响人类的自然环境包括化学因素、物理因素。这些因素中有些是自然界固有的,有些是人类制造的,但都以自然因素的形态对人类产生影响。个体和群体的健康,除了受自然因素的影响外,更重要的是还受到政治、经济、文化、教育、风俗习惯等社会因素的影响。

(二) 生物学因素

影响人类健康的生物学因素,一是由病原微生物引起感染甚至传染病;二是由生物性遗传因素(如某些先天的缺陷、变异、老化等)导致身体发育畸形、代谢障碍、内分泌失调和免疫功能异常等。

(三) 生活方式

生活方式是影响人体健康的重要因素。它是指人们长期受一定文化、经济、习俗、规范,特别是家庭的影响而形成的一系列生活习惯、生活制度和生活意识。随着生活水平的提高,不良的生活方式对人类健康的危害作用日益显著。现代社会中的"富贵病",其致病因素与生活方式就有着十分重要的关系。儿童营养不良的发生也与偏食、挑食、过食等不良生活方式有关。

(四) 卫生保健设施

我国的健康服务模式正在发生着变化,逐步从重视疾病的治疗扩大到防治并举,从身体健康服务扩大到身体、心理、社会适应方面的健康服务。与人们生活密切相关的卫生保健设施是保障和提高人们健康的重要影响因素。

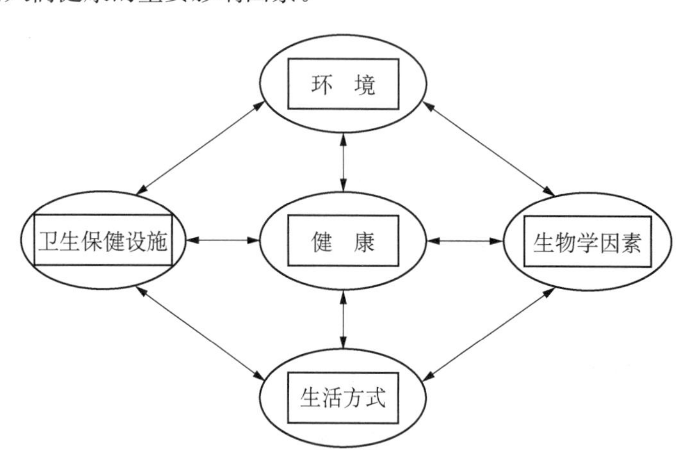

图1-1 影响健康的主要因素

四、健康教育的含义

健康教育是通过信息传播和干预行为，帮助个体和群体掌握卫生保健知识，树立健康观念，自愿采纳有利于健康的行为和生活方式的教育活动与过程。

健康教育中的教育活动是有计划、有组织、有系统和有评价的。它的核心是使人们树立健康意识，养成良好的行为和生活方式，与传统意义上的卫生宣传不同。卫生宣传是指卫生知识的单向传播，其受传对象比较泛化，不注重反馈信息和效果，常以生物医学模式的观念看待问题。尽管卫生宣传也期望人们的行为有所改变，但实践证明，仅依靠卫生宣传难以达到使行为改变的理想目的。卫生宣传定位于改变人们的知识结构和态度，是实现特定健康行为目标的一种重要手段，但不是健康教育的全部内容，也不是健康教育的最终目标。健康教育的实质是一种干预，它为人们提供行为改变所必需的知识、技术与服务(如免疫接种、定期体检)等，使人们在面临促进健康、预防疾病、治疗康复等各个层次的健康问题时，有能力作出行为抉择。所以，卫生宣传是健康教育的重要措施，而健康教育是整个卫生事业的组成部分，也是创造健康社会环境的“大卫生”系统工程的一部分。

学前儿童健康教育作为幼儿园教育活动的组成部分，与其他领域的教育一样，都是有目的、有计划地引导幼儿生动、活泼、主动活动的多种形式的教育过程。其主要功能和发展目标是保护与促进幼儿的健康，帮助幼儿丰富有关身体保健和身体锻炼的知识与技能，使得幼儿形成对待健康的积极态度和情感，逐步养成有利于健康的行为和习惯，达成身体、心理和社会适应的健全状态。学前儿童健康教育不仅为幼儿身心的发展提供了良好的健康基础，而且为幼儿园开展其他教育活动提供了良好的条件。

第二节　学前儿童健康教育

一、学前儿童生长发育的特性

学前儿童的生长发育有着自身的特点和规律，了解和把握这些特点和规律，有助于我们科学地做好学前儿童的健康教育工作。

(一) 生长发育的迅速性

学前儿童的体格发育速度很快，婴儿在 3—4 个月时的体重就能达到出生时的 2 倍；到 1 周岁时，身高一般为出生时的 1.5 倍左右，1—2 岁增长约 10 厘米。随着身体的增长，儿童的活动量和活动范围也迅速扩大，这就必然要求更多营养的摄入，以保证儿童生长发育的需要。

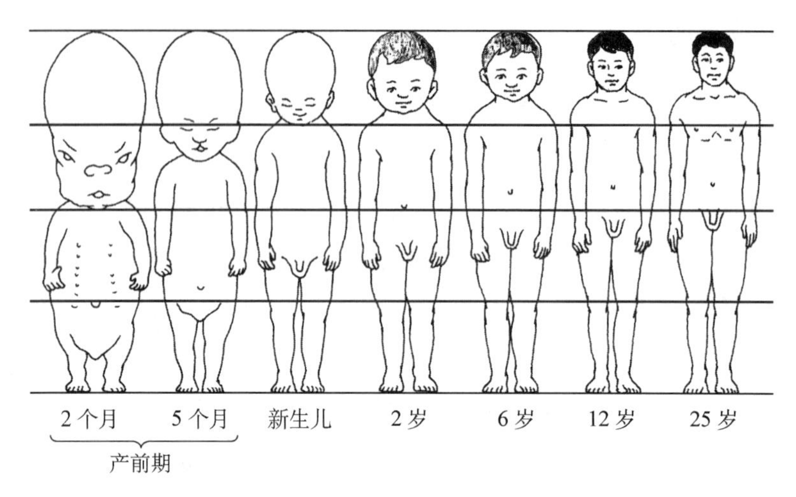

图1-2 从产前期到成年期的身体比例变化图

注:这幅图讲述了身体从上到下的发育趋势。从比例上看,与身体的其他部位相比,头越变越小,而腿却越变越长。

(二)生长发育的不等速性

人体生长发育的速度并不是均匀的,而是呈波浪式的。个体身高、体重的增长,及内脏器官等的发育都呈现出波浪式的状态,既有时间上的先后,也有机能方面的不同。其速度和方向因年龄、性别、环境等因素的差异而表现出各自的特点。

比如,身体各系统发育的不均衡性,表现在出生后神经系统,尤其是大脑最先发育,此后直到成熟期,神经系统在结构和机能上始终都是在发育的。其他系统,如运动、呼吸、消化、泌尿等系统的发育则与身高、体重的发育相似,呈波浪式。淋巴系统的发育在10岁左右达到高峰,以后逐渐下降。生殖系统的发育在孩子出生后的第一个10年内几乎没有变化,而在青春期开始后迅速发育。

(三)生长发育的连续性

生长发育是一个连续的过程,在此过程中形成的各个快慢阶段是相互影响、环环紧扣的,同时不是直线变化和不分层次的。虽然在生长发育过程中,我们看不出一朝一夕的变化,但这一过程实际是在连续不断进行着的,并自然地呈现出一定的规律性,如"头尾发展规律""正侧发展规律"等,任何一个阶段的发育受到阻碍,都会对后一阶段产生不良的影响。

(四)大脑发育的重要性

大脑发育的状况是儿童心理发展的物质基础。儿童在3岁以前,大脑神经系统的发育非常快,3岁时大脑神经细胞大体上已完成分化,之后大脑仍在不断地发育。7岁时,儿童大脑两半球皮层已变得相当成熟,皮层区细胞结构的发育也达到了成人的水平,其功能的分化基本结束。补充适当的营养，促进脑细胞的发育完善，是保证儿童身心健康成长的重要条件。

二、学前儿童健康生长的标准

按照世界卫生组织的规定，健康的理想标准应当是：使得机体的一切功能活动从童年至成年都处于最满意的状态。具体来说，学前儿童健康生长主要有以下标准。

（一）健康的身体

这是指儿童的身高、体重等测量指标符合该年龄段的正常标准。国家卫生健康委员会于2022年发布了最新的《7岁以下儿童生长标准》，该标准规定了7岁以下儿童生长水平和营养状况的评价指标与评价方法，自2023年3月1日起施行。

（二）良好的抗病能力

儿童对各种疾病的抵抗能力是体现其身体素质好坏的重要方面。两次感冒间至少间隔2—3个月，这是大多数儿童都能达到的体质水平。但若儿童免疫功能较低下，可能每月患一两次感冒或更多；也有的孩子继发了肺炎、胃肠炎等更为严重的疾病，威胁着他们的身心健康。

（三）健康的五官

健康在这里主要是指儿童听力、视力正常和口腔健康。20世纪90年代以来，人们发现儿童听力障碍、视力不良的患病率较高（占10％—20％），并有逐年增高的趋势。儿童的听力用声阻抗测试检查应该正常，视力以对数视力表检查应达到年龄相应的最低水平。另外，近年来，对儿童口腔中牙齿状况的调查更令人担忧，儿童乳牙的龋齿患病率高达40％—80％，恒牙的龋齿患病率达60％；此外，儿童牙齿排列不整齐、错位、畸形的患病率高达30％—40％。这些对儿童的消化与营养的摄入都造成了较大的影响。

（四）良好的心理与社会适应能力

每个儿童都要经历从出生时的自然人逐步转化为社会人的发展过程。儿童只有具备了健康的心理和较强的社会适应能力，长大后才能够很好地适应飞速发展的社会。当前，越来越多的儿童享受着良好的生活和教育条件，在保障孩子健康成长的物质环境的同时，不能忽略其心理健康，若孩子出现心理障碍、性格偏离、动手能力和适应环境能力差、任性、孤僻等，会影响其健康成长。

三、学前儿童健康问题的现状

当审视和探讨儿童健康方面的问题时，反映出的“儿童忽视”是世界各国普遍存在的现象。而儿童忽视可导致儿童心理及行为异常、生长发育障碍、意外伤害，甚至死亡，即对儿童的身心健康具有“毁灭性”的打击。按照学术界的定义,儿童忽视是指儿童抚养者因疏于自身对儿童照料的责任和义务,导致儿童身心健康受损的情况。一般来说,儿童忽视可分为身体忽视、情感忽视、教育忽视、安全忽视和医疗忽视五类。

从宏观的角度来看,我国的儿童忽视主要表现在以下两个方面:第一,意外伤害频繁发生。由忽视导致的意外伤害发生率逐年上升,已经占据我国0—14岁儿童意外死亡原因的第一位。有调查指出,全国每年有超过20万的0—14岁儿童因意外伤害死亡,即每3个死亡儿童中就有1个是由意外伤害所导致的。包括上海在内的3个城市中,每6个儿童中就有1个发生过意外伤害。现实表明,因儿童忽视而导致的安全隐患已经成为影响儿童健康的第一杀手。第二,情感问题日益增多。作为儿童忽视的核心问题,情感忽视的发生相当普遍,且最容易发生。“第14届国际防止虐待忽视儿童会议”的调查数据显示,目前我国3—6岁的城市儿童中,平均三成遭受了某些形式的忽视,尤其是在大城市中,因为家长不与孩子交流、游戏而造成的情感忽视已经成为发生率最高的一种忽视形式。

从微观的角度来看,儿童忽视往往表现为将儿童健康教育等同于儿童体育教育或儿童常识教育,也有部分教师和家长片面追求儿童的营养摄入,而忽视了可能由此带来的健康问题,因而导致儿童心血管疾病、肥胖症、龋齿等问题频发;忽视心理氛围的营造,对有特殊需要的儿童关注不够而致其心理问题增多;过度保护使得儿童适应环境的能力、抗挫折能力低下;在环境创设中重视“高端化”的标准而忽视自然资源的引入,重视美化却忽视儿童成长的活动性、体验性;更有在教养机构中因为教师本身的问题而造成儿童身体和心理伤害等事件的发生。

上述现状使得关注学前儿童健康教育显得更为必要和迫切,我们应当在儿童发展的总目标的指引下开展学前儿童的健康教育,使之具有实效。

四、学前儿童健康教育的目的

学前儿童健康教育是学前儿童教育的重要组成部分,其目的是通过实施健康教育,使学前儿童各个器官、组织得到正常的生长发育,能较好地抵抗各种急、慢性疾病,性格开朗,情绪乐观,无心理障碍,对环境有较快的适应能力,以达到身体、心理和社会适应的良好状态,为其一生的发展奠定基础。

(一) 基于个体发展的健康教育目的

《幼儿园工作规程》中指出,幼儿园的主要任务是“按照保育与教育相结合的原则,遵循幼儿身心发展特点和规律,实施德、智、体、美等全面发展的教育,促进幼儿身心和谐发展”。从个体发展的角度来看,通过健康教育可以达到以下三方面的目的。

1. 保障儿童身体的良好发育

学前儿童健康教育的目的首先指向儿童身体的健康,如保护学前儿童身体器官、组织的健康状态，保证各个生理系统主要功能的良好发挥，从而有效地抵抗疾病。学前儿童生理组织和构造的完整是身心良好发展的物质基础。生理上的严重缺陷极有可能导致学前儿童某些方面的发育障碍，有时还会带来生活、学习中的不便。而通过健康教育的过程，增强儿童机体的抵抗力，则有助于其随时应对变化多样的外界致病因子的侵袭。同时在幼儿期，儿童活泼好动但自我保护能力欠缺，需要通过健康教育予以保护。因此，学前儿童健康首先是指身体的健康，而身体的健康离不开健康教育的实施。

2. 促进儿童智力的良好发展

学前儿童健康教育的目的还指向儿童智力的发展。学前儿童健康的重要前提是智力发展正常。这是因为正常的智力水平是学前儿童生活、学习、交往的基本条件。幼儿期是儿童智力发展极为迅速的时期，但若由于各种原因造成早期脑损伤等，会严重阻碍学前儿童的智力发展，进而影响他们的健康水平。所以，对学前儿童实施健康教育，将在很大程度上保证和促进儿童智力的发展与提高。

3. 增强儿童情绪的良好适应

学前儿童健康教育的目的又指向儿童心理的发展。17 世纪英国伟大的哲学家和启蒙思想家约翰·洛克认为，人生幸福有一个简短而充分的描述：健全的心智寓于健康的身体。凡身体和心智都健全的人就不必再有什么别的奢望了；身体或心智如果有一方面不健全，那么即使得到了种种别的东西也是枉然。人的幸福或苦难，大部分是自己造成的。心智不明的人做事情找不到正确的途径，身体衰弱的人即使有了正确的途径也无法取得进展。因此，健康是学前儿童幸福快乐的源泉。通过健康教育的实施，能够让儿童情绪反应适度，社会适应良好，较快适应陌生的环境，没有过多的消极情绪体验，不断提高自我调节情绪的能力。

（二）基于社会发展的健康教育目的

学前儿童健康是人类生命质量得以提高的基石，是人类社会发展得以继续的条件。从社会的角度来审视学前儿童健康教育，我们认为实施学前儿童健康教育的目的，一是提高人类生命的质量，二是推动人类社会的进步。

1. 提高人类生命的质量

从儿童个体的发展来看，从稚嫩走向成熟是生命的必然。在儿童发展的过程中，通过健康教育的实施，可以保障儿童生命的健康状态。它不仅能造福于幼儿期个体的发展，而且能促进个体成年后的健康，进而改良世代的遗传素质，最终提高人类生命的质量。健康是人世间生命的第一财富。英国科学家经过科学测算得出：约 20％的国内生产总值是由劳动者的健康素质所决定的。所以“儿童是祖国的未来，儿童是祖国的花朵”，是对儿童的赞美，也寓意着儿童对于人类生命价值提高的重要性。

2. 推动人类社会的进步

儿童之于社会及社会之于儿童,是一种双向的关系,也是相互建构的过程。人类的健康是社会经济发展的动力。从这个意义上讲,学前儿童健康教育的目的是培育社会生产力中最重要的要素——人。而人的智力、精神、体能等因素在科学技术以及所有的社会活动中起着绝对的主导作用。儿童是未来社会责任的承担者、社会财富的创造者,这一使命是建立在儿童具有健康体魄的基础之上的。为此,社会的可持续发展首先是人的可持续发展、儿童生命的可持续发展,正是这种可持续发展推动着人类社会物质文明及精神文明的发展。

第三节 学前儿童健康教育的目标及其达成

一、学前儿童健康教育的目标及要求

《幼儿园教育指导纲要(试行)》明确提出了学前儿童健康教育的目标:(1)身体健康,在集体生活中情绪安定、愉快;(2)生活、卫生习惯良好,有基本的生活自理能力;(3)知道必要的安全保健常识,学习保护自己;(4)喜欢参加体育活动,动作协调、灵活。

《3—6岁儿童学习与发展指南》将幼儿在健康领域的学习与发展划分为“身心状况”“动作发展”“生活习惯与生活能力”三方面内容。

“身心状况”包括幼儿身体和心理两方面的发展状况,这是正确健康观念的重要体现。其中,从幼儿体态发育、情绪表现和适应能力三个维度提出了3—6岁阶段需要学习与发展的具体目标,集中表现为幼儿在身体形态、机能和心理发展方面的基本状况。

“动作发展”包括身体粗大动作和手部精细动作的发展目标。幼儿的动作发展是身体机能发展状况的重要表现,同时与幼儿心理的发展也具有内在联系。幼儿期是身体动作发展的重要时期。幼儿身体动作的发展是其适应社会生活必备的基本条件。

“生活习惯与生活能力”包括与幼儿健康成长密切关联的生活习惯、卫生习惯、生活自理能力、安全知识和自我保护能力。良好的生活与卫生习惯是维护和促进幼儿自身健康的重要保证。幼儿期正是良好行为形成和良好习惯养成的重要时期。幼儿需要从学习生活开始,为今后的独立生活打下基础,同时生活自理能力和安全生活能力也是幼儿适应社会生活必备的重要能力。

二、学前儿童健康教育目标的层次

学前儿童健康教育目标是使幼儿的身心发展达到预期的健康水平,其中包含着健康教

育的终极目标、分类目标、年龄阶段目标以及教育活动目标等层次。

1. 终极目标

学前儿童健康教育的终极目标包括：(1)促进幼儿身体的正常发育，增强幼儿的体质，促进幼儿身心健康发展；(2)培养幼儿对体育活动的兴趣和积极参加体育锻炼的习惯，发展幼儿的基本动作，同时培养幼儿活泼、开朗、勇敢、不怕困难等心理品质；(3)帮助幼儿获得基本的健康常识，培养良好的生活习惯，获得初步的自我保护意识和能力。

2. 分类目标

学前儿童健康教育的分类目标是对健康所涉及的内容进行归类(如"生活习惯""饮食与营养""人体认识与保护"等)，然后据此确定相应的目标。如"生活习惯"的目标可以确定为：(1)培养幼儿良好的作息、睡眠、排泄、盥洗、整理等生活卫生习惯；(2)帮助幼儿了解初步的卫生常识和建立有规律的生活秩序；(3)帮助幼儿学会多种整理卫生的技能，逐步提高幼儿的生活自理能力。

3. 年龄阶段目标

学前儿童健康教育的年龄阶段目标是以不同年龄阶段幼儿的身心发展特征为依据而确定的健康教育目标，它保证了幼儿健康教育的适宜性和发展性。

4. 教育活动目标

学前儿童健康教育活动设计的目标是上述目标的具体化，也是教师实施学前儿童健康教育时在操作层面上的具体要求。

学前儿童健康教育的过程是围绕着终极目标，制定出分类目标，再分解至年龄阶段目标，最终通过具体的教育活动达成目标。

拓展阅读

健康教育课程目标层次解析

一、课程理念

提升每一个孩子健康生活的品质，具体阐释如下：

(1) 以每一个孩子为本，让每一个孩子欢乐地享受与其年龄阶段相适应的健康生活，满足其生理、心理的发展需求，使其在安全、和谐、健康的环境中获得全面发展。

(2) 尊重每一个孩子身心发展的规律，促进其在快乐的"共同生活、探索世界、表达表现"中形成健康人格。

(3) 立足于每一个孩子未来的发展,给予机会,赋予意义,成就真、善、美的健康人生。

二、课程目标

(一) 总目标

通过课程的实施,促进婴幼儿身体结实、情感真实、经验扎实、行为笃实,成为健康活泼、好奇探索、文明乐群、亲近自然、爱护环境、勇敢自信、有初步责任感的儿童。

(二) 具体目标

(1) 初步了解并遵守共同生活所必需的规则,体验并认识人与人之间相互关爱协作的重要性和快乐感觉。

(2) 初步形成文明卫生的生活态度和习惯,独立自信地做力所能及的事,有初步的责任感。

(3) 积极活动,增强体质,提高运动能力,加强行动的安全性。

(4) 亲近自然,接触社会,初步了解人与环境之间的依存关系,有认识和探索的兴趣。

(5) 初步接触多元文化,能发现和感受生活中的美,萌发审美情趣。

(6) 积极尝试运用语言及其他非语言方式表达和表现生活,具有一定的想象力和创造力。

(7) 乐于感知并及时表达情绪感受,学习基本的调控情绪的方法,明白保持情绪稳定和愉快的重要性。

(三) 各年龄段目标

表1-1 各年龄阶段目标

年龄阶段	目标
小班 3—4岁	(1) 有独立做事的愿望,学习正确洗手、穿脱衣服、自己用餐及喝水。 (2) 能接受成人的建议和指示,知道遵守集体生活中的基本常规,体验与教师、同伴共处的快乐。 (3) 能主动与熟悉的人打招呼,学习使用礼貌用语,在成人的启发下能够帮助他人。 (4) 爱护玩具和物品,学习收拾与整理。 (5) 了解身体主要部位的简单功能,知道避开日常生活中的危险。 (6) 对体育活动感兴趣,尝试用各种材料和器械进行身体活动,学习一些基本的运动方法。 (7) 喜欢观察周围环境中不同的物品,尝试对它们进行分类、对应、排序等,发现不同物品之间的差异。 (8) 尝试用普通话表达自己的想法,喜欢翻阅图书。 (9) 喜欢做音乐游戏,能感受游戏中节奏、旋律的显著变化,并随之变换动作。

续　表

年龄段	目　　标
	(10) 尝试用多种材料和工具，运用画、折、搭、剪、贴等方法自由地表现熟悉物体的粗略特征，并作简单想象，体验艺术创造的乐趣。 (11) 初步认识和体验几种基本的情绪情感，逐步学习用语言表达自己现在的感觉是什么，并在成人的帮助下找到造成该情绪表现的原因。 (12) 愿意表达自己的情绪，能大胆提出自己的愿望和要求，学习努力完成一件事。 (13) 乐于去幼儿园，感受幼儿园的温暖、友好、自由、安全，逐步建立对教师和同伴的依恋关系。 (14) 初步建立自信心，知道遇到问题、困难不害怕，可以寻求帮助。
中班 4—5 岁	(1) 学会正确地刷牙和使用筷子、手帕、毛巾、厕纸等，对自己能做的事情表现出自信。 (2) 有初步的同情心和责任意识，能完成力所能及的任务。 (3) 爱父母、教师、长辈。了解他们的职业，尊重他们的劳动。 (4) 知道和遵守日常生活中的规则。学习控制自己的情绪和不恰当的行为。 (5) 了解人的身体和年龄变化，能配合疾病的预防和治疗，对危险事物与信号能及时作出反应。 (6) 通过尝试、模仿与练习，使动作轻松、自然、协调。 (7) 亲近自然，能够以简单的观察方法，有目的地感知周围的自然物和自然现象，初步发现自然的变化对人类和植物的影响。 (8) 结合日常生活，学习并识别数字，初步理解数量、重量、颜色、质地、距离、方位和时间等概念，学习比较和测量的方法。 (9) 学会用结伴、轮流、请求、商量等方式与人交往。能够倾听和理解他人意思，积极地表达自己的主张。 (10) 对阅读感兴趣，初步理解图书所表达的内容。学习欣赏各种中外儿童艺术作品，初步留意周围符号的意义。 (11) 愿意尝试使用各种材料、工具和操作方法，进行拼装、拆卸、制作和绘画，有初步的想象力，体验成功的快乐。 (12) 在游戏中愿意用动作、歌声、语言等表现所理解的事物和自己喜欢的角色。 (13) 认识和体验情感，学习用较恰当的方式表达自己的情绪。 (14) 能大胆发表意见和表现自己的才能，勇于按自己的想法大胆尝试完成任务。 (15) 能识别并察觉他人的情绪变化，逐步理解别人的需要、感受，能谅解他人，并在他人有困难时给予力所能及的帮助。 (16) 学习独立完成任务，做事有始有终，相信自己能把事情做好，体验成功的乐趣，增强自信心和独立性。
大班 5—6 岁	(1) 有基本的生活自理能力，养成良好的饮食、睡眠、排泄、盥洗、整理物品等生活习惯，独立自信地完成力所能及的事。 (2) 体验人与人之间相互交往、合作的重要性和快乐感觉，尊重他人的需要。形成良好的自我意识、规则意识，学习评价自己和同伴。 (3) 积极参加体育活动，大胆尝试新奇、有野趣的活动，获得进行身体活动的经验，动作协调、灵活。具有安全意识和初步的自我保护能力。 (4) 进行探究、操作、实验，对事物变化发展的过程感兴趣，积极尝试用简单的认知方法发现问题、解决问题。 (5) 了解环境与人们生活之间的依存关系，具有热爱自然、珍惜资源、关心和保护环境的意识。 (6) 了解社区内及城市中的典型设施、景观，参与民间节日活动，萌发爱祖国、爱家乡的情感。

续 表

年龄段	目 标
	(7) 对衣、食、住、行等基本物品的来源和所接触的科技成果感兴趣,开始接触与运用多媒体,学习多途径收集和交流信息。 (8) 知道一些来自不同地域、不同种族的人,以及他们的风俗习惯,有初步的多元文化意识。 (9) 了解现实生活中数的实际意义,能从生活和游戏中感受事物的数量关系,获得一些时间、空间概念,会进行比较、推理等智力活动。 (10) 能从多方面感知周围生活中的美,能大胆用唱歌、跳舞、演奏、绘画、制作、构造、戏剧表演、角色游戏等形式表现自己的感受、体验,进行想象与创造。 (11) 能大胆、清楚地表达自己的想法,倾听同伴的讲述。会主动用语言与人交往。 (12) 关心日常生活中需要掌握的简单标识和文字,尝试用图像、文字、符号等形式表达自己的意思。 (13) 清晰准确地体验和认识情感,会用恰当的语言、动作、表情表达自己的情绪。 (14) 学会适当宣泄情绪,尝试用多种方法调控情绪,保持良好的情绪状态。 (15) 对自己充满信心,能承受一定的挫折,有不怕失败、坚持到底的精神。 (16) 学习协商、合作处理同伴交往中的问题,有初步的公平竞争意识和社会适应能力。

三、学前儿童健康教育目标达成的途径

在健康教育目标达成的过程中,我们必须关注健康教育自身的特点,同时也要兼顾它与其他领域教育在内容和形式上的融合。

(一) 幼儿园、家庭、社会的多通道实施

美国学者布朗芬布伦纳认为,儿童的发展受到与其有直接或间接联系的生态环境的制约,这种生态环境是由若干个相互镶嵌在一起的系统所组成的,而系统中的每一个因素对儿童的发展都具有重要的意义。由此,我们应将儿童的健康教育放在一个大教育的背景中实施,它包括幼儿园健康教育、家庭健康教育和社会健康教育。

1. 幼儿园健康教育

《幼儿园教育指导纲要(试行)》要求幼儿园把促进幼儿的健康放在工作的首位,这决定了学前儿童健康教育是学前儿童教育最为重要的组成部分。该文件明确要求:“教育活动内容的组织应充分考虑幼儿的学习特点和认识规律,各领域的内容要有机联系,相互渗透,注重综合性、趣味性、活动性,寓教育于生活、游戏之中。”所以,在幼儿园中实施健康教育,需要做到以下几点。

第一,健康教育与其他领域教育的融合。一方面,各领域教育可以帮助实现学前儿童健康教育的某些目标,如通过语言活动,发展幼儿的人际交往能力,使其“讲话礼貌”“注意倾

听”“大胆清楚地表达”；通过社会活动，培养融洽的人际关系，使其“乐意与人交往”“有同情心”“自尊心和自信心得到增强”；通过艺术活动，抒发内心的情感，促进健全人格的形成；通过科学活动，满足幼儿的好奇心，培养初步的环保意识；等等。另一方面，幼儿健康知识的学习过程、健康态度的转变过程以及健康行为的形成过程，都离不开各领域特有的教育形式的密切配合，如以朗朗上口的儿歌、形象有趣的谜语、声情并茂的故事、栩栩如生的画面、环环相扣的探究等，唤起幼儿了解自己身体的欲望、对健康食品的兴趣和对健康行为的向往。

上述健康教育目标在幼儿的动作与技能、情感与态度以及认知等方面的具体体现为：(1)动作与技能的健康发展，包括：动作协调、灵活，发育正常，体质增强；有基本的生活自理能力和良好的生活卫生习惯，学会保护自己；能运用各种感官探究问题。(2)情感与态度的健康发展，包括：在集体生活中情绪安定、愉快；喜欢并主动参与各项活动，有自信心；乐意与人交往，讲话礼貌，愿意互助、合作和分享，有初步的道德感；不怕困难，有初步的责任感；关心周围环境，有好奇心和求知欲；能初步感受生活和艺术中的美，并能大胆地表现自己的情感和体验。(3)认知的健康发展，包括：知道必要的安全、营养等方面的保健常识；理解日常用语并能清楚地表达自己想说的事情；了解且遵守日常生活中基本的社会行为规则；认识常见的动植物，有初步的环保意识；了解生活和游戏中最初步的数量关系。

第二，健康教育与课程形式的贯通。课程实施有三种取向：一是忠实地执行课程计划；二是根据幼儿园实际情况对课程计划加以调整与改变；三是整合师生共创的教育经验，开发课程。下文案例中的上海市实验幼儿园在这方面进行了卓有成效的尝试，他们通过整体的架构与设计，较好地诠释了幼儿园健康教育课程。

案例

健康教育课程的架构与设计

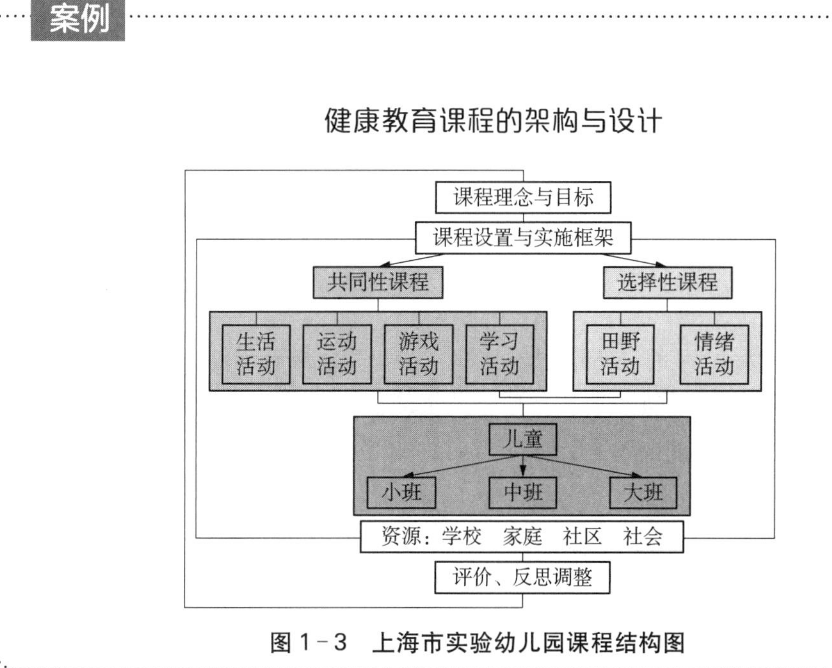

图 1-3 上海市实验幼儿园课程结构图

课程结构

我们从课程目标出发,整体建构幼儿园课程体系,从课程功能维度出发,将课程分为共同性课程和选择性课程。

共同性课程是指面向全体幼儿、促进幼儿基本发展的课程,它着眼于最基本的经验积累,使每个幼儿都能积累相应的体验和感受,获得最基本的发展。

选择性课程是指在共同性课程中凸显、渗透"健康教育"的理念,自然融合"健康教育"的动作与技能、情感与态度、认知培养。主要是在主题背景下,采用"融合、自主体验"等方式,与生活活动、运动活动、游戏活动、学习活动的形态交互、交织着呈现于幼儿的一日生活之中。在选择性课程中强化幼儿健康生活的意识、健康生活的知识、健康生活的能力和健康习惯的养成。

其中,田野活动是由多方共同参与,让幼儿在幼儿园内外的真实生活场景中,通过现场感知、情境操作和互动交流进行的一种学习和体验活动,注重自然、社会和人文环境的熏陶。

情绪活动是以绘本为载体,以促进幼儿心理和人格的健康成长为目的,围绕幼儿情绪发展的特点与现状开展的共情活动。

课程内涵

(一) 重在"健康"

(1) 满足每个孩子享受健康服务、健康环境和健康教育的基本权利。

(2) 保障孩子的身心安全和健康。

(3) 为孩子现时和未来的健康生活奠定良好的基础。

(二) 凸显"儿童"

(1) 每一个儿童:指每一个儿童获得的机会是均等的,是符合其年龄阶段身心发展规律并兼顾不同经验水平的。

(2) 不同的儿童:尊重儿童与生俱来的诸多差异,注重环境及教育的影响给儿童带来的适宜发展。

(3) 未来的儿童:谋求为儿童的未来发展、终身发展奠基的教育,是建立在儿童自身经验基础上的情感、认知、能力、社会性的建构和全面、和谐、健康的发展。

(三) 强调"综合"

(1) 健康教育的目标包含对儿童生理和心理健康的保障与服

务，是全面的、全程的、全员的、全方位的。

(2) 健康教育的内容应综合儿童的生活经验、追随儿童的生活经验，又螺旋式上升、回归儿童的健康生活。

(3) 健康教育的学习，是在主题背景下，采用“融合、自主体验”等方式，以生活活动、运动活动、游戏活动、学习活动的形态交互、交织着呈现于幼儿的一日生活之中。

课程组织形式

幼儿园课程主要以幼儿园一日生活的形式组织实施。将幼儿园一日生活中的主要活动归纳为四类，即生活活动、运动活动、游戏活动、学习活动，它们既综合地指向课程目标与内容，又保持各自活动的特点。

(1) 生活活动：主要指生活自理、交往礼仪、自我保护、环境卫生、生活规则等方面的活动，旨在让幼儿在真实的生活场景中自主、自觉地发展各种生活自理能力，形成健康的生活习惯和交往行为，在共同的生活中愉快、安全、健康地成长。

(2) 运动活动：主要指体操、器械运动、自然因素锻炼等活动，旨在提高幼儿的身体素质、动作协调能力和适应环境的能力，为幼儿健康的体质奠定基础。

(3) 游戏活动：指幼儿自发、自主、自由的活动。游戏活动对幼儿发展有重要的价值，游戏活动能发展幼儿的想象力、创造能力和交往合作能力，促进幼儿情感、个性健康发展。

(4) 学习活动：主要指讨论、阅读、听赏、制作、表演、实地参观、收集信息等活动，旨在激发幼儿主动探索、积极体验，使幼儿在认知能力和态度上不断进步，为后续学习打下基础。

2. 家庭健康教育

在家庭生活中培养儿童健康的行为习惯，可以针对儿童的情况，并结合幼儿园的实际，使儿童的健康教育与幼儿园的健康教育同步，从而大大地增强教育的有效性，将健康教育的目标落到实处。比如，在儿童健康方面，肥胖是个让人担忧的问题，虽然家长也知道肥胖对儿童的生长不利，但往往缺乏有效的办法来改进这一状况。所以，在肥胖儿童的干预中，家庭健康教育是十分重要的。具体做法可以是：(1)改变进餐习惯。正确的进餐顺序是：水果、汤、菜、肉、主食；进餐时间大于30分钟/餐；小碗多次盛饭；每口嚼10次以上再吞咽；餐间可安排幼儿盛饭、拿餐具等。(2)改变生活行为。如边吃饭边玩手机、吃完饭后就静卧静坐、爱吃零食、爱喝饮料、出门以车代步等不良行为,都要加以改变。(3)增加适量运动。在家要保证幼儿拥有充足的户外活动时间,家长与孩子、孩子与孩子(邻里)之间的运动游戏可以使幼儿体验到不同于幼儿园中的乐趣,是增进儿童健康的好方法。

3. 社会健康教育

促进与发展儿童健康,是儿童全面发展教育的有机组成部分。它一方面有赖于健康教育模式的建立与完善,另一方面则需要儿童医疗卫生保健、健康教育工作者及家庭和社会诸方面的共同努力,使幼儿园、家庭、社会形成合力,具体实施与开展健康教育。社会健康教育可以从以下几方面着手:第一,加强妇幼保健工作中的宣传导向,强化儿童健康观念,科学确定教师及家长进行儿童健康教育活动的内容;第二,加大社会健康教育的投入,建立配套的健康教育场所,缓解儿童健康教育设施的不足;第三,举办社会健康教育活动节,扩大健康教育的组织形式,大力开展社区健康教育活动,特别是有儿童参与的、以家庭为单位的健康教育活动;第四,充分利用专业健康教育机构、医疗卫生机构、多种媒体、各类社会团体、其他社区和街道资源,争取各种力量的参与和配合,以发挥各自的优势和特点,使对儿童的健康教育取得良好的效果。

图1-4 社区健康教育宣传栏

(二) 身体、心理、社会适应三个维度的结合

幼儿园实施健康教育,首先,要确保儿童生活的基本物质环境,以儿童的生活需要为出发点,物尽其用,既非卫生设施不全也非盲目追求豪华;其次,幼儿园应加强心理环境的构建,确保儿童、教师、园长及家长之间的关系是相互平等和彼此信任的,教师对幼儿既非高控制或高约束,也非放任而无约束;再次,幼儿园应重视信息环境的创设,满足儿童交往、探究之需,为儿童提供适宜的信息,既非缺乏也非过剩。

在实施健康教育的过程中，当儿童发展处于一种协调状态时，就达到了健康教育身体、心理、社会适应三个维度结合的境界，这种结合能保证学前儿童健康教育的切实有效性。

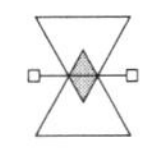

教与学的建议

1. 教师可带领学生实地参观或观看视频，了解幼儿园健康教育活动的基本情况，增加学生对课程的感性认识。

2. 学生自主学习《3—6 岁儿童学习与发展指南》，了解健康教育及其在儿童全面发展中的地位和作用。

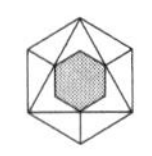

本章思考题

1. 试述健康及健康教育的含义。
2. 试述学前儿童健康教育的目的。
3. 在学前教育中应如何达成健康教育的目标？

第二章　幼儿园健康教育活动的设计和实施

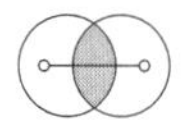

知识要点

- 幼儿园健康领域课程中的教育活动的设计和实施
- 幼儿园整合课程中的健康教育活动设计

领域课程和整合课程是幼儿园健康教育活动中两种不同的课程组织模式，它们在功能上互补，各有其存在的价值，与之相对应的教育活动的设计和实施也各有特点。需要指出的是，这两种课程反映了人类认识的两种基本方式，它们相互关联而又相互独立。两种课程在实现教育目标中共同发挥作用，都是不可或缺的，缺少其中任何一种都将导致课程结构的不平衡。就幼儿园健康教育的课程结构而言，包括领域课程和整合课程两个方面才是合理的。

第一节　幼儿园健康领域课程中的教育活动的设计和实施

一、幼儿园健康领域课程的内涵和特点

对幼儿园健康领域课程的内涵和特点的认识是建立在幼儿园领域课程基础之上的。

（一）幼儿园健康领域课程的内涵

幼儿园领域课程就是将课程分成若干个学科或领域，以学科或领域为单位组织和实施课程，是幼儿园教育实践中的一种常见形式。[1] 其中，幼儿园健康领域课程就是以健康领域为单位组织和实施的课程。

从课程功能出发，领域课程属于知识性课程，立足于准备生活的课程价值观，是从不同

① 朱家雄. 幼儿园课程[M]. 上海：华东师范大学出版社，2003：17.

的分支领域中选取一定内容，根据社会规定的教育目的和学生的可接受性，把浩繁的知识内容加以适当的精心选择，按照科学的逻辑合理地编排，转化为学科（领域）体系，构成相应的课程。

领域课程的知识规范性、系统性比较强，前后知识的衔接比较紧密，知识系统稳定，强调对学生的系统训练，使学生循序渐进地理解和积累知识技能，有序地接受人类文化遗产，促进学生对各学科（领域）的掌握。

在我国，以分领域的方式设计幼儿园课程始于20世纪50年代，受到苏联学者凯洛夫、乌申斯基、乌索娃等人的理论的影响，当时我国幼儿园课程改革的指导思想主张，在儿童发展中起决定性作用的是掌握人类社会历史进程中积累的知识，在这些知识中，仅依靠儿童直接经验获得的是很小的部分，大部分是比较复杂的知识和技能，必须通过专门的教学方可获得；在儿童的发展中，教师应该发挥直接的主导作用。由此观念出发，更强调知识的领域课程自然就成为了当时幼儿园课程的主流形式。

20世纪50年代的《幼儿园暂行规程（草案）》和《幼儿园暂行教学纲要（草案）》中，明确规定了幼儿园的培养目标，主张对幼儿进行全面发展的教育。在课程的组织上，主要采用分领域的模式，把幼儿园的教育内容分为包括体育在内的六个领域，强调各领域的计划性和系统性，强调教育在儿童发展中的作用，强调系统知识对儿童智能发展的影响。在这一时期，各领域内容注重纵向的系统性，按照各自的体系和幼儿的年龄特点提出要求，按照由浅入深、由近及远、由个别到一般、由具体到抽象的原则进行编排，然后制订严密的学科工作计划。强调通过必修作业与选修作业来达成教学目标。值得一提的是，20世纪50年代的幼儿园课程改革奠定了我国领域课程的格局。

20世纪70年代末、80年代初，随着幼儿园教育教学工作的恢复，分领域教育教学模式又在新的条件下得到应用，当时的领域依然是原有的六个领域。

之后，由赵寄石主编、南京师范大学出版的一套“幼儿园课程指导丛书”中，包括了五个课程领域：健康、社会、语言、科学和艺术，其中健康领域由身体保健和身体锻炼两部分组成，包括原有的体育和生活卫生习惯等方面的内容。

当前，《幼儿园教育指导纲要（试行）》及《3—6岁儿童学习与发展指南》中均明确提出了健康领域教育。在幼儿园实际工作中，通过幼儿园课程中与健康直接有关的学科或者领域进行健康教育，是幼儿园健康领域课程的实施途径之一。一般来说，分领域的幼儿园健康教育的内容可以分为：身体素质与运动能力、个人卫生习惯、环境卫生教育、生活方式教育、心理卫生教育、安全教育。

（二）幼儿园健康领域课程的特点

幼儿园健康领域课程作为分科课程在幼儿园课程中的表现形式，具有分科课程的基本特点。

1. 有助于突出教学的逻辑性和连续性

健康领域课程一般是具有内在逻辑结构的课程,因为其更加具有系统性,依据领域内部结构展开,故能够使幼儿按照学科逻辑更加系统地掌握知识和技能,在较短时间内获得学科系统知识。健康领域课程注重知识的相对独立性,注重学生的智力因素,重在发展学生的认知功能,其逻辑起点即为知识。

2. 有助于体现教学的专业性、学术性和结构性,组织教学与评价,提高教学效率

教师在设计教育活动时,特别注意将活动目标落实到活动过程中,使活动步骤能够体现所提出的目标;同时,活动的每一个步骤都对教师和幼儿的相互作用提出了明确的指导。因此,领域课程具有比较强的操作性。

3. 容易忽视儿童的兴趣和需要,导致各领域之间彼此割裂,从而限制儿童的视野

由于领域课程更多地考虑知识的系统性和知识结构的逻辑性,其教育活动的设计更多是在教师或者课程专家的预设下完成的,这样就难免忽视了儿童的兴趣和需要。同时,由于过于强调领域本位、缺乏整合,易导致各领域之间彼此割裂。

当然,如果能够根据教育背景和各种条件,把握好课程价值的尺度,可使领域课程较为理想地完成领域教育的各种目标,同时兼顾儿童发展、学业知识和技能、社会文化的要求等方面。这样做的要点是根据领域课程本身的特点,把握儿童在该领域内学习和获得概念的规律,充分调动教师和儿童两方面的积极性,通过最优化的方式组织教育活动。

二、幼儿园健康领域课程的学科基础

作为一门学科,幼儿园健康教育是建立在健康、健康教育、学前儿童健康等概念基础上的,因此,对于这些基本概念的理解,有助于我们把握幼儿园健康领域课程的学科基础。

世界卫生组织对健康的定义中,已经明确了健康的概念包括身体、心理和社会适应等维度。从这个三维健康维度出发,可以将学前儿童健康定义为学前儿童身体、心理和社会适应的健全状态,具体是指学前儿童身体各个系统正常生长发育,没有身体疾病或体弱现象,性格开朗,情绪乐观,对环境具有良好的适应能力。

国外学者提出影响个体或群体健康状况的因素是环境(自然环境和社会环境)、保健设施、生物学因素和生活方式。世界卫生组织指出,健康教育作为影响人类健康的重要途径之一,其目的在于鼓励人们采取和维持健康的生活方式,充分利用现有的卫生服务,作出个人或集体的决定,以改善人们自己的健康状况和生活环境。而我国学者在此基础上,归纳了健康教育的三个关键性概念:儿童的生长发育;儿童与自然、社会环境的交互作用;有关儿童健

康问题的决策和采取的行动。

作为健康教育的基础，学前儿童健康教育的最终目标是促进学前儿童的健康发展，提高学前儿童的健康认知水平，改善学前儿童对健康行为的态度，使学前儿童养成良好的生活卫生习惯、学习卫生习惯和体育锻炼习惯，培养活泼、开朗等良好的心理品质和社会适应能力。学前儿童健康教育涉及范围甚广，为了保证内容结构的逻辑性，应该把握健康教育的关键性概念，以此为线索选择、制定、组织和安排健康教育的内容，这样才能使健康教育具有比较完整的结构和体系。

三、幼儿园健康领域课程中的教育活动设计的原则

应该指出的是，健康领域课程的设置可以在结构化程度上表现出差异。领域仅仅只是形式，结构化程度高的幼儿园健康课程反映的是以教师为中心、以课程的行为目标为导向、以结果为评价标准的课程特点，教育活动以领域所具有的特点作为设计的重要依据，以领域所特有的方式得以展开；相反，低结构化的幼儿园健康课程，反映的则是以儿童为中心、以课程的过程原则为取向、以活动过程为评价依据的课程特点，教育活动在健康领域本身的结构性方面有所减少，力求使教育活动尽可能贴近儿童的真实生活经验。

由于领域课程的长处在于能够通过领域的方式实施较高结构化的课程，所以，在设计健康领域课程中的教育活动时，应当尽可能发挥领域课程具备的长处，避免其短处。朱家雄提出幼儿园领域课程中教育活动设计的原则：所计划的教育活动的程度应当尽可能与儿童的发展水平相当，所计划的教育活动的次序应当尽可能与儿童的发展顺序相接近，所计划的教育活动应当尽可能符合儿童个体和群体的需要。①

四、幼儿园健康领域课程中的教育活动的实施实例

正是由于健康领域课程在结构化程度上可以有所不同，所以，在健康领域课程设计中就有了两种不同的倾向。

（一）以教师计划为主的健康领域教育活动

这类健康领域教育活动以教师为教育活动的主体，教育目标比较特定，教育活动的内容主要根据健康领域的性质而由教师或者课程专家决定，选择和组织领域内容的主要依据是健康领域本身的逻辑顺序，对健康教育活动的评价标准是预定的目标是否达成。尽管这种以教师为主体的设计倾向，并不排斥对儿童发展和儿童兴趣方面的重视，但是，这种教育活动的基本性质决定了它很难在真正意义上符合每个儿童的兴趣和需要，很难使每个儿童都

---

① 朱家雄.幼儿园课程[M].上海：华东师范大学出版社，2003：175.

能够在原有水平上得到发展。

但实际上,这种设计倾向在我国学前教育领域已有了相当长的历史。在学前教育机构中,教师计划的活动有其特殊的作用,儿童所需要的有些学习内容是难以通过以儿童为中心的经验而获得的,许多儿童是通过观察别人和被告知如何做而学会这些技能的。大多数教师计划的活动强调的是知识和技能的直接传递,以教师为主体能够比较好地实现某些知识和技能的获得,以及能够在比较短的时间内获得可以进行客观评量的结果,所以依然具有相当的现实意义。

案例

饮水排排队

设计思路

小年龄的幼儿喝水时,喜欢玩水龙头,又加之有明显的自我中心倾向,常常会与其他小朋友发生争抢。教师应经常提醒幼儿,培养其良好的习惯,同时在环境创设上应注意:组织幼儿分批去喝水,在饮水处放些小椅子,让幼儿坐着安心喝水或等待。在小班下学期,培养幼儿有序、谦让地饮水,饮水时能够耐心等待不推不挤,喝完一杯再倒一杯等良好的喝水习惯是非常有必要的。

图2-1 饮水排排队

活动设计

1. 给杯子找"家"

记住自己的标记,将标记贴在放置杯子的地方,把自己的杯子送回"家"。应注意每个幼儿需要识记的生活用品标记应一致,这样便于记忆和辨认。

图2-2 给杯子找"家"

2. 经常观察幼儿小便的颜色

颜色太黄,就要及时提醒幼儿喝水。注意在运动出汗后、进餐前、午睡起床后等时段适时提醒幼儿补充水分。

3. 小实验

取两棵植物，让幼儿只为其中一棵植物经常浇水，引导幼儿观察两棵植物的变化，想想说说：植物可以不喝水吗？以此教育幼儿平时要多喝水。

图 2-3　植物喝水后的变化

环境创设

1. 环境创设图片

(1)

(2)

图 2-4　饮水儿歌

图 2-5　排队饮水的等待区域

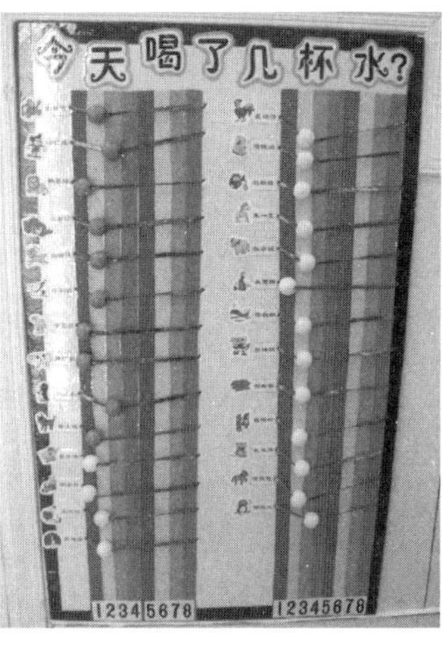

图 2-6　饮水记录板

2. 创设思路

(1) 饮水儿歌。

创设地点：饮水桶旁、班级主题墙上、活动室外墙面上或独立展板上。

展示内容：儿歌《宝宝天天爱喝水》，让幼儿知道每天都要喝水，爱喝水身体好。儿歌《全都喝完不浪费》,告诉幼儿喝水的好方法,使幼儿知道喝多少倒多少。儿歌《我来帮你擦干泪》,让幼儿知道喝完水要及时关掉水龙头,不浪费水。

设计思路:结合饮水提示板的内容,通过儿歌和小贴士,让幼儿在说说念念和浸润的环境中将饮水的好习惯潜移默化地记在心中,帮助幼儿养成饮水的好习惯。

(2) 排队饮水的等待区域。

创设地点:饮水桶前。

展示内容:依序摆放的小椅子。

设计思路:在帮助幼儿养成各种好习惯时,一定要给幼儿创设一个良好的环境,利用物品或标记让幼儿知道有序排队、学会等待、不争不抢、倒完水让出水龙头靠墙站等好习惯。幼儿从原先的推推挤挤喝水到积极有序地排队喝水,与教师创设的饮水环境有关,教师为幼儿创设简单易懂的环境,让幼儿在指引下有序喝水,形成一个良好的喝水环节。

(3) 饮水记录板。

创设地点:饮水桶旁或独立展板上。

使用方法:幼儿在喝水后,把自己姓名标记旁边的小珠珠移动一格。喝一杯,移一格。直观记录、展示自己每天的饮水量。

设计思路:在饮水桶旁用一种富有趣味性的记录方式创设可与幼儿产生互动的环境。喝一杯,移一格,其实就是让幼儿知道喝完一杯再倒一杯;同时让幼儿能够主动饮水,并让教师和家长及时关注幼儿的饮水情况,给予适时的引导和提醒,帮助幼儿养成健康饮水的好习惯。

(上海市徐汇区宛南实验幼儿园　苏　婷)

(二) 教师与儿童共同计划的健康领域教育活动

这类教育活动以课程专家或教师预定的计划为主,但在计划的实施中更多考虑了儿童的兴趣和需要,在教育活动开展的过程中,一定程度上反映了以儿童为中心的倾向,即课程的目标具有一定程度的儿童“生成性”;课程的内容在一定程度上结合儿童的生活经验;教育活动以小组的形式开展，比较具有弹性，并且可以根据儿童的兴趣和需要进行调整。

案例

蔬菜营养多(小班)

活动目标

(1) 认识几种常见蔬菜的名称及特征。

(2) 初步了解蔬菜的营养价值，知道多吃蔬菜对身体有益。

(3) 初步养成不挑食的良好习惯。

活动过程

1. 情景导入

导入：播放PPT(哭的声音)。

提问：是谁在哭呢？他为什么会哭？

小结：小宝真爱吃，爱吃肉骨头，爱吃火腿肠，就是不爱吃蔬菜。吃得太饱了，肚子胀胀的，小宝真是好难受。哎呀呀，怎么办？

2. 认识几种常见蔬菜

提问：小宝这么难受，应该怎么办呢？听说小白兔的身体很健康，从来都不生病，咱们去问问小白兔吧！

PPT出示小白兔。

小白兔：小宝只吃肉不吃菜，很难大便，当然会肚子胀胀的。我呀，最爱吃蔬菜，什么样的蔬菜我都爱吃，所以，我的身体棒棒的，从来都不生病。我还自己种了好多新鲜的蔬菜呢，带你们到我的菜园参观一下吧！

出示小白兔的“菜园”，里面摆放着许多芹菜、胡萝卜、香菇、大蒜的实物。

提问：小白兔种的菜真多呀，让我们来看一下都有哪些菜吧。

引导幼儿说出四种蔬菜的名称，并通过多种感观感知蔬菜的外形及特征。

芹菜：看一看它的颜色(绿绿的)，摸摸它的身体(软软的)。

胡萝卜：看一看它的形状(长长的、尖尖的)，摸一摸它的身体(光光的)，看一看它的颜色(橘红色)。

香菇：看一看它的形状(像雨伞)，闻一闻它的味道(香香的)。

大蒜：看一看它的形状(圆圆的)，闻一闻它的味道(辣辣的)，掰开看一看(一瓣一瓣的)。

3. 了解蔬菜的营养价值

提问:吃这些小小的蔬菜,身体就会棒棒的吗?

小结:(以小白兔的口吻说)别看它们长得不起眼,但它们的本领可大了。小朋友多吃芹菜,就可以天天大便了,也不会像小宝一样肚子胀胀的了。多吃胡萝卜,小朋友的眼睛就会变得更亮了。香菇的营养更加丰富,吃了身体会变得更健康。大蒜的味道闻着有点辣,但是可以炒着吃、拌着吃,吃了它,会把咱们身体里的病菌杀死,增强抵抗力,让自己少生病。

4. 炒小菜(巩固记忆蔬菜的名称及外形特征)

导入:现在我们和小白兔一起来给小宝做一道好吃的菜吧!

炒、炒、炒,炒芹菜(胡萝卜、香菇、大蒜),炒好芹菜(胡萝卜、香菇、大蒜)尝一尝! 嗯,味道好极了!

小宝:你们做的菜真好吃,我已经全部吃光了,谢谢你们!

过了一会儿,小宝大便了,肚子也不疼了。

小结:小朋友,蔬菜这么有营养,本领这么大,你们一定要多吃蔬菜噢,这样你们的身体才会棒棒的。

(上海市徐汇区宛南实验幼儿园 杨月红)

第二节 幼儿园整合课程中的健康教育活动设计

一、幼儿园整合课程的内涵和特点

20世纪80年代以来,幼儿园课程的整合化进入我国学前教育领域理论研究与实践探索的视野,健康教育活动设计也尝试着从过去的单一领域走向与其他领域的整合。但是,在幼儿园整合课程的健康教育活动设计中,依然存在种种问题:如何使具有形式性、抽象性和逻辑性或普遍性的健康领域课程元素,在学前儿童的主体学习过程中转化为具体、现实和生活的内容? 如何适应不同年龄阶段学前儿童的需要,将包括健康在内的不同领域的内容加以整合和分化? 如何使健康教育内容的价值与学前儿童发展特征的不同逻辑和结构相适应? 在回答这些问题之前,首先需要界定“幼儿园整合课程”,明确健康领域与幼儿园其他领域之间的关系。

(一) 幼儿园整合课程的内涵

幼儿园整合课程源于整合课程。从课程功能出发,整合课程属于实践性课程。整合课程以积极解决当前社会问题为目的安排教学内容,从最初由内容相近的几门学科作简单的合作,发展到19世纪末的加强课程综合化趋势,即把两门以上的不同学科,围绕一个共同的主题,相互作用、相互整合,成为一门逻辑比较严密的课程。整合课程旨在培养学生关注社会、关注人生、关注周围事物的态度,课程不再是为明天作准备,而是要求学生一边掌握,一边使用,让学生在学习过程中学会运用整合的知识、系统的方法,解决各种各样的问题,提高学生发现问题和解决问题的能力。

我国教育界对于整合课程的定义多种多样,其中比较全面的定义是有宝华在《综合课程论》一书中提出的:"综合课程(也称整合课程),是将具有内在逻辑或价值关联的原有分科课程内容以及其他形式的课程内容统整在一起,旨在消除各类知识之间的界限,使学生形成关于世界的整体性的认识和全息的观念,并养成深刻理解和灵活运用知识综合解决问题的能力。"①可见,整合课程是指课程内容的整合,整合基础是不同学科(领域)内容之间具有内在联系和价值关联,整合的目的在于使学生获得完整的知识,掌握灵活运用知识和综合解决问题的能力。

李晓军、黄忠敬在《幼儿园综合课程的概念辨析》一文中,将幼儿园综合(又称整合)课程定义为:"在幼儿园中,各种教育因素有机结合、整体作用,使幼儿在与周围环境的相互作用中获得一系列有益经验的计划。"②从该定义中,可以看出幼儿园整合课程包括幼儿在幼儿园中的一切活动,以儿童的直接经验、需要、动机、兴趣和心理发展作为课程整合的核心,目的在于把教师、幼儿、家庭、社会环境等各种因素综合起来,运用系统科学的理论,在强化课程整体系统功能思想的指导下对幼儿实施教育性的影响。显然,幼儿园整合课程代表的是一种新的课程设计取向,其实质是使教育教学系统中分化了的各要素及各成分之间形成有机的联系,旨在改善现有课程因领域分化而产生的隔阂,以及与幼儿现实生活相脱离的现象,使幼儿获得完整的学习经验。整合课程不仅超越了领域课程,也超越了儿童中心课程,明确强调了课程的儿童本体价值与文化价值的整合,强调了领域中知识与能力的整合,强调了儿童认知发展与情意发展的整合。

在幼儿园健康教育中,学前教育工作者也在尝试运用这种新的课程设置取向进行教育活动的设计,或者将健康教育整合到一日教育生活中,或者以健康领域为核心将其他各学习领域整合进来。在探索和尝试的过程中,依然存在很多需要解决的问题,其中突出的问题是幼儿园整合课程中的健康教育容易成为快乐而无意义的活动或琐碎的东西。对于这一现

---

① 有宝华.综合课程论[M].上海:上海教育出版社,2002:11.

② 李晓军,黄忠敬.幼儿园综合课程的概念辨析[J].学前教育研究,1999(05):17—20.

象,全美幼儿教育协会早已作了回答:只有当教育工作者能从根本上理解各领域学科的知识基础、理解各领域学科之间的共同之处和差异,并且理解整合能够实现的价值和所起的作用时,整合课程才能实现其应有的价值。因此,在幼儿园整合课程中进行健康教育活动设计,必须把握健康领域的学科基础、健康与其他领域之间的关系。

(二) 幼儿园整合课程的特点

通过相关领域课程的整合,能够促进幼儿认识的整体性发展,帮助幼儿形成把握和解决问题的全面视野与方法;可以解决课时有限性和内容广泛性之间的矛盾,在内容选择上注重自然科学、社会科学和人文科学的结合。既传授科学知识和方法,又注重对幼儿的兴趣、动机、意志等的培养,强调科学技术和社会的关系,强调联系社会生活中的实际问题,将所学知识加以运用,学习的过程中就在培养幼儿分析问题和解决问题的能力。

整合课程的缺点在于当课程侧重某一个方面问题的探讨和解决时,以主题等编排的形式,容易导致在知识的逻辑性和顺序性方面产生一定的缺陷,特别是前后知识的衔接,不如领域课程那么有序、严密,会产生知识的琐碎化问题,而且对于教师知识和经验也是一大挑战。

二、学前儿童健康教育与其他领域之间的关系

幼儿园整合课程的实质是不同领域内容之间的整合,整合必须建立在不同领域内容之间具有内在联系和价值关联,并且将达成使幼儿获得完整的知识、灵活运用知识和综合解决问题能力等课程目标的基础之上。作为幼儿园整合课程的基本条件,这也是用于分析判断健康与其他领域内容之间能否具有整合性的理论依据。

学前儿童健康教育涉及范围广泛,学前儿童健康教育的目标是通过各项保育和教育活动得以实现的。第一,学前儿童健康教育不仅与健康领域有直接的关系,还和课程中其他各个领域存在密切的联系。幼儿的社会、语言、艺术、科学等领域中都有健康教育的任务,它们从不同方面影响和作用于幼儿,改变幼儿的健康认知、态度和行为,影响幼儿的生长发育,培养幼儿维护和增进自我健康的能力。第二,学前儿童健康教育可以通过一日生活对幼儿施加影响,入园、进食、睡眠、饮水、盥洗、离园等生活中都存在着健康教育契机,是完成健康教育任务的有效途径。

三、学前健康教育与其他领域的整合方式

正是由于学前儿童健康教育与其他领域以及一日生活具有内在的价值联系、逻辑性或结构性联系,健康教育才能够与其他领域以及一日生活进行整合。学前儿童健康教育在与其他课程内容进行整合时,可以通过领域的整合、主题的整合、专题的整合来实现课程内容

的统整。

（一）通过领域的整合

领域课程是以某一个领域为中心，与其他领域进行整合。领域课程在形式上仍以某一领域为中心进行课程内容的统整，但是领域知识的分类并不严格，是将相关知识囊括在一个相对大的“领域”内。

1. 健康教育活动被整合进入以科学领域为中心设计的整合课程中

由于科学领域包含广泛的学习专题或学习主题，涉及儿童健康知识的获得、健康态度的形成，因此，健康教育比较容易与科学学习内容整合起来。以青菜为例，可以设计以科学活动为中心整合健康教育的主题网络：在种植园地撒菜籽（科学）——观察菜籽的萌发（科学）——记录生长过程（美术、科学）——阅读有关青菜的图书，了解青菜的营养价值（语言、健康）——加工青菜并品尝（健康）。

2. 健康教育活动被整合进入以社会领域为中心设计的整合课程中

由于社会领域学习涉及儿童社会生活的各个方面，其中包含影响儿童健康的环境因素，因此，可以与健康领域整合起来。

案例

了不起的保育员①

活动目标

初步了解保育员与我们生活的关系；懂得用实际行动（讲卫生、爱整洁）珍惜保育员的劳动成果。

活动准备

有关保育员的PPT；已对保育员一天工作进行调查。

活动过程

（1）交流感知：保育员每天都做哪些事情？你们认为保育员了不起吗？

（2）观察讨论保育员正在消毒的画面、擦窗和打扫教室卫生的画面、准备午餐时的画面。

（3）迁移内化：保育员这么辛苦，我们应该为他们做什么？

---

① 王正可．多元整合幼儿园活动课程教师用书（中班上册）[M]．上海：少年儿童出版社，2004：63.

3. 健康教育活动被整合进入以语言领域为中心设计的整合课程中

语言领域通常比较容易与其他学习领域进行整合,在这种主要以促进幼儿语言发展为目标的活动中,可以将健康生活方式、健康行为等内容整合在语言活动中。

案例

洗澡真开心(谈话)[①]

活动目标

知道洗澡的方法和程序,感受洗澡的乐趣;能坚持洗澡。

活动准备

故事《魔力澡盆》。

活动过程

- 引出话题"图片上的小朋友在干什么"。
- 自由交谈:你们喜欢洗澡吗?洗澡时怎样才能把身体洗干净?你们洗澡时有什么有趣的事吗?
- 拓展谈话:洗澡会给我们带来什么感受?为什么要坚持洗澡?
- 幼儿自由交流洗澡的感受。
- 幼儿听音乐模仿洗澡动作。
- 活动结束后,可以引导幼儿说说还有哪些也是讲卫生的好习惯,并在区角活动中,让幼儿阅读图画书《整洁的我》。

4. 以健康领域为中心设计的整合教育活动

由于学前儿童健康教育与幼儿的生长发育、健康行为、生活方式有关,涉及范围广泛,通常比较容易与其他学习领域的重要概念相互联结,整合成为一体。例如,国外学者就如何以体育领域为中心整合其他学习领域进行了设计(见图2-7)。

整合课程是目前幼儿园设计健康教育活动时使用比较广泛的方式,其以某一个学习领域为核心整合其他不同领域,能够使幼儿从多重视角整合地处理与中心相关的信息和观点,从而更加全面、客观地理解知识和解决问题。对于学前儿童来说,儿童的生活和学习是一个整体,课程很难被分割成若干方面,健康领域与不同领域之间存在着内在的逻辑性和结构性的联系,各领域都可能与健康教育进行整合。当然,在幼儿园组织具体活动时,需要避免为

① 王正可. 多元整合幼儿园活动课程教师用书(中班上册)[M]. 上海:少年儿童出版社,2004:31.

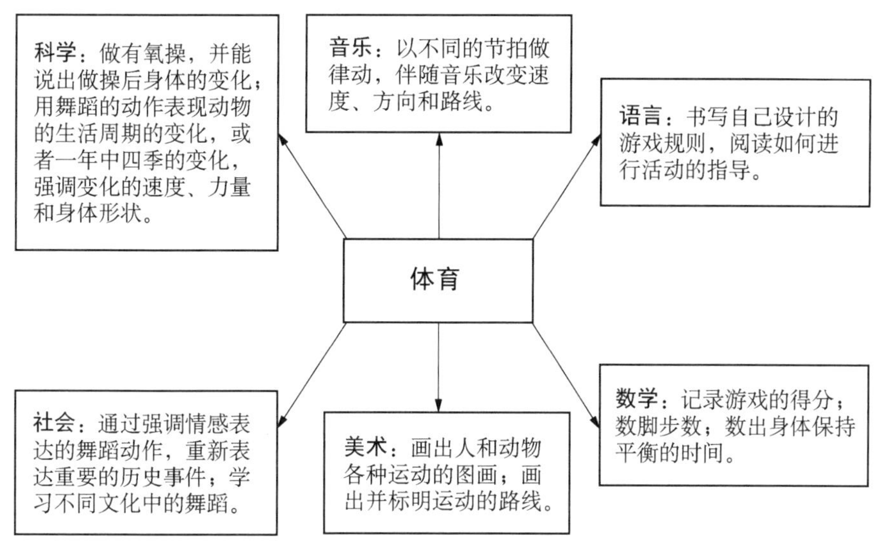

图 2-7 以体育领域为中心的整合教育活动①

了追求知识的齐全，或者追求每一个领域知识的平均分配，而将整合课程理解为几个领域知识的简单堆积或拼凑。

（二）通过主题的整合

通过主题整合幼儿园课程是最为常见的。主题课程是在一段时间内围绕一个中心内容或主题来组织的教育教学活动。这个主题可以是一个问题、一些专题的集合体，也可以是一个正在发生的事件或某一个节日。主题的来源是多元的，既可以来自教师事先预设，也可以来自幼儿的生活经验，同时可以在师幼互动中产生。例如，"小小的我"主题包括以下健康教育内容：眼睛、鼻子、耳朵、嘴——学习爱护五官，我的小小手——学习洗手帕，小脚真能干——学习在凹凸不平的路面上走路。

通过主题进行整合的课程强调围绕儿童整体生活中的某一事件或某一中心主题来组织教育教学活动，主题贯穿在孩子的一日生活中。在围绕主题设计单元活动时，应注意主题和主题之间的相互衔接，防止儿童获得的知识和经验缺乏内在的整合性。

以主题为中心进行整合时，领域不再是组织中心，而是被融入单元或主题中。整合课程非常重视课程与真实场景和世界的联系，儿童作为研究者参与学习活动中，把主题活动的开发作为实施健康教育课程的主要途径。每一个主题中都整合了身体健康教育、心理健康教育与社会适应健康教育。主题中的每个单元活动在健康教育的目标与内容上则可能侧重身

① Hart C H, Burts D C, Charlesworth R. Integrated curriculum and developmentally appropriate practice: birth to age eight [M]. Albany: State University of New York Press, 1997:160—161.

体健康教育、心理健康教育以及社会适应教育的一个或几个方面。

(三) 通过专题的整合

专题比主题更具体,往往集中在一个范围狭小的事例上。以专题展开的整合课程,可以将与该专题有关的所有学习门类或儿童发展的方面都包含在课程目标和活动中。例如,以交通规则为专题的整合课程中,可以通过观看视频了解不遵守交通规则的危害,请交通警察来讲述正确的交通规则,阅读有关交通规则的故事,在区角活动中学习正确通过人行横道的方式,在角色游戏中扮演遵守交通规则的司机,也可以将识别红绿灯整合在体育游戏中。

通过专题对幼儿园课程的整合,有利于将儿童的学习与现实生活相联系。这种专题式的整合课程能够让幼儿对某一专题有尽可能多的认识,确切了解这一专题范围内的事实和细节,课程的学习范围被限定在这一特定的专题内,而不突破这个专题。

通过主题或专题方式将健康教育整合到幼儿园课程中,能够使儿童在一日生活中获得比较完整的经验。需要注意的是,幼儿园整合课程是超越儿童中心主义的课程,追求儿童本体价值与文化价值的整合,强调领域中知识与能力的整合,强调儿童认知发展与情意发展的整合。因此,必须高度重视主题与主题之间、专题与专题之间的相互衔接以及学习内容之间的必然联系,防止整合课程变成无意义的活动或琐碎的东西。

四、幼儿园整合课程中的健康教育活动设计的策略

尽管整合课程有着种种优势,但是在实施中依然存在着巨大的风险。风险之一是,整合课程失去了每个领域的独特性,因此也就看不到领域让人学习知识的方法以及领域知识的独特性;另一个风险是,整合课程往往使幼儿失去足够的参与时间,而在领域课程中,幼儿参与的时间是充分的。为了规避这些风险,全美幼儿教育协会介绍了整合课程的组织,使得幼儿园课程中的健康教育活动设计具有更强的操作性。

(一) 采用真实的评价方法

为了防止传统的测验等评价使课程局限于学术技能的范围内,同时帮助儿童掌握各领域中的重要知识技能,目前主要采用真实的评价方法,包括教师观察、档案袋记录、三方会谈(教师、父母、儿童)等,这些评价方法提供了支持整合课程的有力工具。如作品取样系统,就是为就读整合课程价值取向的幼儿园的儿童到小学三年级的儿童设计的一套评价体系,其评价的方式包括儿童发展的清单、档案袋记录和为父母作的总结性报告,内容覆盖了儿童学习发展的各个领域。

运用幼儿园整合课程价值取向设计健康教育活动时,评价方法可以包括儿童生长发育的指标评价、主题活动中的评价,以及个人档案袋记录等。

(二) 选择使儿童能进行深入观察、探索和调查的主题

在整合课程中,有一些主题是比较容易整合健康教育内容的,这类主题往往具有很好的包容度。一个包容度广泛的主题可以容纳多个领域的内容,这样的主题能够允许全班、小组或者个别儿童进行深入的探索。主题可以持续几天、几周甚至一年,其进行时间取决于该主题引发的问题的范围、儿童兴趣的持续程度以及教师所觉察到的该主题对儿童学习意义的大小。也有一些主题则比较难进行整合,对于这类主题应该有清晰的健康教育目标,并有专门的和渗透的健康教育内容。

幼儿园课程中的主题应该具有多层次的整合功能,它是以教育内容的整合为追求的,主题的展开并不遵循领域的线索,而是以主题所蕴含的基本实践、事实、现象为中心。因此,从主题引发的活动可能有认知、动作技能等不同的侧重点,这些活动之间不是绝对割裂的,更多时候是整合的;主题之间的联系线索不是领域,而是儿童的发展、课程的目标;主题可以来源于某个领域基础、来自社会生活实践和儿童自身的生活事件以及文学作品。

(三) 选择贯穿多领域的关键性概念

例如,高瞻课程就是将关键性概念作为儿童发展的核心观点进行课程框架设计的。对于健康教育活动来说,关键性概念就是学前儿童生长发育,学前儿童与自然、社会环境的交互作用,有关学前儿童健康问题的决策和采取的行动。在整合课程的研制中,对关键性概念的把握有助于将课程中分化了的东西有机联系起来,并实现一体化。

(四) 运用跨学科、具有生成性(能够支持新观念和新概念生成)的策略

运用科学方法——提出假设、进行观察、收集数据、修正假设,就是一种生成性策略,这种方法可以在健康教育中得到使用,尤其是在学前儿童与环境的交互作用的相关内容中使用。儿童在健康领域中以多种方式进行着表达,当儿童运用多种媒介表达自己的认识时,不仅反映了他们所知道的内容,而且传达了他们的思考。此外,学习环境的创设使儿童获得与学习内容有关的直接经验,进而激发儿童生成新的经验,这也是使课程整合的重要策略。

正是由于整合课程存在着一定风险,因此需要客观认识幼儿园整合状态下的健康教育。从整合课程的角度看待健康教育,我们需要考虑健康教育目标在课程中处于怎样的位置,健康教育内容如何和其他领域相互支持,健康教育的方法、途径如何与健康教育内容相适应。

从健康教育领域的角度看待整合课程,我们需要考虑领域核心能力的培养在目标中的位置及其如何在目标中体现,同时一定要有随着儿童发展水平的提高不断提升目标要求的意识。此外,从内容的角度来看,虽然健康教育内容和其他领域相互支持,但是还需要一些专门的内容,如"追赶跑跳碰"等以身体健康内容为主的内容可以采用专门的健康教育方式来组织,而其他涉及健康生活方式培养的内容可以在日常生活和其他领域中渗透。正因为如此,整合课程状态下的健康教育实践面临以下问题:怎样选择健康教育活动内容,如何设定健康教育活动目标,如何采用恰当的方法组织健康教育活动。作为教育工作者,在开展幼儿园整合状态下的健康教育时,一方面要有整合观念,但不要忘记每一个领域的核心能力要求,在整合课程中不能丢弃原有的要求;另一方面,在任何时候都不能忘记整合课程状态下的健康教育一定是与课程密切联系在一起的。在实施课程时,要根据实践、主题的要求充分考虑健康教育的内容、方法,而不是让健康教育游离于课程主题之外。

五、幼儿园整合课程中的健康教育活动设计案例

案例

主题"家"的单元活动之一:学着自己做[1]

设计思路

孩子们现在最需要的不是知识的传授,而是能力的培养、良好习惯的养成。为此,我们设计了一组活动,通过激发幼儿参与生活活动的兴趣,培养其基本的生活自理能力和良好的生活卫生习惯,使幼儿成为一个完整的社会人。本单元活动侧重日常健康行为中对良好生活习惯的培养,融入心理健康教育中对良好情绪的引导。

活动目标

(1) 激发幼儿参与生活活动的兴趣,培养初步的生活自理能力和良好的生活卫生习惯,初步积累生活自理的经验。

(2) 通过探索尝试自助餐的活动,感受文明进餐的快乐,养成良好的饮食习惯。

(3) 感受整洁、清洁带来的舒适感,愿意养成整洁的习惯。

(4) 愿意遵守和教师一起制定的规则,体验与同伴相处的快乐。

---

① 姚捷如.健康教育课程园本化实践与研究[M].北京:中国少年儿童出版社,2005:95.

活动网络

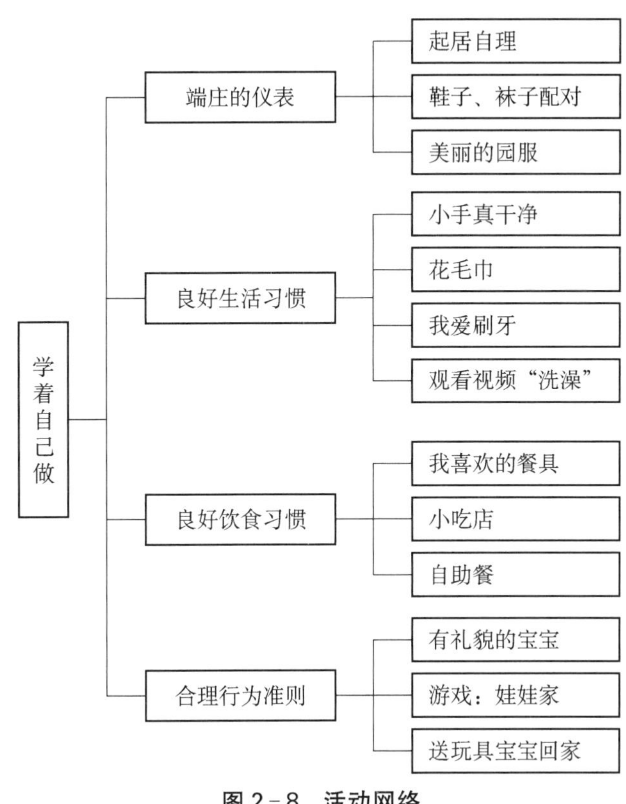

图 2-8　活动网络

活动评价

“学着自己做”单元活动为期一个月。

表 2-1　“学着自己做”活动评价表 1

班级________　幼儿姓名________

观察项目	具体要求	教师评价		
		棒极了	好棒呀	加油呀
端庄的仪表	(1) 在教师的鼓励下，愿意自己穿脱衣服，并尝试正确的穿脱方法。			
	(2) 在教师的引导下，愿意尝试操作鞋子与袜子的配对，学着自己穿脱鞋袜。			
	(3)喜欢幼儿园的园服，知道穿戴整齐是文明的行为，愿意做仪表整洁的好宝宝。			
良好卫生习惯	(1) 探索尝试洗手的正确步骤与方法，初步养成正确洗手的习惯。			
	(2) 在日常生活中知道毛巾的不同用途，尝试正确的洗脸方法及餐巾纸的使用。			

续 表

观察项目	具体要求	教师评价		
		棒极了	好棒呀	加油呀
	(3) 愿意每天早晚刷牙,尝试正确的刷牙方法,养成早晚刷牙的习惯。			
	(4) 喜欢参加"三浴"活动,在教师的鼓励和帮助下自己尝试擦身。			
良好饮食习惯	(1) 喜欢使用不同的餐具,如勺、叉、筷等,通过操作摆弄,了解基本的使用方法。			
	(2) 喜欢不同的餐饮形式,初步了解不同的餐饮礼仪,尝试运用不同的餐具。			
	(3) 在教师的提醒下,做到样样东西都爱吃,不浪费,用餐后能自己进行简单的整理。			
合理行为准则	(1) 在与教师或同伴的交往中初步运用礼貌用语,并能感受由此带来的快乐。			
	(2) 喜欢与同伴一起游戏,体验与同伴友好相处的快乐。			
	(3) 喜欢参与整理活动,在教师的提示下能将物品归到原处。			
教师想对你说:				

表2-2 "学着自己做"活动情况评价表2

班级________ 幼儿姓名________

观察项目	家长评定		
孩子的话:	棒极了	好棒呀	加油呀
我会穿衣服了。			
我的小手洗得真干净。			
早刷牙、晚刷牙,牙齿刷得白又白。			
自己冲淋真开心。			
我会自己吃饭了。			
样样东西都爱吃。			
我是一个爱干净的好宝宝。			
玩具玩好了,我会把它送回家。			
教师的话:			
亲爱的家长: 孩子来园已经两个月了,您是否觉得孩子变得能干、聪明了许多?请您仔细地观察一下,就会有惊奇的发现。			
爸爸妈妈的话:			

注:以上各项,愿意自己做为"棒极了";大部分事情自己做为"好棒呀";家长代替做为"加油呀"。

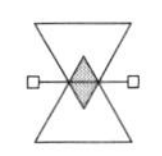

教与学的建议

1. 教师可以带领学生现场观摩两种类型的幼儿园健康教育活动，通过与幼儿园保教人员沟通，了解幼儿园健康教育活动设计与实施的思路，增加学生对幼儿园健康教育活动的感性认识。

2. 结合《3—6 岁儿童学习与发展指南》，设计一个学前儿童健康教育领域与其他领域整合的集体活动。

3. 设计一个 9 月新生入园阶段的幼儿园健康教育活动的单元网络图。

本章思考题

1. 简述幼儿园健康领域课程的内涵、特点和设计原则。
2. 简述幼儿园健康教育与其他领域的整合方式。
3. 简述幼儿园整合课程中的健康教育活动设计的策略。

第三章　学前儿童安全教育

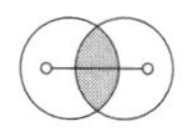

知识要点

- 学前儿童安全教育概述
- 学前儿童安全教育的实施
- 学前儿童的意外伤害事故

学前儿童正处于生长发育的重要时期，在好奇、好探索的心理需求的驱使下，他们往往会表现出各种大胆的举动。而身体各系统发育的不完善及对周围事物缺乏全面认识的能力，使他们的行为中隐藏着诸多的安全隐患。如果成人对他们的照料稍有疏忽，极易发生安全事故。因此，把儿童的安全放在首位，重视对学前儿童进行安全教育，采取有效措施消除安全隐患，是整个学前教育的重要组成部分。

第一节　学前儿童安全教育概述

一、学前儿童安全教育的意义、任务和具体要求

在当今社会与人类健康和安全有关的诸多问题中，儿童安全已成为突出的公共卫生问题之一。儿童是永远的弱势群体，他们有得到足够的安全保障和全面监护的权利，与此同时，对儿童进行安全教育也是非常必要和重要的。

（一）学前儿童安全教育的意义

联合国教科文组织曾提出未来教育的四大支柱，即学会认知、学会做事、学会共处、学会生存。儿童应该成为一个可持续发展的人，一个清晰而有效的沟通者、自我指导的终身学习者、创造性和实际的问题解决者、负责任的和参与的公民、合作的和优秀的工作者、整体的且

富有信息的思考者。要扮演好这些角色，儿童自身的安全是重要的前提条件，儿童安全问题已成为社会各界所关注的重要问题之一。作为《儿童权利公约》的缔约国，按《儿童权利公约》的规定，我国 18 岁以下的“任何人”都应被视为儿童，而学龄前阶段的儿童更是安全保护的对象。确立安全的意识，拥有安全的行为，切实保障每一个儿童的生命安全，不仅符合国际社会对儿童问题认识基本统一的发展趋势，也体现了我国重视儿童事业的发展，承担了应尽的国际义务。

1. 安全与生命

人最宝贵的是生命，因为生命只有一次。然而，现实生活中却存在着无数的安全隐患，若忽视了安全，则会导致生命的丧失。生命，既坚强无比，又脆弱得不堪一击。学前儿童的生命，更显得弱小、稚嫩。儿童的弱小，是因其处于生命历程的开端，与生存环境之间的互动还只是刚刚开始，所以无法应付实际生活中的很多情境，也承载不起很多事件，很多针对儿童个体的外来刺激都关乎他们的生命安全。儿童的稚嫩，是因其骨骼、肌肉、器官及各系统的发育尚未完成，日常生活中的疏忽大意、失误极易造成身体上的伤害。

生活，是生命的存在形式，而珍惜生命是一种责任。这种责任对于发展中的儿童来说，是由抚养者承担的。对自己的生命负责，对他人的生命负责，是生命最朴素的愿望和命运最大的恩赐。因此，珍惜生命，尊重生命，首先表现为对生命的保护。

2. 安全与家庭

个体的整个一生都是在家庭的陪伴下度过的。尽管在个体的不同发展阶段，家庭对个体的影响作用不同，但是个体始终不会也不可能脱离家庭的影响、家人的保护而成长和发展。

《儿童的生存、保护和发展世界宣言》声明：家庭是儿童成长和福利的基本群体和自然环境，应予以所有必要的保护和帮助。《执行九十年代〈儿童生存、保护和发展世界宣言〉行动计划》声明：所有的社会机构应该尊重并支持父母和其他照看人员在家庭环境中养育和照顾孩子的努力。

上述国际社会纲领性文件的表述，充分说明了儿童身体的生长、生命的保障、身心的安全与其所在的家庭是联系在一起的。家庭之于儿童的养育之重与儿童之于家庭的传承之重，都是不可或缺的。

3. 安全与社会

儿童是社会和谐的音符。和谐社会的构建，关乎诸多的方面，如经济发展的平衡、人与自然的共存、城乡发展的协调、人与人之间的和睦相处，等等。在此过程中，生命的安全是社会和谐的重要条件。

成长中的儿童，他们既是社会当今关爱的对象，又是社会未来依靠的对象。所以，关注儿童的健康与安全，为儿童创造一个自由而和谐的生存空间，是当代社会的共同责任。

2002年,联合国大会通过了《适合儿童生长的世界》,进一步明确了在保健、教育等领域保护儿童权益,改善儿童生存条件的原则和目标,其中包括呼吁社会全体成员照顾每一个儿童、保护儿童不受伤害和剥削等。可见,关爱儿童,珍视生命,是当前和未来都必须重视的议题。

(二) 学前儿童安全教育的任务

幼儿好奇心强,喜欢探索,但又缺乏对危险事物或行为的认识和判断能力,自我保护的意识和能力也较弱,因而意外伤害时有发生。成人注意保护和照顾固然重要,但随着幼儿年龄的逐渐增长,幼儿还需要在成人的指导下掌握基本的安全知识,具备一定的自我保护能力。幼儿安全生活的能力是保障自身生命安全、维护自身健康必备的基本能力。《3—6岁儿童学习与发展指南》在健康领域的"生活习惯与生活能力"中提出了要促使幼儿"具备基本的安全知识和自我保护能力"的发展目标,学前儿童安全教育的主要任务如下。

1. 帮助儿童树立有关安全的意识

学前儿童活泼好动,好奇心强,又不能完全懂得该为和不该为,容易发生各种意外伤害事故。所以,在对儿童进行安全教育的过程中,帮助他们建立起安全的意识是十分必要的。教师应从儿童自我保护能力较弱的特点出发,有意识地通过看图画、读儿歌、讲故事、做小实验、参与活动、互相讨论等形式,对儿童进行全面的安全教育,让儿童了解、适应周围的环境,懂得周围各类危险因素的危害。

2. 引导儿童学习必要的安全常识

教师可以结合儿童的生活实际,帮助他们了解一定的安全常识,包括:了解水、电、火、煤(天然)气、刀具、常用药品在使用等方面的安全知识和注意事项;获得应对意外事故,尤其是应对火灾、雷击、地震等的常识,懂得及时避开危险场所;知道常见的各种标记或特殊的电话号码,遇到突发事件时会求助;丰富生活内容,学习在复杂的社会生活中保护自己。

3. 培养儿童良好的行为习惯

儿童大脑皮层的兴奋和抑制作用转换较快,灵活性高,容易形成条件反射,即容易养成习惯。教师应利用这一特点,多进行正确行为的强化练习,持之以恒,帮助儿童养成良好的行为习惯,减少意外伤害的发生。同时,也要教育儿童学会分享、合作等良好的交往行为,以避免儿童之间由于不合群、好攻击而造成伤害事故。

4. 激发儿童参加体育活动的兴趣

儿童生长的局限性致使其身体肌肉的力量有限,肌肉组织内储氧量不够,肌肉弹性也较缺乏。因此,儿童动作的平衡能力、灵活性都较差,易发生意外伤害。为此,应注意激发儿童参加体育活动的兴趣,给儿童提供足够的时间和空间,合理地组织有一定强度和密度的体育活动,增强体质,以提高身体活动的能力。

(三) 学前儿童安全教育的具体要求

1. 交通安全

(1) 认识交通标志,如红绿灯、人行横道,并且知道这些交通标志的意义和作用。

(2) 了解基本的交通规则,如红灯停,绿灯行,行人走人行道,走路靠右行,不在马路上踢球、玩滑板车、奔跑、做游戏,不横穿马路等。

(3) 教育幼儿要从小有交通安全意识,养成遵守交通规则的良好习惯。

图 3-1 儿童易于理解的交通标志

2. 消防安全

(1) 要让幼儿懂得玩火的危险性。

(2) 要让幼儿掌握简单的自救技能。如一旦发生火灾必须马上逃离火灾现场,并及时告诉附近的成人。当发生火灾,自己被烟雾包围时,要用防烟口罩或湿毛巾捂住口鼻,并立即趴在地上,在烟雾下面匍匐前行。

(3) 组织幼儿参观消防队,看消防队员的演习,介绍火灾的形成原因、消防车的作用、灭火器的使用方法及使用时应注意的事项等。

(4) 组织幼儿进行火灾疏散演习,事先确定各班安全疏散的路线,让幼儿熟悉幼儿园的各个通道,以便在火灾发生时,能在教师的指挥下统一行动,安全疏散,迅速离开火灾现场。

3. 食品卫生安全

(1) 教育幼儿不随便捡食和饮用来源不明的东西。勿将各种非食用的东西放入口中,以免食物中毒。

(2) 教育幼儿不吃腐烂的、有异味的食物。

(3) 教育幼儿养成良好的饮食习惯,如在进食热汤或喝开水时,必须先吹一吹,以免烫伤;吃鱼时,要把鱼刺挑干净,以免鱼刺卡在喉咙里;进食时,不嬉笑打闹,以免食物进入气管等。

(4) 教育幼儿不能随便吃药,一旦要服药,一定要按医生的医嘱、在成人的指导下服用。

4. 防触电、防溺水

(1) 教育幼儿不能随便玩电器,不拉电线,不用剪刀剪电线,不用小刀刻划电线,不将铁丝等插到电源插座里等。

(2) 教育幼儿,一旦发生触电事故,不能去拉触电的人,而应及时切断电源,或者用不导电的东西挑开电线。

(3) 教育幼儿不能私自到河边玩耍,不能私自到河里游泳。

(4) 教育幼儿不能将脸闷入水中。

(5) 教育幼儿,当同伴失足落水时,要及时就近叫成人来抢救。

5. 幼儿园玩具安全

(1) 教育幼儿玩大型玩具(如滑梯)时不拥挤,前面的幼儿还没有滑到底及离开时,后面的幼儿不能往下滑;玩秋千时,要注意坐稳,双手拉紧两边的秋千绳;玩跷跷板时,除了要坐稳,还要双手抓紧扶手。

(2) 教育幼儿玩中型玩具,如积木、游戏棒时,不得用手中的玩具去打其他幼儿的身体,特别是头部。

(3) 教育幼儿玩小型玩具,如玻璃球、木珠子时,不能将它们放入口、鼻、耳中,以免造成伤害等。

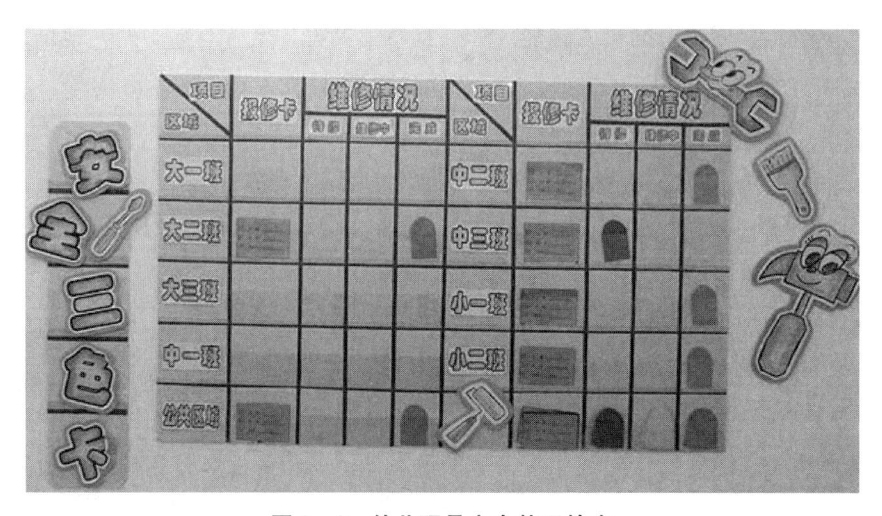

图3-2　幼儿玩具安全状况检查

6. 幼儿生活安全

图 3-3　幼儿绘制安全标志

(1) 教育幼儿在运动和游戏时要有秩序，不拥挤推撞；在没有成人看护时，不能从高处往下跳。

(2) 教育幼儿不擅自爬树、爬墙、爬窗台；不从楼梯扶手上往下滑；推门时要推门框，不推玻璃，手不能放在门缝里。

(3) 教育幼儿乘车时不在车上来回走动，手和头不伸出窗外。

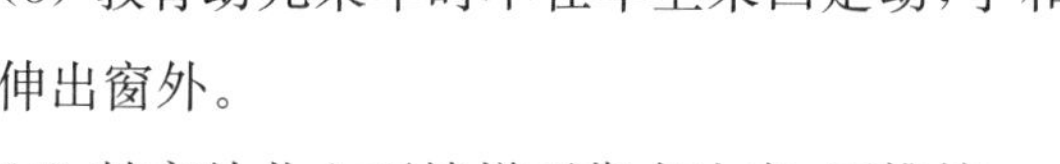

(4) 教育幼儿上下楼梯要靠右边走，不推挤。

(5) 教育幼儿不轻信陌生人的话，未经允许不跟陌生人走；当独自在家有陌生人敲门时，不随便开门。

(6) 教育幼儿不随便开启家用电器，特别是电熨斗、取暖器等；不玩弄电线与插座。

(7) 教育幼儿不独自玩弄烟花爆竹；打雷闪电时不站在大树底下。

(8) 教育幼儿不逗弄蛇、蜈蚣、蝎子、黄蜂、毛毛虫等动物。

二、学前儿童安全教育的途径和方法

学前儿童安全教育是健康教育的组成部分。只有充分利用各种有效的途径，采用多种方法，有目的、有计划地组织实施安全教育，才能将其落到实处。

（一）学前儿童安全教育的途径

学前儿童安全教育的实施可以有多种渠道、多方途径，可以涉及幼儿园的各种环境、各个层面及环节。

1. 课程与资源

随着课程改革的深化，目前的课程模式已经将教师与幼儿都看作是课程的主体和创造者。教师是课程的主要设计者，可以在课程实践中适时、适宜地将安全教育的内容有机地纳入其中；幼儿则可以在学习、体验和完成课程内容的过程中，获取有关安全知识方面的教育。对于幼儿园来说，进行安全教育还可以充分挖掘和利用各种有效的课程资源，不断丰富安全教育的内容，为安全教育的实施注入活力。

在家长与社区资源方面，日常生活中与幼儿一起识别周围的安全标志；带幼儿去公园、商场、影院等公共场所，一边观察周围环境，一边讨论如果发生了特别的情况该怎么办；经常与幼儿谈论有关生命安全的常识与话题。

图3－4　生活中常见的标志

2. 游戏与生活

图3－5　幼儿模仿交通警察指挥交通的场景

游戏的场景、生活的实景都是幼儿所熟悉的，幼儿在玩的过程中、在真实的体验中可以学习有关安全的知识。以消防安全教育这一主题为例，教师先组织幼儿讨论关于消防安全的相关内容，如消防演习有哪些步骤、怎样逃离火灾现场、有哪些消防用品等，幼儿接着玩消防灭火等假装游戏，亲身体验讨论过的内容，了解有关的安全知识。

角色游戏是儿童生活经验的反映，同时也是对成人社会的模仿，游戏是孩子最喜欢的活动，若能将健康生活的相关内容以游戏的形式呈现，使一些生活中的安全常识在游戏的场景中再现，让孩子去操作、去尝试、去感受，使得孩子在模仿中学习，在情境中体验，那么，这样的教育就是切实有效的。

3. 器具与玩法

有关统计表明，儿童受伤的种类一般有：骨折、挫伤、擦伤、扭伤等，而最频繁的事故发生地点就是户外活动场地，场地上如滑梯、秋千、攀登架等游戏设施若操作不当，易发生危险。对这些事故高发场地及设施应采取相应的对策，如教会儿童正确的玩法，在恰当的时候给儿童以适当的安全提醒，可以让儿童既能在充满“危险”的环境中得到锻炼，又能确保儿童的安全。

另外，幼儿园中的活动用具种类多样，内容丰富，如车子就有摇摇车、滑板车、自行车等。在组织活动的过程中，可以通过障碍围栏、指示牌、模型加油站、平地、斜坡等场地的布置，让儿童既玩得开心，又懂得行车和走路时的安全要求，在有趣的活动中学到安全知识。

4. 教师与家长

保障儿童的安全，是幼儿园教师和家长的共同任务。教师的重视、与家长的沟通、社区资源的共享等都是幼儿园安全教育顺利进行的前提。教师在保护幼儿的安全及进行安全教育时，角度是多重的，也是灵活多变的。教师既要培养儿童预测、判断、回避危险的能力，以及探索、创新、自主的精神，允许儿童尝试各种他们自创的具有“冒险性”的活动，自己发明的一些游戏的“非常规”玩法，又要适时地向儿童进行安全知识的教育。同时，关于幼儿的安全及安全教育方面，幼儿园教师应当始终与家长保持沟通交流。

拓展阅读

家庭中教给孩子的安全知识

1. 防止意外教育

孩子都喜欢登高爬低，虽然他们对高也有恐惧，但好动与好奇常使他们在玩耍中忘了危险。爸爸妈妈要常提醒孩子，不去危险的地方，不做危险的动作。如不要从滑梯上跳下来，不要在双杠上随便放手，不要到处乱爬，等等。当出现危险倾向时，要严厉制止。

在户外活动时，要让孩子知道躲避汽车。不要在小区的马路中间玩，不要在横穿马路时猛跑，要告诉孩子汽车开过来时避让的方式。当汽车过来时，家长不要只想着急忙抱起孩子，最好是牵着孩子的手，避到近侧的路边，让孩子亲身体验应怎么办。

2. 防止走失教育

在孩子刚学会说话时，就要告诉他家庭地址、家长的姓名、自己的名字，再大一点，最好能让孩子知道爸爸妈妈的电话和单位。当孩子在小区里玩耍时，家长应在边上看护，如一时有事，也要托付他人，并告诉孩子不能跟陌生人走，即使是熟人，在爸爸妈妈不在的情况下，也不能跟着离开。

3. 防止伤人教育

孩子在小区里玩耍，会有很多熟悉的小朋友一起玩。孩子在游戏中常不知轻重，有时就会伤着他人或被他人伤害。要帮助孩子树立尊重生命的观念,在平时讲故事时,给他们灌输这方面的内容。要告诉孩子不能拿石头、棍子打人,也不能用手去触碰小朋友的眼睛,不要用力去推倒小朋友,不要咬小朋友等。当然,也应该让孩子知道要避开他人的攻击,不同拿棍子随意击打的小朋友玩,如小朋友动手时,要挡开他,使他不能抓伤、捅伤自己。

4. 分清鲁莽和勇敢

崇尚勇敢是很多孩子的特点。但是,孩子尚小,往往不清楚什么是勇敢、什么是鲁莽。特别是现在不少动画片中,暴力行为颇多,“英雄人物”又常常具有超人能力,可以刀枪不入,可以凌空飞行……孩子理解能力差,看到这些镜头会认为是可行的并加以模仿。因此,如果动画片中的“英雄”做了任何勇敢之举时,要告诉孩子学会辨别,知道什么是不应该学的。如果孩子鲁莽地要做危险的事情时,要及时想办法防止危险发生,妥善处理。

(二)学前儿童安全教育的方法

学前儿童的年龄特点决定了在对他们进行安全教育的时候,应当将安全教育的内容融入生动有趣的方法之中,使儿童能够接受。

1. 对照比较法

对一些危险性不大的活动,可鼓励学前儿童大胆体验,逐步找出最佳的行为保护法。如玩皮球时,把儿童分成两组,一组不提任何要求,让儿童自己玩耍;另一组则按教师提出的要求玩皮球。儿童通过两种玩皮球的行为的比较,会逐渐懂得只有遵守游戏规则,才能玩得好、玩得有趣,不会撞倒碰伤,不会出现安全事故。

2. 实例分析法

教师可以利用学前儿童在生活中的所见所闻以及经常发生的一些事件进行实例分析,让他们知道什么事情(动作)是可以做的、什么事情(动作)是不可以做的,让他们知道一些引起危险的原因,也让他们学习一些简单的自救动作和方法。

3. 游戏模拟法

教师可以通过游戏的形式模拟各种意外事故发生的场景,让儿童学会在特定情况下的操作动作,培养其安全意识和自我保护能力。如通过角色游戏,模拟发生火灾,让儿童掌握自救的动作、方法和技能。

第二节　学前儿童安全教育的实施

一、制度的保证

《儿童权利宣言》呼吁：人类有责任给儿童以必须给予的最好待遇。这体现了人类的良知和对下一代健康成长的责任与使命感。对于成长中的儿童来说，安全才是最好的、最宝贵的。儿童安全涉及的内容很广，保障儿童安全，从客观上来看，应当有规范的标准；从主观上来看，应当提高监护人的安全意识，这样才能为儿童创造一个安全和适宜成长的环境，才能将儿童的安全教育落到实处。我国对幼儿园的安全工作历来都十分重视，教育部、卫生部、住建部等部门制定了一系列相关的法规和文件，对幼儿园建筑设计规范、设备设施、人员资质、安全防护、卫生保健等方面都有明确而具体的规定。

（一）国家对园舍建筑的安全要求

幼儿园的建筑设计必须符合幼儿的年龄特点，保障幼儿的健康安全。1989 年颁布的《幼儿园管理条例》对此有明确规定：举办幼儿园必须将幼儿园设置在安全区域内。严禁在污染区和危险区内设置幼儿园。在园舍的建筑设计方面，住房和城乡建设部发布的《托儿所、幼儿园建筑设计规范》有详细规定，比如选择园舍必须满足下列条件：符合抗震、防火等安全方面的规定；应设独立的疏散楼梯和安全出口。其中还对幼儿园的活动场地面积、建筑窗的设计、生活用房的设计等都作了具体规定。

（二）国家对幼儿园规模的要求

为保证幼儿的安全和教育质量，幼儿园的规模不宜过大。《幼儿园工作规程》和《托儿所、幼儿园建筑设计规范》都对幼儿园的办园规模和班额作了规定。《托儿所、幼儿园建筑设计规范》规定：大型幼儿园 9—12 个班，中型幼儿园 5—8 个班，小型幼儿园 1—4 个班；大型托儿所 8—10 个班，中型托儿所 4—7 个班，小型托儿所 1—3 个班。从班额来讲，每班人数不宜过多，《幼儿园工作规程》规定：小班（3 周岁至 4 周岁）25 人，中班（4 周岁至 5 周岁）30 人，大班（5 周岁至 6 周岁）35 人，混合班 30 人。寄宿制幼儿园每班幼儿人数酌减。这样的规模便于保教人员全面照看幼儿，便于园长的有效管理，以确保幼儿园的办园水平和教育质量。

(三) 国家对幼儿园设备设施的要求

托儿所、幼儿园的设备设施首先要保证安全。除了房屋、场地、建筑设计等方面的规定外，对幼儿园的设施设备，如卫生器具、配餐区、供应用房等，《托儿所、幼儿园建筑设计规范》和《学校食品安全与营养健康管理规定》都作了详细的规定。

(四) 国家对幼儿园任职人员的基本要求

学前儿童的心智发育还不成熟，缺乏自我保护的意识和能力。所以，幼儿园的工作人员应身心健康，具备良好的职业道德，对孩子充满爱心，时刻把孩子的安全放在首位，这是幼儿园工作人员的基本任职条件。

《幼儿园工作规程》第三十九条规定：幼儿园教职工应当贯彻国家教育方针，具有良好品德，热爱教育事业，尊重和爱护幼儿，具有专业知识和技能以及相应的文化和专业素养，为人师表，忠于职责，身心健康。幼儿园教职工患传染病期间暂停在幼儿园的工作。有犯罪、吸毒记录和精神病史者不得在幼儿园工作。第四十二条规定幼儿园保育员“应当具备高中毕业以上学历，受过幼儿保育职业培训”。

除了任职资格外，《托儿所幼儿园卫生保健管理办法》第十四条规定：托幼机构工作人员上岗前必须经县级以上人民政府卫生行政部门指定的医疗卫生机构进行健康检查，取得《托幼机构工作人员健康合格证》后方可上岗。托幼机构应当组织在岗工作人员每年进行1次健康检查；在岗人员患有传染性疾病的，应当立即离岗治疗，治愈后方可上岗工作。精神病患者、有精神病史者不得在托幼机构工作。

(五) 国家对幼儿园食品采购的卫生要求

为儿童提供卫生、营养的食品，是幼儿生存、健康发展的基本保证，是幼儿园保育工作的重中之重，也是家长、社会评价幼儿园的重要指标。

《学校食品安全与营养健康管理规定》规定：学校食堂应当建立健全并落实食品安全管理制度，按照规定制定并执行场所及设施设备清洗消毒、维修保养校验、原料采购至供餐全过程控制管理、餐具饮具清洗消毒、食品添加剂使用管理等食品安全管理制度。同时规定：学校应当配备专(兼)职食品安全管理人员和营养健康管理人员，建立并落实集中用餐岗位责任制度，明确食品安全与营养健康管理相关责任。

《托儿所幼儿园卫生保健管理办法》规定，卫生保健工作包括“为儿童提供合理的营养膳食，科学制订食谱，保证膳食平衡”。

(六) 国家对幼儿园食品贮存和加工的卫生要求

幼儿园食品贮存和加工是否符合卫生要求，也是关系幼儿身心健康的重要问题。《学校食品安全与营养健康管理规定》规定：学校食堂应当按照保证食品安全的要求贮存食品，做到通风换气、分区分架分类、离墙离地存放、防蝇防鼠防虫设施完好，并定期检查库存，及时清理变质或者超过保质期的食品。贮存散装食品，应当在贮存位置标明食品的名称、生产日期或者生产批号、保质期、生产者名称以及联系方式等内容。用于保存食品的冷藏冷冻设备，应当贴有标识，原料、半成品和成品应当分柜存放。食品库房不得存放有毒、有害物品。同时规定：学校食堂应当具有合理的设备布局和工艺流程，防止待加工食品与直接入口食品、原料与成品或者半成品交叉污染，避免食品接触有毒物、不洁物。制售冷食类食品、生食类食品、裱花蛋糕、现榨果蔬汁等，应当按照有关要求设置专间或者专用操作区，专间应当在加工制作前进行消毒，并由专人加工操作。

（七）国家对幼儿园卫生消毒的要求

幼儿抵抗力较差，在幼儿园集体生活中，做好卫生消毒工作，避免交叉感染，是幼儿园工作的重点。《托儿所幼儿园卫生保健工作规范》规定：儿童活动室、卧室应当经常开窗通风，保持室内空气清新。每日至少开窗通风 2 次，每次至少 10—15 分钟。在不适宜开窗通风时，每日应当采取其他方法对室内空气消毒 2 次。同时规定：餐桌每餐使用前消毒。水杯每日清洗消毒，用水杯喝豆浆、牛奶等易附着于杯壁的饮品后，应当及时清洗消毒。反复使用的餐巾每次使用后消毒。擦手毛巾每日消毒 1 次。还规定：门把手、水龙头、床围栏等儿童易触摸的物体表面每日消毒 1 次。坐便器每次使用后及时冲洗，接触皮肤部位及时消毒。

（八）国家对在园幼儿健康检查的规定

《托儿所幼儿园卫生保健工作规范》规定：严格执行工作人员和儿童入园（所）及定期健康检查制度。坚持晨午检及全日健康观察工作，卫生保健人员应当深入各班巡视。做好儿童转园（所）健康管理工作。定期开展儿童生长发育监测和五官保健，将儿童体检结果及时反馈给家长。

（九）国家对幼儿园传染病预防和隔离的规定

《托儿所幼儿园卫生保健工作规范》规定：督促家长按免疫程序和要求完成儿童预防接种。配合疾病预防控制机构做好托幼机构儿童常规接种、群体性接种或应急接种工作。同时规定：托幼机构内发现疑似传染病例时，应当及时设立临时隔离室，对患儿采取有效的隔离控制措施。临时隔离室内环境、物品应当便于实施随时性消毒与终末消毒，控制传染病在园（所）内暴发和续发。患传染病的儿童隔离期满后，凭医疗卫生机构出具的痊愈证明方可返回园（所）。根据需要，来自疫区或有传染病接触史的儿童，检疫期过后方可入园（所）。

(十) 幼儿园教职工的日常安全工作

《幼儿园教育指导纲要(试行)》指出:幼儿园必须把保护幼儿的生命和促进幼儿的健康放在工作的首位。《托儿所幼儿园卫生保健工作规范》规定:托幼机构应当加强对工作人员、儿童及监护人的安全教育和突发事件应急处理能力的培训,定期进行安全演练,普及安全知识,提高自我保护和自救的能力。保教人员应当定期接受预防儿童伤害相关知识和急救技能的培训,做好儿童安全工作,消除安全隐患,预防跌落、溺水、交通事故、烧(烫)伤、中毒、动物致伤等伤害的发生。

上述制度的起点都是在相对宏观的国家层面上的规定。如果将这些内容不折不扣地真正落实到位,那么它的终点就是在相对微观的操作层面上的制度细化及其实施,可一定程度上实现儿童安全的保证和实效。

拓展阅读

"健康教育"课程实施中的保育员操作指南

表3-1　"健康教育"课程实施中的保育员操作指南

后勤工作理念:创设优良的环境,提供优质的服务,保障幼儿安全健康,提升每一个孩子健康生活的品质。					
工作内容	卫生要求	保育要求	站位	指导用语	操作提示
来园准备	教室等区域的清扫: ◆ 打开教室或活动室的窗户,保证室内空气流通(纱窗移至右边)。 ◆ 使用教室专用拖把,拧干后从里往外拖,将玩具柜挪开,拖干净每一个角落。 ◆ 注意公共通道、楼道的干湿度,保证安全。 桌子、茶杯架及其他: ◆ 先用清水,再用250毫克/升的有效氯消毒剂擦洗。	茶水准备: ◆ 茶桶、茶杯准备(茶水以不烫手为宜,不超过37℃,茶桶上锁)。 擦手毛巾的准备: ◆ 使用250毫克/升的有效氯消毒剂消毒水池周围。 ◆ 将已消毒的两个塑料筐放在毛巾架上,放置已消毒的和使用过的毛巾。 ◆ 从消毒间取出已消毒的毛巾放入筐内。			◆ 从里往外拖,将玩具柜挪开。扫净每一个角落,动作轻柔,不扬灰。 ◆ 及时上报来园准备中发现的问题。

续 表

工作内容	卫生要求	保育要求	站位	指导用语	操作提示
	◆ 茶杯架：使用专用抹布按照从上往下、从里到外的顺序擦。 ◆ 桌子：从左到右、从上往下擦，先擦桌面，再擦四边四角，擦一个桌子搓洗一下抹布。 ◆ 其他：插座、镜框、自然角、门、装饰物等保持整洁无积灰。				
早点	早点准备工作： ◆ 保育员用肥皂和流动的水清洗双手，戴上围裙和口罩。 ◆ 用 250 毫克/升的有效氯消毒剂擦洗消毒生活角的桌子。 收拾并清洗点心用具： 水壶清洗消毒： ◆ 用沾有洗洁精的抹布，从里到外擦洗干净，水壶柄和水壶底都要擦洗干净。 ◆ 用沾有洗洁精的刷子，刷洗水壶嘴的里外。 ◆ 用流动的水冲洗干净，不残留洗洁精。 ◆ 放在蒸汽消毒柜内消毒 10 分钟。 杯子的清洗消毒： ◆ 用洗洁精将杯子、桶从里到外清洗干净，再用流动的水洗净，沥干杯子中的水，放入桶中。 ◆ 放在蒸汽消毒柜内消毒 10 分钟。	早点护理： ◆ 领取足够的点心（两种或两种以上自制点心或饼干，牛奶或其他饮品，也可以加些水果）。 ◆ 协助教师督促幼儿洗手。 ◆ 清洗餐具、点心碟、杯子，点心当天全部吃完。餐具、点心碟的清洗消毒步骤同杯子。	◆ 可以在盥洗室与点心角之间来回走动，但以点心角的护理为主。 ◆ 观察幼儿的洗手及进餐情况，在点心角，保育员可蹲下或坐下观察，帮助幼儿进餐，帮助幼儿养成良好的生活卫生习惯。	◆ 今天你想吃什么点心？味道好不好？ ◆ 吃了什么形状的饼干？吃了几块？ ◆ 吃多少，取多少，吃完了可以再添。 ◆ 自己试一试，宝宝本领真大！ ◆ 吃完点心，别忘记擦擦嘴。	◆ 点心的摆放尽可能精美些。 ◆ 营造分享自由吃点心的氛围，让幼儿自己动手，帮助幼儿，但不要为幼儿代办。 ◆ 督促幼儿安静、有序地吃点心，与教师协商放一些音乐。 ◆ 幼儿用完点心后将点心碟、杯子放入桶中，督促幼儿轻拿轻放。 ◆ 正确使用餐巾纸。

续 表

工作内容	卫生要求	保育要求	站位	指导用语	操作提示
运动	户外活动准备工作： ◆ 检查幼儿的衣裤鞋帽，帮助幼儿保持服饰整洁。 ◆ 将消毒好的干毛巾放入专用筐中，以便在运动过程中让幼儿擦汗。 ◆ 给每一个幼儿垫好体锻毛巾。 体锻毛巾的清洗消毒： ◆ 用肥皂水浸泡，然后用清水过毛巾，确保干净无泡沫，最后将毛巾脱水。 ◆ 取出毛巾叠整齐，用纱布松散地轻轻包好，放在蒸汽消毒柜内消毒10分钟。	运动中的护理： ◆ 注意幼儿的活动量，观察是否有异常情况，适时进行调整并做好护理工作。 运动后的护理： ◆ 锻炼结束后再准备一套毛巾放在教室里，让幼儿使用（冬天提供热毛巾，其他季节提供温热的毛巾）。 ◆ 帮助能力较差的幼儿整理衣裤。 盥洗护理： ◆ 帮助幼儿卷起袖口。 ◆ 提醒幼儿按照正确的示范方法洗手（正确使用肥皂及毛巾）。 ◆ 提醒幼儿便后正确擦洗。	◆ 保育员和两位教师共同带领幼儿运动，上下楼梯时注意前后站位，注意幼儿安全。 ◆ 听从班级教师的安排，三人分开站位，保育员以护理特殊儿童为主。	◆ 来，大妈妈教你们玩一种好玩的游戏。 ◆ 加油，你一定行！ ◆ 再坚持一会儿！ ◆ 你真勇敢！ ◆ 眼睛看，注意脚下！ ◆ 有没有出汗？出汗了可以休息一下。	◆ 由指定人员清洗茶桶，倒入温度适宜的温开水，放在操场上的指定地点后上锁。 ◆ 询问教师户外活动内容，帮助教师搬运动器械。检查器械的安全，有问题及时处理或者上报。 ◆ 协助教师做好特殊儿童的锻炼活动，注意观察其运动量，及时加以调整。 ◆ 观察体弱儿童的精神、脸色等状况，及时与教师沟通。 ◆ 运动时保育员要穿平底鞋，和幼儿一起做操。
午餐	午餐准备工作： ◆ 午餐前30分钟消毒餐车（顺序：餐车把手，餐车里面，餐车上面，餐车外面）。 ◆ 午餐前30分钟消毒备餐桌和幼儿餐桌，先用清水擦拭，后用消毒液擦拭，20分钟后再用清水擦拭。 ◆ 擦拭时用抹布用力来回擦，再将抹布反过来擦拭桌子的四周。	幼儿午餐护理： ◆ 按时进餐，提醒幼儿做到“三净”。 ◆ 协助并指导幼儿用餐。 ◆ 尽量完成营养室核定的餐量，特殊情况可和教师商量后酌情解决。 ◆ 进餐时不进行室内打扫。若幼儿将饭菜翻在地上，用抹布擦去。	◆ 主位以照顾个别特殊儿童为宜，不在幼儿用餐时到处走动。 ◆ 照顾幼儿时，以半蹲为宜。如时间较长，可以在用餐后半段，把未用完餐的幼儿聚集起来，自己坐在	◆ 今天的菜是×××做的，非常有营养。 ◆ 小手扶好碗，慢慢吃，不着急。 ◆ 把掉在桌子上的米粒放在骨盆里。	◆ 饭菜统一盛好放在托盘中，引导幼儿自由来端取。 ◆ 天热做到三冷，防止烫伤；天冷做到三热，幼儿来一个盛一个，饭菜凉了可用微波炉加热。 ◆ 时刻注意天气变化，灵活运用多种方法，以保证饭菜温度适宜。

续　表

工作内容	卫生要求	保育要求	站位	指导用语	操作提示
	◆ 擦拭顺序：餐车、备餐桌、幼儿餐桌、需要用的椅子。清洁消毒时，无论餐桌如何摆放，一块抹布只能擦一张桌子，消毒后可将桌子合并，每块抹布可以擦两张合并的桌子。 ◆ 三张桌子合并时需放置两个骨盆，若在餐桌上放装饰品，需垫上已消毒过的盆。 ◆ 每套餐具的摆放呈三角形，左边放汤碗，右边放菜碗，中间放饭碗，筷子或勺子放在骨盆中。 餐点操作规范： ◆ 准备好“三白”（口罩、帽子、饭单）。 ◆ 先盛菜再盛饭，再放置水果，最后盛汤，要注意轻拿轻放，手不污染碗口。 ◆ 准备好幼儿用餐后的擦脸毛巾。 餐后清扫餐桌： ◆ 用抹布擦去桌上残留的饭菜，并倒入剩菜盆中。 ◆ 用温热的洗洁精水擦洗桌子。 ◆ 再用清水将桌子擦洗干净，不留油污。 ◆ 从里往外扫净每一个角落。 餐后清扫其他用具： ◆ 收拾、清洁毛巾。 ◆ 倒净漱口水，清洗漱口桶。		幼儿身边，便于指导。		◆ 注意喂饭速度，幼儿哭闹时不喂饭。

续 表

工作内容	卫生要求	保育要求	站位	指导用语	操作提示
午间其他工作	盥洗室清扫： ◆ 用250毫克/升的有效氯消毒剂擦洗水池周围的台面、水龙头。 ◆ 再擦水池里面，并放置消毒好的擦手毛巾、脸盆。 ◆ 用250毫克/升的有效氯消毒剂，从上往下擦洗扶手、冲水开关及周围的瓷砖。 ◆ 换一块抹布，用250毫克/升的有效氯消毒剂擦洗女用坐便器上的马桶圈。用刷子和500毫克/升的有效氯消毒剂洗刷坐便器内部。 ◆ 用水冲洗并用500毫克/升的有效氯消毒剂洗刷男小便池的便槽，保证便槽内无尿碱沉积。 ◆ 使用专用扫帚、拖把清扫消毒地面（使用500毫克/升的有效氯消毒剂）。厕所内保持干燥、整洁、无异味。 包干区检查清洁： ◆ 检查各自的包干区环境，做好清洁整理工作。 ◆ 发现不安全的问题及时上报。				
午睡	卧室整理： ◆ 睡前将百叶窗打开至同一高度，然后开窗通风。	午睡准备工作： ◆ 帮助幼儿睡前进行大小便。		◆ 小鞋子对齐放在小床下。	◆ 穿脱衣物前，关好卧室门窗。

续　表

工作内容	卫生要求	保育要求	站位	指导用语	操作提示
	◆ 叠被子：被子一折三，与幼儿肩膀同宽，开口朝向小床缺口处，被子尾部向下翻折，枕头放在幼儿睡的一侧。	◆ 做好窗户的“两开两关”，窗帘悬挂整齐。 ◆ 帮幼儿脱衣，使幼儿穿适量的衣物入睡，并叠放整齐。 幼儿起床护理： ◆ 起床时，指导帮助能力较差的幼儿穿衣服，先让幼儿坐在被子里套上一件毛衣，再让幼儿按照从里到外的顺序穿上衣裤。 ◆ 最后穿上鞋子。		◆ 先穿衣服小心着凉。 ◆ 尿湿了没关系，大妈妈帮你换干净的。	◆ 给易出汗的幼儿背部垫上毛巾。 ◆ 护理幼儿午睡时不得离岗，每半小时巡视一次。注意观察幼儿的脸色及出汗情况，发现异常及时处理。 ◆ 帮助幼儿盖被子，擦汗。提醒上厕所的幼儿必须先披上一件外衣。
午点	午点准备工作： ◆ 餐前先用清水擦净桌面，再用 250 毫克/升的有效氯消毒剂按照从左到右的顺序擦净桌面及桌边，20 分钟后再用清水擦一遍餐桌。 ◆ 保育员领取已准备好的干湿点心、杯子、点心碟、毛巾。 ◆ 保育员用肥皂和流动的水清洁双手，穿上围裙、戴上口罩。 ◆ 分发点心时左边放杯子、右边放点心碟，勺子或筷子放在小碟子上。	幼儿午点护理： 参照午餐要求。	参照午餐要求。	参照午餐要求。	◆ 午点分发时，幼儿坐下一个，盛一份。 ◆ 幼儿用完点心后将点心碟、杯子、勺子或筷子、毛巾放入桶中，并用毛巾擦脸。

续 表

工作内容	卫生要求	保育要求	站位	指导用语	操作提示
清洁消毒	毛巾、餐具、杯子的清洗消毒： ◆ 先用清水浸泡毛巾20分钟，再用肥皂水泡洗5分钟，然后用清水过毛巾，确保干净无泡沫，最后将毛巾脱水。 ◆ 取出毛巾叠整齐，用纱布松散地轻轻包好，放在蒸汽消毒柜内消毒10分钟。 ◆ 用洗洁精将杯子、桶从里到外清洗净，再用流动水洗净，沥干杯中的水，放入桶中。 ◆ 放在蒸汽消毒柜内，蒸汽上来后消毒10分钟。				◆ 护送幼儿到操场或活动室后方可开始清洁消毒工作。 ◆ 保育员负责活动室的收尾整理工作。
离园	◆ 必须在多数幼儿离园后进行清洁工作。 ◆ 清洗消毒水壶：用沾有洗洁精的抹布，由里到外擦洗干净，包括水壶柄和水壶底。用沾有洗洁精的刷子，刷洗水壶嘴里外。用流动水冲洗干净，不残留洗洁精残余。倒扣水壶晾干。 ◆ 盥洗室消毒同前，在多数幼儿离园后进行。 ◆ 关闭门窗、水电、倒清垃圾。	离园前整理： ◆ 检查衣物是否整洁，并帮助幼儿穿好衣裤，注意保暖。 ◆ 协助班级教师观察幼儿，谨防走失。	◆ 坐在班级幼儿集中的地方。 ◆ 关注个别幼儿，可以坐在个别幼儿的旁边。		◆ 在幼儿最后一次喝水后，方可收拾。进行清洗消毒茶杯和茶桶的工作。

二、日常的防范

儿童伤害虽是突然发生、对生命和健康有严重威胁的事件，但其发生既有外部原因，也有内部原因，是诸多因素综合作用的结果。尤其值得重视的是，儿童生活的室内外环境，以及家庭和幼儿园环境中存在很多不安全的因素，需要加以防范，为儿童营造安全的环境。

（一）室内安全

相对来说，儿童在室内的时间较长，一般会认为室内比较安全。其实，室内的安全因素也需要我们予以重视，具体应让幼儿注意以下内容。

（1）保持活动室的整洁，因为若有杂物洒落或放置在地上，容易绊倒。

（2）在活动室开展活动时，要与桌椅保持一定的距离，注意不要碰到桌椅坚硬的角。

（3）打扫幼儿出入的地方时，不要洒太多的水，以免滑倒；下雨天带进活动室的雨具要集中放在专门的地方，以免地面湿滑。

（4）发现桌椅有凸起的钉子等尖利的东西，活动室内有电线松落、电器开关或插座破裂、风扇或灯具松动等情况，要及时报告维修，不要自己动手修理。

（5）不要在走廊及其他非运动场地上踢球、打球，不在走廊上追逐打闹。

（6）上下楼梯靠右行，不在楼梯扶手处往下滑行，上下楼梯不推挤。

（7）发现幼儿园内有奇怪的声音、不明的物体时，要立刻报告教师，不要自己去触碰。

（二）户外安全

儿童的天性决定了他们必然喜欢户外的环境，喜欢投入大自然的怀抱，喜欢做他们想做的所有事情。这样，儿童的户外安全教育就显得十分重要了，具体应让幼儿注意以下内容。

（1）儿童必须懂得走路靠右边，要走人行道。

（2）让儿童适当了解车辆的速度与距离之间的关系。

（3）告诉儿童不能在马路上追逐打闹、东张西望或突然跳进跳出。

（4）走在路上不去碰摇晃的树干、电线和其他的高悬物体。

（5）不随意捡拾一些不明之物。

（6）不随意踩踏看上去凹凸不平的地方。

（7）雨天打雷时要尽可能在屋内。

（8）不要在人多的地方拥挤。

（9）外出时一定要紧随同去的成人。

（10）要知道与家人联系的电话号码以及自己居住的地址。

（11）知道遇事可以求助警察或他人的帮助。

(三) 家庭安全

家庭是儿童安全事故高发的场所,因为在家的时候儿童和家长都会比较放松,稍有疏忽极易发生意外事件,造成对儿童的伤害。家庭安全的具体要求如下。

(1) 防滑。刚打过蜡的地板,注意不要让儿童马上行走。如果地板本身就滑,要及时擦干水或油渍,以防滑倒。可在儿童经常出入的地方铺上几块防滑地毯。

(2) 防摔。儿童常用的玩具等应方便儿童自由取放;家里有的东西是放在高处或者是柜顶上的,注意不要让儿童爬上凳子去拿;成人在从高处取物时,要防止东西掉落下来砸伤儿童。

(3) 防坠落。注意不要让儿童从房子的窗户、阳台处往下探身,以防止不慎坠落。

(4) 防利器。不要让儿童拿棍棒在屋内打闹;不要让儿童随意使用刀具、锥子等工具,注意安全,不要随便乱放;拿着刀具、锥子走路时,锋口不能向着前方,应该朝下;掉在地上的图钉要随手捡起,以免扎脚。

(5) 防烫伤。玻璃杯、暖瓶、开水壶等要放置妥当,以免被打破、踢倒。有的玻璃杯在寒冷季节倒入开水会炸裂,可导致烫伤或割伤皮肤,所以在用之前,要先用温水涮一下。

(6) 防火灾。让儿童知道在任何场合都不要玩火,火灾是很可怕的事情。

(7) 防触电。不要将尖细的物品插入电器插座中,手脚潮湿的时候不要碰触或使用电器。

(8) 防其他的意外事件。小心保管家中的钥匙,进了家插好门锁链;养成随手关门的习惯,即使出门时间很短,也应随身携带钥匙;门铃响时要先通过"猫眼"或者问话确定对方身份,不要随便让陌生人进入屋内;家中只有儿童一个人时,尽可能不要应门、开门;遇有陌生人按错门铃或打错电话时,须提高警惕;不要随意邀请不熟悉的朋友到家中玩;不要在门口留纸条给家人。

(四) 幼儿园安全

幼儿很喜欢幼儿园的集体生活,幼儿园中人多、玩具多、玩的地方多等,易使孩子忘记安全要求,一定要保障幼儿在园中的安全。

1. 园内设施安全

幼儿园内的装置、设施、器械的安全直接关系着幼儿的安全,也是引发意外事故的主要原因之一。《学生伤害事故处理办法》中明确规定,因"学校的校舍、场地、其他公共设施,以及学校提供给学生使用的学具、教育教学和生活设施、设备不符合国家规定的标准,或者有明显不安全因素"而造成的学生伤害事故,学校应当依法承担相应的责任。另外,《中华人民共和国教育法》则明确规定:明知校舍或者教育教学设施有危险,而不采取措施,造成人员伤亡或者重大财产损失的，对直接负责的主管人员和其他直接责任人员，依法追究刑事责任。

幼儿园设施方面的不安全因素有：幼儿园的危房、危墙；大型玩具年久失修，螺丝脱落；栏杆过低、松动；栏杆下堆有杂物；过道上的窗户过低；玩具、教具的材料有毒；活动场地太滑、太坚硬；大型器械下无保护设施；建筑物有锋利的棱角；花盆放在了容易坠落的地方；等等。

2. 园内制度保证

（1）门卫制度。为确保幼儿园的秩序安全，必须严格把好进门关，无关人员一律不得进入园内；若有事需进园，应做好登记工作，以确保在发生情况时能及时找到相关人员；门卫人员还必须严格禁止幼儿擅自单独离园。

（2）幼儿接送制度。家长送幼儿入园时，必须和教师做好交接工作；幼儿离园时，家长必须到幼儿所在班级接幼儿；一般情况下，非幼儿家长不能接走孩子。

（3）食品卫生安全制度。幼儿园要严格按照相关食品卫生法律的规定，严禁采购腐烂变质的原料，做好厨房及餐具的卫生和消毒工作，以避免食品中毒事故的发生。

（4）药品保管制度。幼儿生病需带药到幼儿园服用的，必须在药品上写上幼儿的姓名、服药剂量及服药时间等有关内容，以免服错药。同时，药品必须放置在幼儿够不着的地方，以防幼儿误食。

（5）日常安全常规。带班教师不得离开活动室，每个幼儿都必须在带班教师及配班教师或保育员的视野范围之内，以便教师及时发现不安全因素，并作出处理。保健教师必须严把晨检关，及时发现幼儿是否携带不安全的东西来园等。

（6）安全管理制度。对涉及安全方面的各项制度的制定、执行的情况要加强管理，做到专人负责，定期检查，及时反馈，改进到位。

（五）儿童乘车的安全

儿童对车子往往会情有独钟，因为车子的行驶会给予他们动态的刺激，同时他们自己坐在车子里会有美妙的体验。不过，乘车的过程中同样存在安全隐患，我们务必重视。

1. 儿童感知交通的心理

儿童和成人对周围世界的感知是有着很大区别的。了解这些区别，将有助于成人对儿童的全面照看，确保儿童的安全。

（1）儿童的身材都比较矮小，他们的视野不能越过小轿车、长凳或灌木。对于一个儿童来说，隐藏在每一辆小轿车后面的物体，他们都很难看见，而他们也很难被司机观察到。

（2）儿童都会错误地认为自己看得见汽车，司机也一定能看见他们。

（3）儿童通常对声音的来源很难判断准确。大部分儿童的听觉都非常敏锐，但是他们总会在发现声音的来源之前东张西望。

(4) 儿童很难准确判断车速和车距,他们不会区别开得慢的大汽车和开得快的小汽车,他们往往认为大汽车更具危险。

(5) 儿童不能轻易地区分一辆运动或静止的汽车,因为汽车在运动时本身不会改变形状(不像人和动物在移动时身体也在动)。这就恰好解释了为什么儿童会等待一辆慢速行驶的汽车通过,而对一辆快速驶来的汽车却选择继续踏步前进。

(6) 儿童会错误地认为汽车会像行人一样迅速地停下来。

(7) 儿童的视觉神经还没发育完全,事实上他们的视野只有成人的三分之一。他们看不到眼角边以外的东西,因此也许会注意不到一辆正在逼近的汽车。

(8) 小年龄的儿童还没有危险意识。即使有危险意识的初步萌发,也不能准确感知危险情况。

(9) 儿童总是在活动当中的,匆忙是做出危险举动的主要原因。急切想运动的思绪就会让他们忽略了安全。放学后是最危险的时段,因为在幼儿园待了一天,他们的运动欲望急切想得到释放,从而很难顾及安全。

(10) 儿童常常把虚幻和现实混为一谈,沉迷于自己的世界中,忘却了交通规则的存在。儿童很容易分心,只会本能地把思想集中在自己的乐趣当中,不会理会危险。

2. 儿童乘车需注意的问题

(1) 车型。建议选择配置有儿童安全装备的车型。如儿童安全锁,当儿童安全拔杆往下打时,就会锁住后车门,后座乘客无法打开后车门,可以防止好动的小孩在行驶过程中意外打开车门。还有些车有全车自动锁止功能,当车辆行驶到30公里/小时以上时,就会自动锁上后车门,达到同样的目的。

(2) 儿童安全装置。儿童的身体结构和特性与成人有着很大的差异,在行车过程中,儿童的头部、颈部以及骨盆最容易受伤。因此,对于身体承受能力弱的儿童,特别是婴儿,应在车内加装儿童安全装置,约束住儿童身体的更多部分。如儿童安全座椅,通过安全带、可变形的护垫和护罩,以及让孩子们向后方乘坐,可以达到安全要求。它完全排除了人手抱持可能产生的任何失误,也彻底避免了儿童单独乘坐时可能出现的乱摸乱动等各种意外。不论是正常驾驶期间,还是万一发生事故时,都能为儿童提供强有力的保护、缓冲作用。

(3) 习惯。父母还应该养成良好的开车习惯和乘坐习惯,如不要把儿童放在副驾驶位置;年幼儿童应该尽可能面向后面乘坐;不让儿童单独留在车里;停车熄火后才让儿童下车等。对儿童来说,主要应该让他们养成不随便乱动车内按钮与把手、不钻来钻去地打闹以及坐在安全座椅上的习惯。另外,父母在开车时要提高警惕,控制车速,时刻注意四周情况,尽可能不急刹车。

三、活动的渗透

学前儿童安全教育的实施并不是一时一事的。儿童的年龄特点决定了安全教育应当蕴含在儿童的所有活动之中,从小事抓起,从细微处入手,培养儿童的安全意识和安全行为。

(一) 日常生活中随时随地的安全教育

儿童生活中和周围环境中的安全隐患无处不在,所以对儿童的安全教育就应当是随时随地的。在日常生活中,这种教育并不声势浩大,有时可以是信手拈来的,但却很有必要,对于儿童是一种细雨润物的影响。在随时随地的安全教育中,让儿童了解安全,懂得安全,从而在最大范围内保障儿童的安全。

拓展阅读

将安全意识渗透在日常生活中

上海市静安区南西幼儿园在这方面进行了有益的尝试。该幼儿园将提升幼儿的健康和尊重幼儿的生命作为促进幼儿发展的重要前提,将安全意识的培养渗透在日常生活中,即时、即景地开展安全教育。例如,在幼儿园的一条通道上,教师发现了这样一个问题:我们总是提醒幼儿走小路时要当心,要慢慢走,要一个接着一个走,但为什么碰撞事件还是接连发生?如果对此习以为常,便可能忽视安全隐患。但是,当教师对此作了进一步的观察后,发现:原来这条小道是幼儿混龄运动的必经之路,而教师忽视了高密度人流所带来的问题。试想当孩子处于动态的奔跑且又在无序状态时,即刻让幼儿以停止和控制动态的运动行为来获得安全是很难的。在对问题进行分析之后,教师找到了解决问题的对策:建立安全运动规则,探究安全运动方位,增设安全管理指导点,并在日常生活中加以实施。通过这一事例,幼儿园得到的启示是:挑战的环境并不一定是危险的环境;要善于捕捉环境中潜在的危险;及时反思问题、研究安全对策;变安全要求为可操作的行为指导。这种随时随地进行的安全教育,既具有针对性,又是积极有效的。

(二) 渗透在其他活动中的安全教育

以儿童发展为本已成为幼儿教育的重要理念,而儿童发展的前提是儿童的安全问题。在幼儿园的各种活动中渗透安全教育,是保证安全教育落到实处的有力措施。这里我们介绍上海市静安区延安中路幼儿园的一些做法。

1. 幼儿服药委托单

幼儿服药委托单，主要为了加强幼儿在园服药安全的管理。当幼儿需要在园服药时，家长必须在保健教师晨检时填写幼儿服药委托单。家长在填写过程中，能感受到自己的一种责任，服药安全的意识明显增强。幼儿园只是受家长委托，提供“服药”的服务，降低了幼儿园的责任风险。一张幼儿服药委托单明确了幼儿园与家长之间的责任关系，体现了家长、保健教师、教师在幼儿服药中的不同责任，确保了幼儿的服药安全。

2. 每日幼儿出勤报告制度

保健教师晨检后，在第一时间将“每日幼儿出勤报告”张贴在园务公开栏里，让教师、家长了解全园幼儿缺席的基本情况，如病假、游玩、去外地等。尤其是及时了解去外地幼儿返回后的身体状况，做到对三天不来园的幼儿及时上门家访，一旦发生传染病，要早知、早预、早隔离。每日幼儿出勤报告制度在预防和有效控制传染病方面发挥了积极的作用。

3. 全日观察记录

教师、保育员、保健教师三位一体的全日观察记录，把一些观察到的问题作为幼儿安全教育的内容，渗透于教学活动中，共同完成安全教育的目标。通过三位一体的循环，即教师“教”、保育员“防”、保健教师“检”，将安全教育的各个要素贯通，使安全教育的操作有效。

4. 定期的消防演习活动

每年一次演习已成为幼儿园安全教育的一项重要内容，如消防演习、防暴演习。这样的安全教育可从小培养儿童防范不安全因素的意识与能力，让他们终身受用。同时，演习本身就是一种有效的安全教育活动。

5. 幼儿外出应急预案

对幼儿外出，除了制订活动计划外，还要制订一份应急预案。教师要与家长一起制订防范各种安全隐患的措施，让家长成为应急预案中的一个主要成员，使安全教育在家园共育中得到开展。

6. 设立安全标志

在园内与安全有关的地方及其设施上，通过标志的形式，以无声的语言形象地告知幼儿它是干什么用的、为什么要这样、如果不这样将会有什么后果等，以丰富幼儿的安全常识和经验。

7. 离园活动中的安全教育

明确离园时的安全要求，包括员工离园时的签名制度，幼儿离园时检查自己的药品、玩具，整理桌椅，看见物品坏了要学会告诉教师等。这样可以确保幼儿离园后，幼儿园的环境仍是整洁、干净、安全的。

8. 安全小组巡视制度

幼儿园成立安全小组，分别从幼儿的行为安全、药物食物安全、设施设备安全、卫生预防安全方面开展巡视，确保幼儿在园的安全。

（三）体验式的安全实践活动

体验式学习起源于美国斯坦福大学，是一种新型的学习方式。它基于杜威的经验主义哲学，受到建构主义心理学和人本主义心理学的启示。体验式学习是通过在体验活动中反复观察、感受、实践、探究，使参与者充分体验所经历的各种事件，最终认识事物，掌握知识与技能，发展能力，养成某些行为习惯，形成某些观念、情感、态度乃至心理品格的过程。幼儿园的体验式学习是让幼儿在游戏活动中获得知识、形成技能、提高认知水平的一种学习方式。这种学习方式和学习过程只有通过亲身体验才能最终有效地完成。在幼儿的学习活动中，体验所涉及的感官越多，就越令人难忘，活动也就越有效。

案例

不跟陌生人走(小班)

活动目标

(1) 知道不能轻信陌生人的话，不跟陌生人走。

(2) 了解和掌握一些与陌生人相处的方法。

活动准备

(1) 有关的图片四张。

(2) 请一位幼儿不认识的阿姨扮演陌生人，并设置表演情境。

(3) 玩具、果冻、巧克力。

活动过程

1. 故事《沙沙和陌生人》

(1) 讲述故事《沙沙和陌生人》：变色龙沙沙独自在院子里玩，这时一个陌生人问他公园怎么走，沙沙有礼貌地告诉了他该怎样走，陌生人非常感谢沙沙。回到家里，沙沙把这件事告诉了妈妈，妈妈说："沙沙，你做得对！不过还有一些事情你要多加注意。"沙沙连忙问妈妈："还有什么事情应该注意呢？"

(2) 集体讨论:①妈妈为什么说沙沙做得对?②我们来猜猜妈妈还对沙沙说了哪些应该注意的事情?

(3) 出示图片。

图一:陌生人要你跟他出去玩时,你不能跟他一起去。

图二:陌生人给你礼物或好吃的东西时,你不能要。

图三:陌生人要去你家时,你不能带路。

图四:陌生人硬拉你跟他走时,你要反抗,大声呼救。

2. 情境练习

情境一:一个陌生的阿姨对一位小朋友说:"小朋友你真可爱,我请你吃糖果。"接着又拿出玩具给他玩。

集体讨论:能不能接受陌生人的礼物,应该怎样对他说?

情境二:一个陌生的阿姨敲门进入教室,对某幼儿说:"我是你妈妈的好朋友,她今天没有空来接你。让我送你回家,跟我走吧。"

教师提醒:①你认识她吗?②如果你不认识她.能不能轻信她的话?③那你应该怎么对这位阿姨说?

教师小结:对待陌生人要有礼貌,但不能轻易相信他们的话,尤其是不能跟陌生人走。

3. 选择游戏(每题分A、B两个答案,幼儿站在认为是正确的答案那一边)

(1) 陌生人就是坏人吗?

A. 陌生人就是坏人。B. 陌生人不一定是坏人。

(2) 能不能跟陌生人走?

A. 能去公园和游乐场。B. 不能去任何地方。

(3) 有个认识的阿姨想带你出去玩。

A. 可以和她去。B. 必须先告诉爸爸妈妈。

(4) 有个不认识的叔叔给你东西吃:

A. 糖果、果冻不能吃,饮料可以喝。

B. 什么都不能吃。

(5) 下大雨时一个陌生人说用车送你回家。

A. 先说谢谢再上车。B. 不能上车。

(6) 陌生人问你的名字、家庭成员时,能不能告诉他?

A. 只能告诉名字,不能告诉他家里有谁。

B. 什么都不能告诉他。

提醒幼儿外出时不离开集体和成人，不能轻信陌生人的话。

活动反思

在活动的开始，通过和幼儿讲变色龙沙沙和一个陌生人之间发生的故事，引发幼儿在现有经验的基础上谈谈对“陌生人”的理解，以及遇见陌生人应注意些什么。再通过集体的学习，帮助所有幼儿了解和掌握一些与陌生人相处的方法，让孩子知道如何面对可能遇到的危险：仅仅告诉幼儿“不接受陌生人的糖果或不要和陌生人说话”是远远不够的，还必须向幼儿描述可能遇到的情况，然后指导幼儿如何去做。所以在活动中设置了一些与幼儿实际生活非常贴近的情境，引起幼儿的兴趣，帮助幼儿认识生活中可能遇到的一些问题和现象，再通过游戏活动，共同分析判断，懂得在生活中不要轻信陌生人的话，更不要跟陌生人走。

交通标志作用大（中班）

活动目标

（1）认识常见的交通标志，知道标志是社会生活环境中不可缺少的一种符号；了解标志的作用和特征。

（2）教幼儿学会按标志行动。

（3）激发幼儿的想象，让幼儿自己创造标志，培养幼儿的创造能力。

活动准备

（1）准备各种有关交通标志的图片、书籍。

（2）准备自制标志所需要的各种材料，如卡纸、铅笔、彩笔等。

（3）布娃娃一个。

活动过程

1. 故事导入

师：小朋友，今天早上有个小朋友委托我们帮他一个忙。是谁需要帮忙呢？他又遇到了什么困难呢？我们快一起来看看吧！（教师出示布偶进行表演）师：前几天布娃娃奇奇新买了一辆小汽车，今天早上他就开着他的小车来我们这里游玩，但是一进城，他发现我们的马路上有很多不认识的标志，这些标志他从来没有看见过，也不知道是什么意思，只好来请教我们小朋友了！

2. 认识交通标志

师:瞧!布娃娃奇奇把这些交通标志都给画了下来,我们快一起来看看它们都代表着什么意思吧!

教师出示各种交通标志的图片,请幼儿自由发表自己的意见,试着说出这些分别是什么标志,分别代表什么意思。幼儿举手回答:红绿灯、禁止停车、禁止行人通行、禁止非机动车通行等。

师:刚才小朋友都说出了这些标志的意义,那到底说得对不对呢?老师来告诉你吧!

教师详细讲解每个交通标志的名称及意义。

游戏——我指你说:教师可指出标志图片,让幼儿说出标志的名称及含义,让幼儿巩固复习;或教师带领幼儿说标志的名称及含义。

师:请小朋友说说自己还见过哪些交通标志?它们能告诉我们什么?(鼓励幼儿大胆回答)

3. 交通标志作用大

师:现在我们都知道了很多交通标志的意义,那小朋友想象一下,如果我们生活中没有了这些交通标志,会变成什么样子呢?

幼儿自由想象后回答。

师:交通标志在我们的生活中起着重要的作用,如果没有了交通标志,马路上的车就会随意通行,没有规则,很容易引发车祸;如果没有交通标志,人们就不知道什么是停车场,车辆就会随意停放,对我们的行走会造成很大的影响;如果没有交通标志,上班的时候马路就会混乱,这样会影响人们的工作,所以交通标志是社会生活环境中不可缺少的一种符号,是缺一不可的,我们都应该认真地遵守这些交通标志背后的规则,做一名优秀的交通小标兵。

4. 我是小小设计师

(1) 师:小朋友,刚才奇奇说,他现在可全都明白这些交通标志的意义了,他说谢谢我们中二班的小朋友,他现在要开着车到我们幼儿园来参观呢!你们高兴吗?可是啊,对于我们幼儿园,奇奇一点儿也不熟悉,每个教室每个房间他都不知道是用来干什么的。所以我们今天就来当一次小小设计师,为我们的幼儿园设计一些标志,就像交通标志一样,让奇奇一来,看到这些标志就知道要去哪里,该怎么做。如:可以在洗手的水龙头那里设计一个标志,提示用水龙头的时候要开小一点,用完以后要记得关掉,不要浪费水资源。

(2) 幼儿寻找设计目标。师：小朋友，现在我们一起去找找我们教室里或者幼儿园中哪些地方需要标志。幼儿寻找，教师可跟随指引。

(3) 幼儿为幼儿园设计标志并将其制作出来。幼儿自己动手操作，教师巡回指导，对于能力较弱的幼儿要重点指引。

(4) 师幼共同将幼儿自制的标志贴在适合的地方，并让幼儿设计者向其他幼儿讲述其意义，让幼儿加深理解标志的名称及作用。

活动延伸

可请小班幼儿参观教室，并为他们讲解自制标志的意义，也可放学后让幼儿带领自己的父母去观察自己设计的标志。

文具安全（大班）

活动目标

(1) 了解使用文具的不安全行为以及会产生的危险。

(2) 会安全使用文具，能够遵守安全规则。

(3) 通过讨论，初步建立班级的文具安全规则。

活动准备

幼儿用书、教学挂图。

活动过程

1. 活动导入

师：文具是我们学习时的好帮手，小朋友平时经常使用哪些文具？文具使用不当会发生什么危险？

2. 观看幼儿用书和教学挂图

(1) 师：请小朋友翻开书的第2页和第3页，仔细看看每一幅图，图上的小朋友在做什么？他们在使用哪些文具？他们使用文具的方法对吗？

(2) 幼儿根据教师的提问，自由阅读和讲述画面的内容，教师巡回指导。

(3) 教师出示教学挂图，引导幼儿讲述和讨论画面内容。

① 教师与幼儿逐一讨论挂图中相关的内容：这个男孩在做什么？咬铅笔会有什么危害呢？师：铅笔不能咬，会造成铅中毒，会把细菌等有害的东西吃到肚子里，还会使小朋友的牙齿歪斜。

② 讨论其他内容。

③ 师:这几个小朋友使用文具的方法不正确,这样会对他们的身体健康造成危害,严重的还会威胁其生命安全。

3. 分组讨论该怎样安全使用文具

(1) 教师引导幼儿观察并讲述最后一幅小图:现在我们一起来看看,这幅图上的小朋友的做法是不是正确。为了我们的健康和安全,除了画完画要洗手,在使用文具时还应该注意什么?

(2) 教师发给每组幼儿一张大白纸和一盒水彩笔。每组推选一位能力较强的幼儿,请他用画图的方式表现大家讨论的内容。

(3) 幼儿分组讨论该怎样安全使用文具。

(4) 教师巡回指导,引导幼儿用自己的方式把自己组的想法表现出来。

(5) 分享各组讨论内容。

活动总结

教师引导幼儿回顾集体提出的具体的行为规则,进行总结。

活动延伸

在教室中张贴文具安全规则,如:

(1) 使用文具时,保持坐姿端正,正确用笔。

(2) 不玩弄文具,不吃或咬文具。

(3) 不用笔尖对着自己和他人。

(4) 不用油画棒、水彩笔在皮肤或衣物上乱画。

(5) 用完文具要收拾整齐。

(6) 写完字或画完画要把手洗干净。

(7) 使用剪刀要小心,不能一边说笑一边使用剪刀,不要拿着剪刀对着他人,剪刀用完放到安全的地方。

四、学前儿童安全教育实施的原则

明确教育原则有助于将教育行为贯彻到位。在实施学前儿童安全教育的过程中,我们认为有必要把握以下四方面的原则。

(一) 倡导安全氛围

各种社会媒介的宣传,通过电视、广播、网络、报刊、书籍等形式传播安全知识,能帮助儿童逐渐改变不良的生活行为,避免意外事故的发生。同时,家长的言传身教是儿童行为塑造的重要途径,应当强调家长在教育中发挥的关键作用,以身作则,注意营造良好的安全生活环境。幼儿园要严格按照国家的相关规定，把安全教育纳入教育教学内容之中，对儿童实施交通安全、饮食安全、使用设施安全，以及防火、防电、防中毒、防溺水、防雷击等方面的教育。

（二）重在自我保护

导致悲剧发生的一个重要原因是儿童欠缺安全防范知识、安全意识和安全习惯，加之自我保护能力差。教师和家长加强对儿童的保护固然重要，但加强对儿童自我保护能力的培养才是解决问题的关键，同时这也是安全教育的要求。教师和家长应对儿童加强行为规范的教育，培养他们独自应对环境、适应环境的能力。要启发和诱导儿童，让他们认识到什么是安全的、什么是不安全的，以及不安全的后果。要采用儿童乐于接受的形式，使儿童有兴趣接受教育。

（三）发挥教育合力

预防伤害是一项社会性很强的系统工程，它需要全社会、全方位、全面性的协作。要有医学、行为学、环境学、教育学等多个学科，公安、司法等多个部门的参与；要有儿童、家长、教师、医生、心理学家、社会活动家、警察等的共同努力；还要有家长、相关管理人员、看护人员、教师的警觉性和责任心。唯有如此，才能做好儿童伤害的防范和教育工作。

（四）实现模式转变

根据意外伤害流行病学模式，可有预防儿童意外伤害的十项要点：预防危险因素的形成，减少危险因素的量，防止或减少危险因素的释放，减少危险因素释放率及空间分布，分离危险因素与受害人（从时间和空间等方面），利用屏障分离危险因素与受害人，减少危险因素的危险性，增强人对危险因素的抵抗力，加强处理伤害的快速反应能力，加强有效地急救治疗和康复治疗的能力。因此，儿童安全教育应该根据实际情况实现如下的转变。

1. 由急救型向预防型转变

在儿童生活与学习环境发生改变时要特别予以关注，做好心理安全和事故防范工作。在日常生活中，要确保儿童有一个安全的环境，对于火种、煤气、农药、有毒药品和物品、烟花爆竹及其他危险品的出售、保管、使用、验查等环节都要做好安全防范工作，保证儿童居家安全、校园安全、出行安全和社会安全。

2. 由封闭型向开放型转变

以往的安全教育存在着以教师为主、较随意地进行的状况。现在的安全教育必须改变只由教师在幼儿园里进行教育的状况，可以采取多种形式，利用园内外的诸多资源，对儿童进行生动、活泼、具体、有效的安全教育。

3. 由纪念日型向经常型转变

除了一些节假日、特别日的安全教育以外,要对儿童进行饮水安全、饮食安全、交通安全、用电安全、游泳安全、游戏安全、消防安全、活动安全、园舍安全、设施安全等长效性的、经常性的教育。

4. 由常规型向探索型转变

要提高儿童安全教育和健康保护的科技含量,建立和健全"预警系统",培养社会、学校、家庭和儿童对不安全事件的快速反应能力,提高全社会的避难能力和救护能力。

5. 由简单报道型向正面引导型转变

媒体对儿童安全事故应从客观的角度予以报道,探究原因和教训,减少对儿童的暗示和误导,提高儿童的判断能力、选择能力和明辨是非的能力。

第三节　学前儿童的意外伤害事故

一、我国儿童安全现状

根据对有关调查数据的梳理,我国儿童的安全现状主要存在以下问题。①

(1) 因意外伤害造成儿童死亡的占我国儿童死亡总量约1/4。统计表明,我国儿童伤害最大因素依次是:交通事故、中毒、跌伤、烧伤、溺水、动物咬伤和其他意外损伤。儿童意外伤害不仅会导致儿童伤亡、残疾,而且严重影响儿童身心健康、正常发育和学习。

(2) 游戏和运动中受伤居校园伤害之首。在我国,存在安全事故及隐患的学校比例较高,而且,游戏和运动中的儿童最容易受到伤害,这个时间段特别需要父母和教育工作者的关注。

(3) 放学之后、自由活动时是儿童最易发生伤害事件的时间。门卫制度方面的漏洞已经成为公认的校园安全隐患,最容易发生安全事故的环节是无成人在场的、儿童活动较多的场合,因此急需对儿童加强安全教育和自我保护教育。

(4) 家庭暴力是儿童遇到最多的暴力伤害。暴力伤害通常对儿童身体所造成的影响往往是严重的,重者可造成残疾或死亡,轻者造成身体损害。近年来,儿童所受到的暴力伤害有增加趋势,成为儿童生活中的重大伤害来源。

(5) 我国儿童的隐性伤害多发生于家庭中。儿童所受到的隐性伤害包括睡眠不足、饮食

---

① 劳凯声,孙云晓.新焦点——当代中国少年儿童人身伤害研究报告[M].北京:北京师范大学出版社,2002.

不当以及精神伤害。

(6) 社会及儿童的安全防范意识欠缺。与高发安全事故及其隐患形成鲜明对比的是:儿童对安全事故的防范意识很差,由于自身行为而引起的安全事故发生比例很高。

(7) 城市儿童安全事故发生率明显高于乡镇儿童。城市儿童多发的安全事故与儿童的活动空间、家庭中的现代设施等因素有关。现代城市生活出现了许多新的儿童安全事故隐患,增大了发生安全事故的可能性。

(8) 儿童食品安全因监管不力而导致诸多问题。儿童食品检查以时段性抽查为主,缺乏儿童食品安全监管长效机制,生产商缺乏食品安全意识。

(9) 网络新媒体对儿童的心理伤害不容忽视。一是儿童接触到的网络内容良莠不齐;二是长时间使用电脑可能给儿童造成身体伤害。

二、儿童意外伤害事故的特征

儿童发生意外伤害事故,具有特定的表现。了解和把握这些表现,有助于我们在意外伤害事故发生以后对儿童实施最大程度的急救,以保障儿童的生命和安全。

(一) 易发人群

儿童意外伤害事故的发生随年龄、性别和种族的不同而有一定的差异。男性意外伤害事故的死亡率一般高于女性,这种性别差异随着年龄的增长而增大。在不同年龄的儿童、青少年中,以 15—19 岁意外伤害事故的死亡率最高,1—4 岁次之,5—9 岁和 10—14 岁较低。儿童意外伤害事故的死亡率在不同种族之间也存在显著差异。国外的一项调查表明,低社会地位家庭的儿童,意外伤害事故的死亡率高,而高社会地位家庭的儿童,死亡率则较低。

(二) 易发场所

一般而言,儿童日常活动的场所(如家庭、幼儿园)是意外伤害事故的易发之地。儿童、青少年意外伤害事故发生的场所依次为:家庭、学校、上学和放学途中、体育运动场、幼儿园和游乐场、其他公共场所。

学前儿童的意外伤害事故大多发生在家里,如误食中毒、火灾等;学龄儿童的意外伤害事故多数发生在学校和上学、放学途中,且与学校体育运动的设施或骑自行车有关。

(三) 儿童特点

学前儿童自身的一些特点也容易导致意外伤害事故的发生,包括:学前儿童对危险处境的认识不足而导致意外伤害事故的发生;学前儿童的神经系统和运动系统发育不完善,虽然有时已经觉察到危险,但因未能及时反应和有效控制动作而导致意外伤害事故的发生;学前儿童因生活经验有限,缺乏对特定情境中的潜在危险的预见而导致意外伤害事故的发生;学前儿童处于生理机能较低状态时易发生意外伤害事故。

三、意外伤害事故的预防和急救处理

在意外伤害事故发生后,首要的是对受伤害儿童进行急救,而且这种急救应当力求积极有效,将伤害带来的影响程度降至最低。

(一) 病情的判断

一般情况下,意外伤害事故发生迅速而又突然,儿童的病情变化较快,因此必须迅速判断出病情的轻重,以决定应采取何种措施进行救护。

1. 依据发生的原因判断

有的意外伤害事故发生后,必须在现场进行正确而有效的急救,以防止可以避免的死亡,如溺水、触电、雷击、外伤大出血、气管异物、中毒、车祸等。有的意外伤害事故虽然不会顷刻致命,但如果延误或处理不当,也可能造成死亡或残疾,如各种烧烫伤、骨折等。上述意外伤害事故发生后,都要依据发生的原因对病情作出判断,并实施急救。

2. 依据伤者的情况判断

当人体突然受到外界强大的刺激,或疾病发展恶化至最后阶段时,重要的生命机能已经紊乱、衰竭,身体里的新陈代谢降到最低的水平,呼吸、心跳等也发生了变化。

(1) 呼吸的变化。垂危患儿的呼吸已由正常节律变得不规则,时快时慢,时深时浅,出气不均匀,说明呼吸出现问题。观察垂危患儿的鼻翼或胸廓,如果鼻翼翕动,胸廓在吸气时反而下陷,这就说明呼吸已十分困难。若呼吸已停,应立即做人工呼吸。

(2) 脉搏的变化。垂危患儿的脉搏,由规则节律的跳动变得细快而弱,或节律不整,说明心脏功能和血液循环出现了严重障碍。一旦心跳停止,应立即做胸外按压。

(3) 瞳孔的变化。瞳孔一般直径为3毫米,遇到光线后能迅速收缩。垂危患儿,眼睛无神,瞳孔已不能随光线的增强而迅速变小。最后,瞳孔会渐渐散大,对光线完全失去反应的能力。

要根据这些变化,及时判断病情的恶化情况,并采取相应的急救措施。

(二) 急救的原则

1. 挽救生命

呼吸和心跳是最重要的生命活动。在常温下,呼吸、心跳若完全停止4分钟以上,生命就有危险;超过10分钟,则很难起死回生。因此,不管发生何种意外,也不管出现何种情况,一旦患儿的呼吸、心跳发生严重障碍时,当务之急就是要立即实施人工呼吸、胸外按压等急救措施,抓住最初的短暂时间,帮助患儿恢复呼吸、心跳,维持其血液循环。

2. 防止残疾

发生意外后，在实施急救措施挽救生命的同时，还要尽量防止患儿日后落下残疾。如幼儿发生严重摔伤时，有可能造成腰椎骨折，施救时就不能用绳索、帆布等担架抬送患儿，也不能背或抱起患儿，因为这样会损伤脊髓，造成残疾。应避免因急救措施不当而造成不良后果。如发生上述摔伤时，一定要用门板之类的木板担架运送患儿。

3. 减少痛苦

意外伤害事故所造成的损伤往往是很严重的，常常会给患儿身心带来极大的痛苦，因而在搬动、处理时动作要轻柔、语言要温和等，以最大程度减少伤害带来的痛苦。

（三）常用的急救处理法

1. 人工呼吸法

采用人工呼吸法时，先让患儿仰卧，救护人员尽快清理患儿口鼻中的污泥、痰涕，同时垫高患儿颈部，使其头部充分后仰，保持呼吸道的通畅。然后，进行吹气，即救护者深吸一口气，捏住患儿的鼻孔，用嘴紧贴患儿的嘴，向里吹气。吹气量不能太大，也不能太小。若吹气量过小，则起不到作用。一般以救护人员吹入一口气后，患儿胸脯略有隆起为度。吹完一口气，嘴离开，放松患儿鼻孔，轻压其胸部，帮助呼气。这样有节奏地进行，直至将患儿送到医院，或患儿又恢复了均匀的呼吸。如果患儿牙关紧闭，也可对着鼻孔吹气，操作步骤与口对口吹气相同。

2. 胸外按压法

采用胸外按压法，让患儿仰卧于平直木板或平整的地面上，而不能让患儿躺在软床或帆布担架上操作，以免影响按压的效果。救护人员站于患儿一侧，手平放于患儿胸部，此时手的根部应处于胸骨 1/2 处，或两乳头边线的正中处。一般对年龄较大的儿童，应将两手重叠放置；对年幼的儿童，不必两手重叠放置，用单手即可；对婴幼儿及新生儿，仅拇指放于胸前第四肋间，其余四指托在背部进行。用力垂直地冲击性向下按压，使胸骨下陷。按压部位不要过大，手掌根部接触患儿，手掌上部及五指并拢处，都不应局部地施加压力，按压后立即放松。如此反复地下压、放松，动作要有节奏，用力要均匀，一般每分钟按压 100 次左右。

有的意外伤害事故会造成患儿的呼吸和心跳同时停止，口对口吹气与胸外按压需同时进行。

3. 迅速止血法

儿童的外伤事故常常伴随出血。出血有多有少，出血的部位有深有浅。如果是少量的出血，一般不会有生命危险，但如果是大出血，则会危及生命，必须迅速止血。常用的止血方法如下：

(1) 一般止血法。先用生理盐水冲洗局部,如头部或其他毛发较多的部位受伤,应先剃去毛发、清洗局部,然后用干净的纱布、棉花垫在伤口上,用绷带包扎,以不出血为宜。

(2) 指压止血法。身体动脉出血,出血量大,用一般止血法难以控制,而需采用指压止血法,即用拇指压住出血血管的上端(近心端),压闭血管,阻断血流。

四、幼儿园常见意外伤害事故的预防和急救处理

幼儿身上发生的意外伤害事故,有不同的种类和不同的程度。了解一些常见意外伤害事故的预防和处理方法是维护儿童安全所必需的。

(一) 摔伤

幼儿阶段还处于生长发育的时期,他们在蹒跚走路的过程中,由于自身的和外部的因素,极易摔跤,容易受伤。

1. 原因

幼儿的骨骼中胶质多、石灰质少,骨骼不如成人那么硬,除此之外,他们的骨骼还在不断地生长发育。在日常活动中,除幼儿本身的危险动作外,由于幼儿的不当行为而引起的摔伤事故也时常发生。如幼儿间的推拉、追跑、打闹等,常常由于掌握不好轻重而将对方弄伤。在实际工作中,一些摔伤事故往往是因为幼儿做了一些危险动作,成人没有及时发现并制止而造成的。还有一些则是对幼儿生活照顾得不细致造成的,如幼儿鞋带散了,走路时踩在脚底下绊倒了,造成摔伤;因鞋底嵌着小石子,下楼时正好踩在台阶的金属镶边上滑倒了,肘部碰到台阶边缘,造成骨折;因鞋穿的时间长了,把底纹磨平了,走在湿漉漉的水磨石地面上滑倒摔伤,等等。

2. 摔伤后的处理

(1) 轻伤。如果仅是擦破点皮,简单消毒即可;如果碰了包,则可用碘伏涂擦;如果引起鼻出血,要使幼儿安静,低头止血,并在额头放冷毛巾,也可用干净棉花轻轻塞入鼻孔。止血后,不要剧烈活动,以免再出血。

(2) 骨折。发生骨折后,会出现一系列症状。因断骨会刺伤周围组织的血管、神经,血管破裂后的出血又压迫周围的组织,所以剧烈的疼痛和局部的压痛是典型的症状之一。同时,骨折处的正常功能丧失,如下肢骨折后不能站立、行走,手指骨折后不能抓握等。骨折后原来附着的肌肉失去平衡,加上组织肿胀,局部还会出现畸形。幼儿的骨折还有其自身的特点,可以发生如同柳枝般“折而不断”的现象,医学上称之为“青枝骨折”。发生“青枝骨折”后,疼痛不如骨骼完全断裂时明显,受伤肢体还可以做些动作,因此很容易被忽略。骨折未经复位长上以后,不仅肢体会出现畸形,还会影响正常的功能。因此,幼儿肢体受伤后,千万不能掉以轻心,一定要送至医院检查一下是否发生了骨折。

(3) 头部受伤。如果头部有出血的伤口，应用干净的手帕之类的物品压迫伤口止血；如果有脑组织溢出头皮外，说明已损伤颅骨，应按原样做简单包扎，尽快送至医院抢救，千万不要把露出头皮外的脑组织送回伤口，以免造成颅内感染。如果头部没有伤口，只因外力作用到脑部，使脑组织受到震荡，发生昏迷，此时应将幼儿及时送至医院检查。

(二) 走失

年幼儿童因为缺乏自我保护的意识，又没有解决问题的办法，有时会发生走失的情况，进而发生其他危险。

1. 原因

幼儿走失的原因很多，包括：新入园的幼儿对环境不习惯，因此出走回家；幼儿在活动中有时会被外界有趣的事吸引或找到一个好玩的地方，不知不觉地离开了集体；幼儿在幼儿园中受了委屈，或个别保教人员态度不好，致使幼儿对幼儿园没有亲切感，不愿待在幼儿园中；保教人员责任心不强，没有照管好幼儿，在拥挤的情况下幼儿走失。

2. 走失的预防及处理

应针对幼儿容易走失的各种可能，事先做好预防工作。如教师应了解孩子在想些什么；要教幼儿学会说自己的名字，幼儿园的名称，父母的姓名、工作单位，家庭住址及重要的电话号码；幼儿园要加强门卫管理，建立家长接送孩子的制度。一旦发生幼儿走失以后，班上的教师一定要保持镇静，千万不要惊慌失措，要分析走失的原因，确定寻找方向，并立即寻找。如果在幼儿园找不到，应马上报告，必要的时候要与家长和附近的派出所联系，尽快找到幼儿。找到幼儿后要及时寻找原因，吸取教训，对幼儿进行正面教育，切勿训斥幼儿，防止由此带来的负面影响。

(三) 中毒

发生中毒主要有三种可能：一是通过消化道吸收的中毒；二是通过呼吸道吸入的中毒；三是通过皮肤、黏膜沾染的中毒。发生中毒后，首先要排出毒物，尽量争取时间，而不能等到送医院后再采取排毒措施。因为早一分钟脱离毒物，就可使患儿少吸收一些毒物，对患儿的生命和治疗效果有极大的好处；反之，若当时不作处理，只差十几分钟、几十分钟的时间，就有可能造成严重的危害，甚至使患儿丧失生命。煤气中毒、误服毒物是较常发生的意外事故。

1. 煤气中毒

煤气中毒是由空气中一氧化碳过量引起的。用煤炉取暖的屋子，若室内通风不良、烟囱漏烟、风倒灌等，可使室内空气中的一氧化碳过量，导致煤气中毒。过量的一氧化碳通过呼吸道进入人体后，就和血红蛋白争夺氧气。由于一氧化碳与氧的亲和力远远高于血红蛋白与氧的亲和力，因而血红蛋白只好“甘拜下风”，把氧气“让”给一氧化碳，从而导致人体缺氧。

轻度中毒者会感到头晕、耳鸣、眼花、恶心、全身无力，此时应立即将患儿抬离中毒环境，到空气新鲜的地方去，让他吸入新鲜含氧的空气，来驱散血液中的一氧化碳。中毒较严重者，会处于呼吸困难、昏迷的状态。急救时除采用之前所述的方法外，还应在保暖防冻的情况下，尽快送至医院。若患儿呼吸、心跳已停止，要立即进行口对口吹气和胸外按压，并护送至医院。

2. 误服毒物

毒物的种类很多，有些是人们熟知的剧毒物，如氢氰酸、砒霜等，但更多的是平时可作药用和食用的物品，因用量过大或使用不当而致中毒。一旦发现幼儿误服了毒物，或乱吃了药片、药水等，只要患儿未昏迷，则应向他讲清道理，取得合作，争取时间尽早把毒物从胃中“请”出来，尽量减少有毒物质的吸收。一般可以采用催吐、洗胃等措施。

对于吃进毒物时间较长的患儿，如超过4小时，毒物已进入肠道，则应立即送至医院抢救。同时，要收集患儿吃剩的东西、呕吐物，以及残留的有毒物质，以供医生检验毒物的性质，为进一步治疗提供依据。

(四)异物进入人体

在日常生活中，幼儿比较容易将一些细小的物品、好玩的东西塞进自己的口、鼻、耳等器官中，如若未被及时发现，会导致安全事故。

1. 气管异物

当人们在吞咽食物的时候，会厌软骨会盖住气管口，以免食物误入“歧途”进入气管。但幼儿会厌软骨不如成人机灵敏感。因此当幼儿正吃东西时突然大哭、大笑，会厌软骨来不及盖住气管，会使食物呛入气管，造成气管异物。异物以圆滑的食物最为多见。幼儿气管发育不完善，驱赶力较弱，很难将气管异物“赶走”，造成异物在气管内的停留。当异物将气管完全堵住时，幼儿会出现呼吸困难，面色青紫的情况。较小的异物还要继续下滑，常常滑入右侧支气管，导致右侧肺不能工作，也会出现呼吸困难。

一旦发生气管异物时，要立即进行急救。其方法如下：救护者站在患儿背后，搂住他的腰，迅速用右手大拇指的背部顶住上腹部，左手重叠于右手之上，间断地向上、后方用力推压，使横隔肌压缩肺，产生冲击气流，将气管异物冲出。采取上述方法后，仍不能排出气管异物，应立即送至医院急救。

为了防止气管异物事故的发生，要让幼儿养成良好的习惯；告诉幼儿不要捡食东西，不要躺在床上吃东西。当幼儿嘴中含有豆粒、花生米等食物时，成人不能一惊一乍，也不能吓唬他，而要同他讲道理，让他吐出来。幼儿在哭闹时，不要用吃东西来哄他。

2. 食道异物

幼儿有时会误吞骨头、纽扣等异物，这些异物有时会卡在食道里，有时还会沿着食道进到胃里。异物若卡在食道处，患儿的食道部位会有明显的疼痛，在吞咽时，疼痛更明显，致使进食困难。如果异物在食道停留时间过长，还会引起局部及附近部位发炎，严重的会导致食道壁穿孔。一旦发生食道异物，应立即送患儿到医院医治，禁止采用吃东西把异物顶到胃中的做法。

3. 眼结膜、角膜异物

当沙子、小飞虫等异物进入眼内后，会引起灼痛、流泪、畏光。若异物附于眼球表面，则可用干净的棉签轻轻地擦去；若异物嵌入眼结膜囊内，则需翻开眼皮再擦去。上述两种情况下，也可用滴管吸水冲洗眼睛。若异物嵌入角膜组织内，或上述方法对角膜表面的异物无效时，则应迅速送至医院处理。如果长时间不取，会影响幼儿的视力发育，再取时也比较困难。

4. 鼻腔异物

幼儿出于好奇，有时会将纸团、小珠子、豆粒等塞入鼻孔中，造成鼻腔异物。若疏于医治，可出现大量带黏液的血脓性分泌物。一旦发现幼儿将异物塞进一侧鼻孔中，千万不要用镊子试图将异物夹出，尤其是圆滑的异物，很难夹住，容易越捅越往深处走。正确的做法是：让幼儿将无异物的鼻孔按住，然后用力擤鼻涕；还可用羽毛、纸刺激幼儿鼻黏膜，引起喷嚏反射。如果上述方法排不出异物，则应到医院处理。

5. 外耳道异物

幼儿如将豆粒、小珠子等塞入耳中，或有小昆虫钻入耳中，会形成外耳道异物。幼儿会感到耳鸣，耳内有东西，听力往往也会下降。

若是苍蝇、蚂蚁等小昆虫钻进耳内爬来爬去，会使幼儿感到疼痛，这类异物较易被发现。此时可用灯光对着外耳道口，利用昆虫的趋光性，引诱它爬出来。

对于其他外耳道异物，最好送至医院处理。因为在没有良好的照明条件、必要的机械和技术不熟练的情况下操作，易损伤幼儿的外耳道皮肤，也可能将异物推入深处，损坏鼓膜，还有可能将异物推向中耳，造成更严重的后果。

（五）烫伤

幼儿皮肤角质层薄，保护能力差，因此烫伤发生的可能性较大，后果也比成人严重。烫伤的发生主要是接触开水、热粥、热汤、蒸汽等造成的。

皮肤的烫伤可分为三度：一度烫伤，只伤及表皮，皮肤发红、微肿，但无水疱，只局部疼痛，2—3 天后即可消失，皮肤受损部位变黑和剥落。二度烫伤，已伤及真皮，在发红和微肿的皮肤表面上形成了水疱，疼痛剧烈。三度烫伤最重，不仅全层皮肤受损，有时甚至较深的组织坏死，进而形成溃疡和瘢痕。烫伤的严重程度除了根据烫伤的深浅来划分之外，有时也与烫伤的部位有关。如头面部组织疏松,烫伤后渗出液多,局部水肿重,加之幼儿对伤痛反应剧烈,容易引起脑水肿,比肢体烫伤更严重。

一旦有烫伤发生,首先,要除去被高温液体浸透的衣物。如果身上还沾有热粥、热菜等,要尽快擦去。但若已与皮肤表面粘连,则不能强行撕去。其次,要清洁创面,即用生理盐水冲洗创面,再用1∶1000的新洁尔灭溶液轻轻涂擦。处理完后,对于一度烫伤,可在局部涂些烫伤膏等,一般3—5天内可好转。对于二度烫伤,则用一层消毒的纱布贴敷于创面上,上面盖上几层无菌绷带包扎,过几天打开绷带,观察创面情况,必要时可再包扎一次。在做上述处理时,千万不能将水疱挑破,以免微生物从破损处侵入皮肤。三度烫伤在创面绷上无菌绷带后,立即送至医院处理。

(六) 中暑、冻伤

中暑和冻伤都是在长时间处于极端气候环境下发生的,且极易对年幼儿童造成伤害。

1. 中暑

幼儿长时间待在过热的房间内,或长时间接受太阳的暴晒,均可能出现萎靡不振、面部发红、汗分泌过多、头痛、头晕、耳鸣、眼花、动作失调等症状,严重时患儿呼吸加速,脸色发白,失去知觉,此为中暑。

一旦发生中暑,应将患儿迅速移到阴凉通风处,解开衣扣,让其好好休息,并用冷毛巾敷头部、扇风等方式帮助他散热。若患儿能自己饮水,则可让他多喝一些清凉的饮料,也可服十滴水。较轻的中暑,经上述处理后,能够很快好转。

2. 冻伤

气温转低时,或气温不是很低,但湿度较大或大风的情况下,身体裸露处或保护不好的部位,以及供血不足的地方,如鼻尖、耳朵、手、脚,易被冻伤。皮肤血管遇冷收缩,血管内正常的营养和气体的运输遭到破坏,因而皮肤失去血色,产生揪痛或刺痛,随之则失去知觉。

冻伤也可分为三度。一度冻伤时,受热后冻伤部位有痛感,出现水肿,呈青紫色;二度冻伤时,在受伤处形成一些带血的浆液性水疱;三度冻伤时,出现皮肤坏死,有时也伤及深部组织。

一旦发生冻伤,首先应让患儿离开寒冷环境,用洗净的手来摩擦患儿身体的受伤部位,直到出现正常的肤色为止。用暖和的衣服将受伤的部位包上,并稍稍活动,以加速恢复身体受伤部分的血液循环。等患儿暖和过来后,应尽量让其饮热牛奶、热水等,并查看冻伤部位。一度冻伤时,在冻伤部位涂上凡士林等,并缠上绷带;二度冻伤时,不要挑破水疱,在水疱上面涂上青霉素或链霉素软膏,再缠上绷带;三度冻伤时,在受伤部位缠上干燥的无菌绷带,立即把患儿送至医院处理。

（七）触电

幼儿玩弄电器、开关或出于好奇将手指伸入插座中时都可能会引起触电。户外的电线落地，如果幼儿捡拾或距离断落电线太近，也可能会触电。触电后轻者感到发麻，严重时不仅会引起烧伤，而且还能使呼吸、心跳骤然停止。

一旦发生触电，应尽快脱离电源，因为电流作用于人体时间越长，后果越严重。救护者在切记不可直接用手去拉触电者的情况下，应选择一个安全可靠的方法尽快切断电源。如果幼儿摆弄电器开关、插座触电，要立即关闭电门，再将保险盒打开。如果幼儿触及了户外断落的电线而触电，附近又找不到电闸，救护者可穿上胶鞋，脚下垫干燥的厚木板或站于棉被上，用干燥的木棒、竹竿等绝缘工具将电线挑开；也可用干的绳子套在触电者的身上，将其拉出。脱离电源后，要立即对患儿进行检查，一旦发现呼吸、心跳停止，要迅速进行人工呼吸和胸外按压，直到送入医院。

（八）溺水

一旦发现有人溺水，要迅速实施救护。救护者（会游泳的人）要轻装上阵，尽量脱去衣服，至少要脱掉裤子，以免妨碍游泳。救护者快速游到溺水者附近，从溺水者的后方抓住他，并将其拖上岸，不要正面前去，以免被溺水者紧抱不放，造成双双下沉。

将溺水者从水中拖出后，应立即脱去或解开他身上的湿衣服，并用缠上清洁手帕或纱布的手指将其口、鼻内的淤泥、杂草清理干净，保持呼吸道通畅无阻，然后将水从呼吸道和胃中排出。为了排空水，须用单膝支地，取半跪姿势，将溺水者横在另一膝上，使其头部下垂，然后小心地按其后背，压迫其胸。积水排空后，要把溺水者放在暖和的铺垫上，进行人工呼吸和胸外按压，在积极抢救的同时，尽快送到医院。

（九）动物造成的伤害

虫、蛇、猫、狗以及黄蜂、蜜蜂等动物对儿童造成的伤害在生活当中是经常发生的。由于居住地的不同，发生的情况也有所不同。

1. 蚊子叮伤

夏天蚊子较多，因而幼儿常常会被蚊子叮伤。蚊子叮后可出现微肿、发红、发痒，有时痒得厉害，会使幼儿变得不安，难以入眠。为了解痒，患儿只好抓搔叮咬处，常常造成此处皮肤破损，进而造成感染，产生化脓性疾病。为了减轻发痒，要在被叮处涂上花露水等。为了防止蚊子叮咬，夏季一定要采取防蚊措施，如在幼儿身体裸露处涂上驱蚊油等。

2. 蛇咬伤

被毒蛇咬伤后，蛇毒会很快扩散，危及生命。因此，一旦被蛇咬伤，要立即阻止蛇毒扩散,其方法是:用带子或撕下衣服,捆扎伤口靠近心脏的一端(距伤口5厘米),以阻断淋巴、血流。紧接着用清水或盐水冲洗伤口,将留在表面的毒液冲走。用刀片在伤口处划个十字切口,并用手挤伤口,使毒液流出。这样反复几次,使毒液流净,将结扎带子解开,迅速送至医院治疗。为了避免毒蛇咬伤,不要带幼儿到潮湿、低洼地散步,也不要带幼儿去长满野草和茂密的树丛中去,更不要让他们在野草上玩耍和躺着。

3. 猫、狗等咬伤、抓伤

在被咬伤后,若其患有狂犬病,则狂犬病的病毒可经过伤口进入人体,沿神经传至大脑,在大脑处繁殖。故被咬伤或抓伤后,应冲洗伤口,并及时送至医院接种狂犬疫苗。

4. 黄蜂、蜜蜂蜇伤

幼儿在蜂窝附近或花丛中玩耍,有可能遭蜂蜇。蜂蜇后毒物进入幼儿体内,会引起被蜇处表面皮肤红肿,并伴有剧烈疼痛,而后奇痒无比,之后症状慢慢消失。一旦遭蜂蜇后,首先要找到并取出昆虫的毒刺,然后在蜇伤处涂些液体。一些蜂类毒液呈碱性,可在伤口涂食醋等弱酸性液体;一些蜂类毒液呈酸性,可在伤口涂淡碱水、肥皂水等弱碱性液体,以达到减轻疼痛和消除水肿的目的。若被蜇伤后还伴有中毒症状,应立即送至医院。

(十) 晕厥

晕厥是由于脑缺氧而失去知觉。疲劳、兴奋过度、失血、饥饿、煤气中毒、闷热等都可引起晕厥。晕厥发生前都有头晕、眼花、心慌等症状,继而眼前发黑、面色苍白、出冷汗、失去知觉,但很快能清醒过来。若幼儿在室内晕厥,要立即打开窗通风,使室内有足够的新鲜空气流通。松开患儿的衣领、腰带,使其平卧,头稍微低些,腿部略高些,以使流向头部的血量增大。待患儿恢复知觉时,再给他喝些热饮。若严重晕厥,除采取上述措施外,还应进行人工呼吸。如果患儿出现呕吐,则应将其头侧斜,使呕吐物从口中流出,而不进入呼吸道。

(十一) 鼻出血

鼻出血的原因很多,如外伤、某些全身性疾病、鼻黏膜干燥、鼻内异物等,都可引起鼻出血。鼻腔中鼻中隔处的黏膜较薄,血管丰富,大多的鼻出血都发生于此部位。鼻出血有多种程度,如由短时间流几滴血到长时间的大量流血等。

一旦幼儿发生鼻出血,先要让患儿坐下,保持安静,并为其松开衣领、腰带,用拇指和食指紧紧地压住患儿的鼻翼,同时在额头或鼻梁处放上冷毛巾或冰块,一般压迫5—10分钟即可止住。若出血较多,用上述方法止不住,可用脱脂棉卷成鼻孔粗细的条状,塞入鼻腔。填塞的棉条不能太松,太松则达不到止血的目的。采用上述方法止血后,患儿一小时内不要打喷嚏、擤鼻涕、咳嗽,也不能做剧烈运动,否则堵塞血管的血块可能脱落,造成重新出血。若采取了上述措施后仍不能止血,则应把患儿送至医院处理,并查明出血原因。

拓展阅读

幼儿园突发公共卫生事件的应急预案

一、指导思想

为了切实提高本园预防和控制突发事件的能力与水平，指导和规范本园各类公共卫生突发卫生事件的应急处置工作，减轻、消除突发事件的危害，保障全园师生员工的身体健康与生命安全，维护幼儿园正常的教育秩序和校园稳定，根据《中华人民共和国传染病防治法》《突发公共事件应急条例》《学校卫生工作条例》等法律法规和规范性文件，根据本园实际制定突发公共卫生事件的应急预案。

二、工作原则

(一) 预防为主，常备不懈

宣传普及突发卫生事件防治知识，提高全园师生员工、家长的防护意识和幼儿园的公共卫生水平，加强对幼儿的全日观察和监测，发现迅速处理。

(二) 依法管理，统一领导

幼儿园严格执行国家有关法律法规，对突发公共卫生事件的报告、控制和救治工作，实行依法管理，一旦发现教职工出现违法行为，将依法追究责任。幼儿园在区教育局的统一领导下，成立园突发公共卫生事件的防治领导小组，负责组织、指挥、协调与落实本园突发公共卫生事件的防治工作。

(三) 快速反应，运转高效

建立预警和快速救治的应急机制，做好人力、物力、财力储备，增强应急处理能力，做到早发现、早报告、早隔离、早治疗，“四早”环节紧密衔接，环环相扣，一旦发生突发事件，快速反应，及时准确处置。

三、应急小组成员

××园组长：×××；副组长：×××；组员：×××。

××园组长：×××；副组长：×××；组员：×××。

领导小组主要职责：

(1) 根据相关主管部门的突发公共卫生事件防治应急预案制定本园的突发事件应急预案。

(2) 建立健全突发事件防治责任制度，检查、督促园内各部门的各项突发事件的防治措施的落实情况。

(3) 广泛深入地开展突发公共卫生事件的宣传教育活动，普及突发事件防治知识，提高教职工、家长的科学防病能力和幼儿的自我保护能力。

四、预防措施

(1) 高度重视,切实加强对幼儿园卫生工作的领导和管理。

园长、部门主管加强对园内营养室、盥洗室、消毒间等环境的自查、抽查、检查和规范操作的考核工作,做到及早发现问题,及时消除安全隐患。

(2) 增加本园卫生投入,不断改善园卫生基础设施和条件。

(3) 采取有效措施,强化园卫生规范化管理。

① 加强本园幼儿生活饮用水的管理,做到茶桶上锁,定期清洗水箱,防止因水污染造成疾病传播。

② 加强盥洗室管理,严格执行盥洗室清洗消毒制度,做好粪便无害化处理,防止污染环境和水源。

③ 处理好园内活动室、寝室、食堂、盥洗室等室内外的环境卫生,为幼儿提供安全卫生的学习和生活环境。

④ 严格执行晨检制度、缺席幼儿家访登记等制度。在传染病流行期间,做到幼儿一天不来园必须电访,及时掌握幼儿的身体状况,发现早期症状的应督促其及时去医院就诊,做到早发现、早报告、早隔离、早治疗。

⑤ 保健教师切实履行职责,做好计划免疫的宣传工作,严格执行新生入园前的预防接种查验和登记制度,提高幼儿的疫苗接种率,防止疫苗相关性疾病的发生或流行。

⑥ 加强园内消毒液、灭害灵、洗洁净、肥皂粉等化学物质的存储、使用等环节的管理,严防因管理失误引起伤害事件。

⑦ 开展幼儿园环境整治和爱国卫生运动,完善幼儿园基础设施,不断提高卫生条件,确保园内教室、盥洗室、餐厅、其他公共场所及公共餐具、玩具毛巾等用品的清洁卫生与定期消毒。

⑧ 确保幼儿每天安全饮用洁净水,食用卫生可口的饭菜。

⑨ 及时向相关主管部门汇报幼儿园突发公共卫生事件,并积极配合卫生行政部门做好对患者和密切接触者的隔离消毒、食物留存等工作。

(4) 加强健康教育,提高教师、幼儿及家长的抗病知识水平。

① 按照幼儿园课程的要求,开展幼儿健康教育活动,并将健康教育渗透于幼儿园一日生活中,使幼儿养成良好的生活卫生习惯。

② 结合季节,做好突发性传染病的预防及宣传。通过黑板报、宣传橱窗、校园网、家园园地、告家长书等宣传途径,大力宣传普及相关知识,提高教职工、家长的公共卫

生意识和防治突发事件的能力。

③ 进行食品卫生知识和预防食物中毒的专题教育，增强教职工、家长识别腐败变质食品、“三无”产品、劣质食品的能力，教育幼儿不吃，家长不买街头无照、无证商贩出售的各类食品。

④ 督促教师与其他人员加强幼儿保育工作，按规程规范操作。

⑤ 增强幼儿体质，养成良好的生活习惯，保证足够的睡眠时间，保证膳食营养平衡。

五、突发事件监测和报告

幼儿园突发公共卫生事件的内容包括：重大传染病疫情、食物中毒及食源性疾病以及其他重大疑难及不明原因的健康危害事件。

（一）突发事件监测

（1）建立突发公共卫生事件的监测系统，园内建立考勤监测制度，保健教师负责检查教职工缺勤者情况登记，班级教师负责对幼儿中的缺勤者进行逐一登记，查明记录缺勤原因并进行追踪观察，分析其发展趋势，必要时采取进一步的措施。

（2）重视信息的收集，收集本市及周围地区的公共卫生事件的情报，密切关注其动态变化，以便做好预防工作。

（二）突发事件报告

（1）建立本园自下而上的突发公共卫生事件逐级报告制度，并确保监测和预警系统的正常运行，及时发现潜在的隐患及可能发生的突发事件。突发事件期间，幼儿园实行 24 小时值班制，并开通疫情监控联系电话。

（2）严格执行本园重大公共卫生事件报告程序，在传染病暴发及流行期间，对疫情实行日报告制度和零报告制度，严格按程序逐级报告，确保信息畅通。

出现食源性疾病、重大传染病疫情及其他突发卫生事件时，保健教师、班级教师应立即向本园突发公共卫生事件领导小组报告，并以最快的方式在 2 小时内向相关部门报告。

（3）任何部门和个人不得隐瞒、缓报、谎报，或者授意他人隐瞒、缓报、谎报突发事件。

（4）建立突发事件举报制度，任何部门和个人有权向幼儿园报告突发事件隐患，有权向市、区教育局举报有关部门不履行突发事件、应急处理规定的职责的情况。

六、处理程序

根据《国家突发公共卫生事件应急预案》的规定，将突发事件的等级分为一般、较大、重大和特别重大。根据突发事件的不同等级分类，结合本园特点，在必要时启动相应的突发事件应急预案,作出应急反应。

(一) 传染病

1. 一般突发事件

幼儿园所在地区发生属于一般突发事件的疫情,启动幼儿园第四级应急响应。

(1) 启动报告和零报告制度,园内实行24小时值班制度,加强系统内的疫情通报。

(2) 园内做好应急状态的准备,落实各项预防措施。

(3) 园内如尚无疫情发生,可保持正常的学习、工作和生活秩序。但不组织幼儿、家长开展大型集体活动。

(4) 传染病流行时加强对发热幼儿的追踪管理,呼吸道传染病流行期间,教室、寝室、专用活动室、盥洗室、食堂等公共场所必须加强通风换气,并采取必要的消毒措施;胃肠道传染病流行期间,对粪便、营养室及饮用水加强消毒,并加强除“四害“工作,接触传播传染病流行期间加强对餐具、玩具、毛巾、用具等公共物品的清洗和消毒。

(5) 严格执行出入园的管理制度。

2. 较大突发事件

幼儿园所在地区发生属于较大突发事件的疫情,启动第三级应急响应,除对接触者实施控制外,全园保持正常的学习、工作和生活秩序。在第四级疫情防控措施的基础上,进一步采取以下措施:

(1) 开展针对性的健康教育,印发宣传资料,园内张贴宣传标语、宣传画,提高教职工、家长、幼儿的自我保护意识和防护能力,外出和进入公共场所要采取必要的防护措施。

(2) 对全体师生每日定时测量体温,并询问与疫情相符的症状,发现异常情况及时上报。

(3) 对重大传染病的密切接触者,园内严格执行卫生部门要求,做好隔离、医学观察和消毒等工作。

(4) 加大进出园门的管理力度,严格控制校外人员进出幼儿园。

(5) 幼儿园根据情况,及时向教职工、家长通报疫情防控工作的情况。

3. 重大突发事件

所在地区发生属于重大突发事件的疫情,启动第二级应急响应,在三、四级疫情防控措施的基础上,进一步采取以下措施:

(1) 严格限制外来人员进出幼儿园。

(2) 全面掌握和控制人员的流动情况,教职工不去疫情地区,外出幼儿和去疫情地区的人员返园后，必须进行医学观察，对缺席幼儿逐一登记，及时查明缺勤原因。发现异常者劝其及时就医或在家医学观察，暂停入园。

(3) 避免人群的聚集和流动，园内不组织教职工、幼儿、家长参加各类大型集体活动，调整大型会议时间，幼儿园不安排教师外出参加教研和学术活动。

(4) 对教室、寝室、专用活动室、营养室、餐厅、盥洗室等场地，使用期间每日进行消毒，通风换气。

(5) 每日公布园所疫情防控工作的情况。

4. 特别重大突发事件

根据上级单位要求，采取全园停课或者部分停课措施。

5. 园内疫情

园内若出现重大传染病疫情，在卫生部门的指导下启动相关的应急响应，同时根据实际情况，适时开展以下工作：

(1) 根据出现传染病的种类和患儿的活动范围，相应地调整教学方式，对在园内出现的患儿、疑似患儿，立即通知家长带去医院就诊，并在家隔离观察。对上述人员经过的地区（场所）、接触的物品及呕吐物、排泄物进行临时消毒，暂停人员流动，临时封闭出现病例的教室、楼层，采取终末消毒，对密切接触者做好登记以供调查。

(2) 如班级或幼儿园停课放假，园领导和教师（非密切接触者）坚守岗位，加强与家长联系，及时了解幼儿身体状况。

(3) 尊重和满足教职工、家长的知情权，主动及时准确地发布疫情及防治的信息，对教职工和家长进行正确的引导，消除不必要的恐惧心理和紧张情绪，维护校园稳定。

（二）预防接种反应严重、群体性不明原因病变等突发事件

(1) 迅速报告区儿童保健所、区疾病预防控制中心，区教育局学前教育科及其他有关部门请求派遣专业人员进园，开展流行病学调查，查明事件原因。

(2) 及时将发病教职工、幼儿送至医院救治。

(3) 尽快采取各项措施，消除危害，制止事态的发展。

(4) 总结经验教训，查漏补缺、杜绝隐患，必要时对造成事故和损害的责任人追究责任。

七、保障措施

（一）组织机构保障

园内成立突发公共卫生事件领导小组，具体负责突发公共卫生事件的日常预防与控制工作。

(二)幼儿园按《学校卫生工作条理》的要求配齐保健教师,保健教师具备高度的工作责任感,定期接受市、区卫生部门组织的突发公共卫生事件应急处理知识、技能的培训和演练,熟悉突发公共卫生事件的预防与控制知识,具有处理突发事件的快速反应能力。

(三)财力和物资保障

幼儿园安排必要的经费预算,为突发公共卫生事件的防治工作提供合理而充足的资金保障和物资储备。

八、程序表

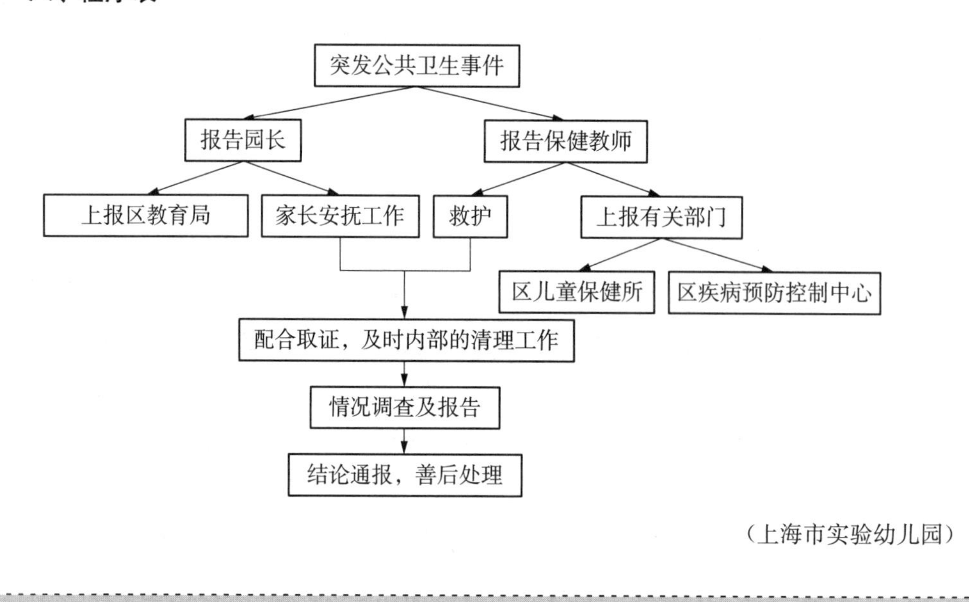

(上海市实验幼儿园)

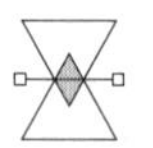

教与学的建议

1. 分组去幼儿园开展一次调查活动,分析与总结如何预防幼儿园常见事故的发生。
2. 课堂模拟幼儿园简单的意外伤害事故的初步处置方法。

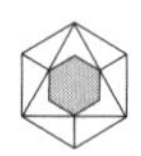

本章思考题

1. 试述学前儿童安全教育的意义。
2. 学前儿童安全教育的主要内容有哪些?
3. 幼儿园应当如何实施安全教育?
4. 常见的意外伤害事故急救的方法有哪些?

第四章　学前儿童身体保护和生活自理能力教育

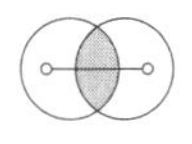

知识要点

- 学前儿童身体保护和生活自理能力教育的内容
- 学前儿童身体保护和生活自理能力教育的实施

实施学前儿童身体保护和生活自理能力教育，主要是为了培养幼儿科学地认识、使用、养护和锻炼身体器官以及生活卫生、进餐、着装、睡眠、盥洗等方面的基本生活能力。学前儿童身体保护和生活自理能力教育既是健康教育的领域，又是现代健康生活方式的重要组成部分。对于学前儿童身体保护和生活自理能力教育的认识，需要打破仅仅局限于生活技能和行为习惯养成的教育模式，建立以健身为主、全面育人的价值观和目标观，发展幼儿的全面素质。学前儿童身体保护和生活自理能力是人类生存能力的重要内容，是儿童生存和健康发展的重要基础。

第一节　学前儿童身体保护和生活自理能力教育概述

一、学前儿童身体保护和生活自理能力教育的目的

良好的生活与卫生习惯以及对自身身体的了解与爱护是维护和促进幼儿自身健康的重要保证，幼儿期正是良好行为和习惯养成的重要时期，幼儿需要从学习自理开始，为今后的独立生活打下基础。幼儿期也是个体发展的关键时期，处于这一时期的儿童，接受能力强，行为可塑性大。因而，幼儿期也是儿童养成良好的身体保护和生活自理能力的最佳时期。在这一时期养成良好习惯，容易成为动力定型；反之，养成了不良的习惯，以后要纠正就会相当困难。所以，抓住关键的时期，实施与儿童发展相适应的身体保护和生活自理能力教育，

这样不仅会事半功倍,而且将会使个体终身受益。学前儿童学习料理自己的生活,养成良好的生活习惯,既能减轻父母的负担,又能锻炼自理能力,让自己健康、快乐地成长。学前儿童身体保护和生活自理能力教育,是儿童拥有健康体魄的前提,也是学前儿童教育的重要组成部分。它既是一个施加影响的过程,也是达成教育目标的过程。

学前儿童身体保护和生活自理能力教育的目的在于提高幼儿的健康知识水平,改善幼儿对待个人健康和公共卫生的态度,培养幼儿的各种有益于个人、有益于社会的健康行为和习惯。

(一) 促进学前儿童身体健康

身体保护和生活自理能力与健康是相互影响的。一个人的健康,需要以身体保护和生活自理能力为前提,而身体保护和生活自理能力又能保证人的健康状态。对于儿童的健康问题,人们在日常生活中会存在某些认识上的偏差。比如,认为让孩子吃好就是健康,只要孩子不生病就等于健康,而不会把个人的一些身体保护和生活自理能力与健康联系起来。其实,儿童身体的生长发育情况、健康状况,除了客观原因之外,很大程度上与他们已经形成或正在形成的某些习惯有关。因此,从培养身体保护和生活自理能力入手,收获的不仅仅是习惯,更重要的是健康。

(二) 促进学前儿童认知发展

幼儿身体保护和生活自理能力与认知发展的关系十分密切。要帮助幼儿形成良好的身体保护和生活自理能力,就必须让他们明白有关的知识。例如,为让幼儿养成每天都刷牙的习惯,可以采用食醋泡鸡蛋的实验:取一个鸡蛋让幼儿摸摸蛋壳的软硬程度,将鸡蛋放入盛有食醋的瓶子里浸泡一天一夜,然后再让孩子摸一摸鸡蛋壳的软硬程度。幼儿会发现,鸡蛋壳由光滑坚硬变得粗糙绵软。教师再给幼儿讲清楚鸡蛋壳变软的原因是鸡蛋壳含有钙,食醋腐蚀了蛋壳,所以蛋壳变得软了。我们的牙齿也是一种高度钙化的组织,如果不注意刷牙,口腔里的食物残渣会产生细菌,腐蚀牙齿,在牙齿上形成龋洞,最后可使牙齿全被破坏(即龋齿),不但影响咀嚼和面部美观,而且会经常疼痛。这样的活动,既能帮助儿童理解刷牙习惯的重要性,又可以使儿童在认识的指导下逐步练习相应的行为,最终形成习惯。因此,儿童学习和养成习惯的过程,也是其认知发展的过程。

(三) 促进学前儿童良好个性形成

学前儿童个性的培养是在幼儿园的一日生活中潜移默化形成的。身体保护和生活自理能力不是一朝一夕就能获得的,需要持之以恒地去做。儿童的年龄特点决定了他们的行为有时是自觉的,但更多的时候是不自觉的,需要毅力、自信等个性品质的支撑。所以,将身体保护和生活自理能力的培养与造就良好的个性品质统一在儿童身上,无疑是有重要意义的。

(四) 促进学前儿童社会性发展

通过身体保护和生活自理能力教育,能帮助学前儿童养成良好的行为习惯和自我服务能力。美国学者的调查曾得出了一个惊人的结论:爱干家务的孩子比不爱干家务的孩子,成年之后的就业率高十几倍,犯罪率低十倍。在孩子的成长过程中,一定的家务与自我服务劳动能促进学前儿童动作技能、认知能力的发展,促进责任感的培养,从而养成良好的道德品质、价值观念、行为规范以及积极的生活态度和行为习惯,这些都能帮助学前儿童更好地参与社会公共生活和实践。

二、学前儿童身体保护和生活自理能力教育的内容

学前儿童身体保护和生活自理能力教育涉及的内容很多,主要有生活卫生、清洁卫生、环境卫生、器官保护卫生等方面。

(一) 生活卫生方面

这是指幼儿在基本生活方面应养成的习惯,主要内容如下。

1. 进餐

了解基本的食物和营养知识,掌握基本的进餐技能,如:使用和存放餐具的方法、合理的咀嚼方法;饭前必须洗手,进餐时要细嚼慢咽,不要边吃饭边喝水,不要暴饮暴食;剧烈活动后不宜立即吃饭、喝水;生吃瓜果要洗净后再吃;不吃过多的甜食,不乱吃零食;不用饮料代替饮用水,不喝生水和不洁净的水,不要只喝纯净水;吃饭、喝水时要一口一口地吃、喝,不要太急,不要说笑,以免食物和水呛入气管;不要边吃饭边看电视,也不要边吃饭边看书报,以免影响食物的消化吸收;吃饭时间在30分钟内为宜,不要时间太短或太长;要将食物充分咀嚼,以利于食物的消化和吸收;吃饭时不要吃得过饱,以免增加肠胃的负担。

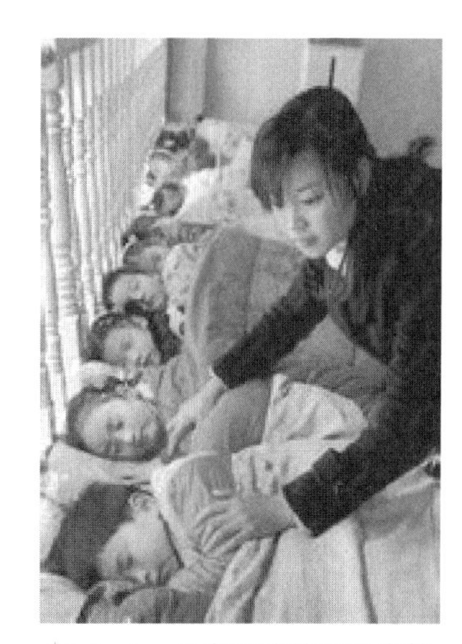

图4-1 儿童正确的睡眠姿势

拓展阅读

使用公筷,文明进餐

随着健康卫生意识的提升,人们对使用公筷这一做法越来越接受。曾经一个有

关公筷公勺的实验引起了大家关注:浙江省杭州市疾病预防控制中心的专家测试了使用公筷与不使用公筷用餐后的细菌对比,实验结果显示,“非公筷”组菌落总数全部高于“公筷”组,最高达到250倍。从健康的角度来看,使用公筷公勺能降低病从口入的风险,特别是降低幽门螺杆菌、甲肝病毒等食源性病原体的传播。从文明习惯的角度来看,使用公筷公勺可帮助大家养成定量取餐、按需进食、文明用餐的习惯,从而减少浪费。

在日常生活中,目前使用公筷公勺最主要的就是家庭和在外聚餐两个场所。在家中用餐时,家庭成员之间应该互相了解彼此的身体状况,如果有人患有疾病,特别是传染性疾病,在家中用餐时最好都使用公筷公勺。在外聚餐时,因人员较多且杂,我们无法通过外表来判别他人的健康状况,因此建议使用公筷公勺。餐饮企业要主动摆放公筷公勺,如果餐馆没有摆放,顾客可以要求商家提供公筷公勺。要改变长久以来形成的共餐习惯实属不易,但使用公筷公勺,既可杜绝病从口入,保护家人健康,还是一种倡导餐饮文明的表现。

2. 着装

选择大小适宜的服装。注意衣着卫生,脏了要及时换洗,能根据气温变化和活动量的大小增减衣服;掌握基本的穿、脱、叠、放衣物的技能,培养独立着装的能力和习惯。

3. 睡眠

姿势要正确,早睡早起,有规律地作息,每天保证必需的睡眠时间;独立安静地入睡,不玩玩具,不蒙头睡觉;睡前把衣物放在固定的地方。

一般来说,幼儿以右侧卧睡姿较好,因为这样能使心、肺、肝、胃、肠都能处于自然位置,能使呼吸通畅,并使胃中食物顺利向肠道输送,还可使全身肌肉放松,利于消除疲劳和促进生长发育。但在较长时间的睡眠中,睡姿应有适当的变换。另外,还要让幼儿养成睡前刷牙、洗脸、洗脚的卫生习惯,以清洁皮肤、促进血液循环,睡得更香。

4. 如厕

按需及时大小便,会使用厕纸,并在如厕后主动冲洗便器并洗手。当人多的时候不拥挤争抢,如厕后不在厕所逗留,养成独立排便的习惯。

(二)清洁卫生方面

清洁卫生是指儿童在料理自己方面应养成的习惯。主要内容有:每天早晚洗脸一次;饭前便后以及外出回到室内后要及时洗手;手脸脏了随时洗;饭后漱口、擦嘴;每周至少修剪指甲一次；每周洗头发 2—3 次，头发长了要及时理发；每天换洗内衣、鞋袜；注意保护皮肤；常洗澡；定时大便。

拓展阅读

七步洗手法

第一步(内)：洗手掌，流水湿润双手，涂抹洗手液(或肥皂)，掌心相对，手指并拢相互揉搓；

第二步(夹)：洗掌侧指缝，掌心相对，双手交叉沿指缝相互揉搓；

第三步(外)：洗背侧指缝，手心对手背沿指缝相互揉搓，双手交换进行；

第四步(弓)：洗指背，弯曲各手指关节，半握拳把指背放在另一手指背上旋转揉搓；

第五步(立)：洗指尖，弯曲各手指关节，把指尖合拢在另一手掌心旋转揉搓，双手交换进行；

第六步(大)：洗拇指，一手握另一手大拇指旋转揉搓，双手交换进行；

第七步(腕)：洗手腕、手臂，揉搓手腕、手臂，双手交换进行。

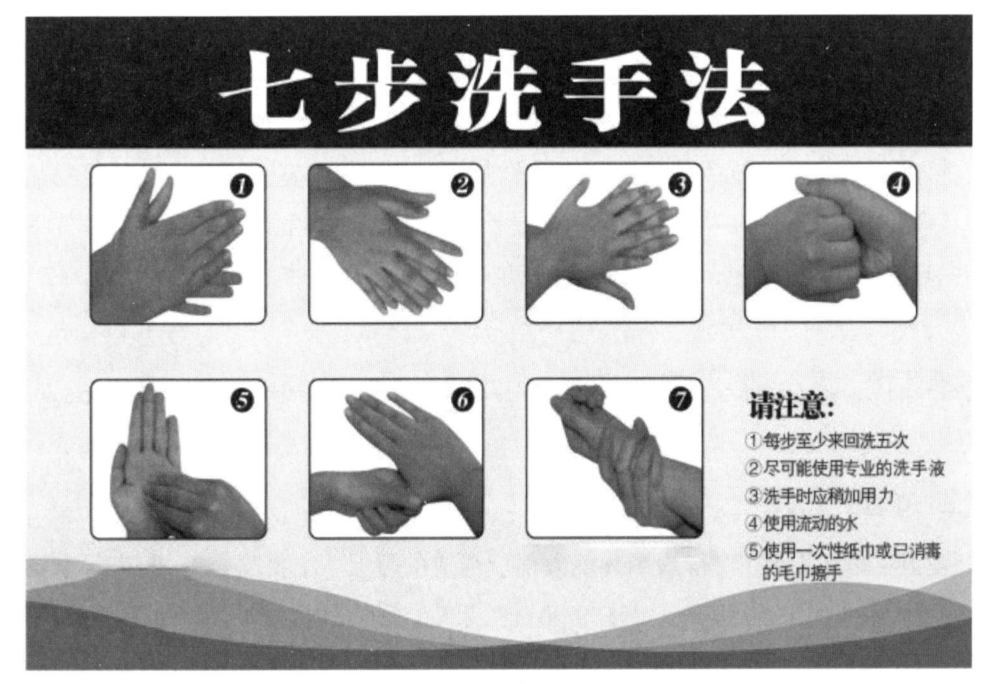

图 4-2　七步洗手法

拓展阅读

如何正确打喷嚏

“打喷嚏”是一些疾病的首要症状,虽然多数人认为这是微不足道的问题,但实际上,喷嚏不但会传播疾病,还有很多副作用。喷嚏指鼻黏膜受刺激(因病毒、细菌、过敏原等),急剧吸气,然后很快地由鼻孔喷出并发出声音的现象,它是人体将鼻部有刺激性的东西驱赶出去的一种应激手段。一个正常人的喷嚏里大约有30万个微生物(病毒、细菌等),患呼吸道疾病时则呈数倍增长,虽然喷嚏携带的微生物并非都很可怕,但如果这个打喷嚏的人感染了呼吸道疾病,就可能产生扩散和传染。患有感冒等上呼吸道疾病的人,在公共场所室内打一个喷嚏,其中所含的病原微生物可以在2秒之内附着到扶手、座位、门把手等不停被人抓摸和触碰的地方,可以在5分钟之内把感冒病毒传染给150个人。除此之外,喷嚏所产生的能量也是非常强大的,一个喷嚏的一般气流速度为150公里/小时左右,即41.7米/秒,可以把飞沫瞬间喷到数米之外,几乎接近14级台风的能量。正是因为喷嚏中巨大的病原微生物携带量,及其同时具备强大的喷射力,如果喷嚏打得不正确,则可能成为呼吸道疾病最有杀伤力的传播工具。

那么喷嚏怎样打才正确呢?

打喷嚏时需要遮掩,但不能直接用双手,应以手帕或纸巾捂住口鼻,如果临时找不到手帕或纸巾,情急之下,可以用手肘衣袖来代替,即弯曲手肘后,再靠近口鼻,喷出的飞沫可以被阻挡在手肘皮肤或者衣服上。这个部位不容易接触其他公用物品,可以有效阻断病原微生物的传播。如果是用手捂住口鼻打喷嚏后,一定要及时洗手,避免与人握手或者触碰公用物品后造成二次污染。

(三)环境卫生方面

环境卫生是指儿童在对待周围环境方面应养成的习惯。主要内容有:知道居家要经常通风;东西要放在固定地点,摆放要整齐;不乱丢果皮、纸屑,知道垃圾需要分类处理;不随意乱写乱画;不随地大小便;不随地吐痰。

拓展阅读

垃圾分类

为规范生活垃圾产生者分类投放行为，根据《上海市生活垃圾管理条例》，上海市政府制定了《上海市生活垃圾分类投放指引》，于2019年实施。其中，将生活垃圾按照可回收物、有害垃圾、湿垃圾、干垃圾标准分类。可回收物指废纸张、废塑料、废玻璃制品、废金属、废织物等适宜回收、可循环利用的生活废弃物。有害垃圾指废电池、废灯管、废药品、废油漆及其容器等对人体健康或者自然环境造成直接或者潜在危害的生活废弃物。湿垃圾即易腐垃圾，指食材废料、剩菜剩饭、过期食品、瓜皮果核、花卉绿植、中药药渣等易腐的生物质生活废弃物。干垃圾即其他垃圾，指除可回收物、有害垃圾、湿垃圾以外的其他生活废弃物。

（四）器官保护卫生方面

这里指幼儿在保护自我身体器官方面应养成的习惯，主要有以下内容。

1. 眼保健

（1）掌握基本的眼保健知识：眼睛里有眼球，眼睛能够流泪；眼皮、睫毛可以保护眼睛；眼睛能够识物、认人、学习知识、表现感情和帮助维持身体平衡。

（2）学会正确地做眼保健操，并且初步养成做眼保健操的习惯。

（3）阅读姿势正确；书写姿势正确；不在运动的车上看书，不躺着看书，不边走边看书；看电视距离远近适宜，不长时间连续看电视；不用脏手揉眼睛；异物入眼睛后不揉搓。

（4）眼保健知识：不用别人的毛巾洗脸，眼睛里进入异物或痒时不用手去揉；吃胡萝卜、猪肝等对眼睛有好处的食物。

将书本的上端用双手扶起到一个自己觉得比较舒服的角度，同时头稍向前倾，使书本与视线成直角，并保持一尺左右的距离为宜。这样做的好处是能够使字的上、下缘与眼的距离一致，可以让幼儿看清字体，保护视力，而且一次性摄入眼帘的文字较多，阅读速度会得到提升，同时也能有效避免颈部肌肉紧张。

此外，还要让幼儿学会调节，不要长时间地坐在桌前盯着书本，而应每隔一段时间离开座位走动一下、活动一下身体，并远眺绿色的植物，等等，这可以帮助幼儿缓解疲劳，保护视力。当然，提供给幼儿的桌椅高度要合适，这样才能让幼儿舒舒服服地坐下来阅读。

2. 声带保健

（1）注意保护嗓子，不高声喊叫、不尖叫。

（2）唱歌时，用最好听的（自然的）声音唱，唱歌后不马上喝凉水。

（3）正确朗读，声音洪亮。

（4）长时间用嗓子时，要及时休息、润喉。

（5）上呼吸道感染时，尽量不唱歌、不大声说话。

3. 口腔保健

（1）知道口腔里有牙齿、舌头，口腔里能够流出口水；了解乳牙的种类和功能；知道5—6岁时要换牙和换牙的卫生知识；知道牙齿能够切碎食物、帮助发音；知道舌头能够辨别冷热；知道唾液能够帮助消化、杀死细菌、帮助吞咽。

（2）学习漱口、刷牙技能，饭后以及吃甜食后要注意漱口；每天早晚各刷牙一次，选用的牙刷刷毛不要太硬，也不要太长，三个月换一次牙刷；选刺激性小的牙膏，用正确的方法刷牙；不吮吸手指、不咬衣襟、不托腮；不贪甜食、冷食；不把非食用的东西放入口中。

（3）了解与口腔保健相关的营养知识：吃豆制品、蛋、奶等食物能够使牙齿发育得更好。

（4）知道防龋齿和换牙时的卫生保健知识。

4. 耳保健

（1）知道外耳有耳廓、耳道，耳道里的耳屎是要清除的污物，耳朵能够听音乐、欣赏音乐，帮助识物识人。

（2）遇到噪音时，用手捂住耳朵，张开嘴巴；自己不挖耳，不用硬物抠耳朵；洗澡、游泳时，要注意保护耳朵，不要让水灌进耳朵里。

5. 鼻保健

（1）知道鼻的结构和功能方面的知识。

（2）掌握正确的擤鼻的技能；不抠鼻孔，不往鼻孔里塞异物；避开灰尘多的地方；打喷嚏时捂住口鼻。

（3）掌握相关的营养知识，如多吃新鲜蔬菜和水果。

6. 皮肤保健

（1）掌握基本的皮肤保健知识。

（2）爱护自己的皮肤，做锻炼皮肤的游戏。

（3）掌握洗手、洗脸、洗脚、洗肛门、用指甲刀等技能。勤洗手、洗头、洗澡，常剪指（趾）甲，勤换衣服，注意保持手脸清洁。

（五）肢体躯干卫生保护方面

人的身体由很多个部位组成，让幼儿认识自己身体的躯干和四肢，了解它们的重要性，知道它们的作用。例如，知道在适宜的场地上进行活动，集体活动时懂得避让，不模仿危险动作等。

拓展阅读

3—6岁儿童学习与发展指南

《3—6岁儿童学习与发展指南》健康领域包含幼儿对“生活习惯与生活能力”的学习与发展。

表4-1　目标1　具有良好的生活与卫生习惯

3—4岁	4—5岁	5—6岁
1. 在提醒下，按时睡觉和起床，并能坚持午睡。 2. 喜欢参加体育活动。 3. 在引导下，不偏食、挑食。喜欢吃瓜果、蔬菜等新鲜食品。 4. 愿意饮用白开水，不贪喝饮料。 5. 不用脏手揉眼睛，连续看电视等不超过15分钟。 6. 在提醒下，每天早晚刷牙、饭前便后洗手。	1. 每天按时睡觉和起床，并能坚持午睡。 2. 喜欢参加体育活动。 3. 不偏食、挑食，不暴饮暴食，喜欢吃瓜果、蔬菜等新鲜食品。 4. 常喝白开水，不贪喝饮料。 5. 知道保护眼睛，不在光线过强和过暗的地方看书，连续看电视等不超过20分钟。 6. 每天早晚刷牙、饭前便后洗手，方法基本正确。	1. 养成每天按时睡觉和起床的习惯。 2. 能主动参加体育活动。 3. 吃东西时细嚼慢咽。 4. 主动饮用白开水，不贪喝饮料。 5. 主动保护眼睛，不在光线过强和过暗的地方看书，连续看电视等不超过30分钟。 6. 每天早晚主动刷牙，饭前便后主动洗手，方法正确。

表4-2　目标2　具有基本的生活自理能力

3—4岁	4—5岁	5—6岁
1. 在帮助下能穿脱衣服或鞋袜。 2. 能将玩具和图书放回原处。	1. 能自己穿脱衣服、鞋袜，扣纽扣。 2. 能整理自己的物品。	1. 能知道根据冷热增减衣服。 2. 会自己系鞋带。 3. 能按类别整理好自己的物品。

表4-3　目标3　具备基本的安全知识和自我保护能力

3—4岁	4—5岁	5—6岁
1. 不吃陌生人给的东西，不跟陌生人走。 2. 在提醒下能注意安全，不做危险的事。 3. 在公共场所走失时，能向警察或有关人员说出自己和家长的名字、电话号码等简单信息。	1. 知道在公共场合不远离成人的视线单独活动。 2. 认识常见的安全标志，能遵守安全规则。 3. 运动时能主动躲避危险。 4. 知道简单的求助方式。	1. 未经大人允许不给陌生人开门。 2. 能自觉遵守基本的安全规则和交通规则。 3. 运动时能注意安全，不给他人造成危险。 4. 知道一些基本的防灾知识。

第二节 学前儿童身体保护和生活自理能力教育的实施

一、学前儿童身体保护和生活自理能力教育的原则

遵循教育的规律,尤其是学前儿童教育的规律,是实施身体保护和生活自理能力教育的必要保证。为此,我们提出以下几个原则。

(一)全面性原则

学前儿童全面发展的培养目标要求在实施每个具体的教育活动时,从内容、形式和方法上都要考虑全面性的问题。在学前儿童身体保护和生活自理能力教育中,既不能顾此失彼、唯习惯而习惯,也要注意不能因为活动的繁多而将这方面的教育搁置在一边,使习惯的培养被忽略。

(二)主体性原则

教师要改变把幼儿当作管理对象的观点,认识和尊重幼儿在健康教育活动中的主体地位,为儿童创设条件,让他们在熟悉、喜爱、有趣的情境中自然而然地学习某种行为,引导和组织幼儿参加活动的准备、实施和评价等过程,发挥其主体能力。在良好习惯的养成中,要尊重儿童的年龄特点,允许儿童的反复和遗忘,耐心帮助儿童。

(三)安全性原则

身体保护和生活自理能力的练习,与一些特定的环节和设备相关。在进行教育,尤其是练习的时候,需要十分重视儿童的安全问题。对场地、时间、内容,以及练习过程中儿童接受教育的实际状况,都要给予全面的关注,以保证儿童的身心健康。

(四)日常性原则

学前儿童身体保护和生活自理能力的培养应与日常生活行为紧密融合,脱离日常生活的训练有悖于学前儿童学习的规律,并且会事倍功半。学前儿童的一日生活中包含进餐、着装、如厕、睡眠、爱护环境、保护身体器官等方面的内容,让儿童在真实的场景中学习和体验,避免枯燥、机械的训练,有助于他们的认识和能力的获得。

二、学前儿童身体保护和生活自理能力教育的途径

学前儿童身体保护和生活自理能力教育是健康教育的组成部分,充分利用各种有效的

途径，采用多种方法，有目的、有计划地组织实施教育活动，才能取得良好的效果。

学前儿童身体保护和生活自理能力教育的内容是具体的，因而实施教育的途径也是多方面的。它可以通过较正式的教育活动进行，但更多的是借助灵活的、分散的日常生活的各种途径来进行。

（一）课程

教师可以在课程教学的过程中，将有关身体保护和生活自理能力教育的内容适时、适宜地纳入其中。幼儿则可以在学习、体验和完成课程学习的过程中，获取有关身体保护和生活自理能力方面的教育。

（二）游戏活动

教师可以根据教育内容的需要，以文学、艺术作品和游戏为载体，利用情境表演、扮演角色、听故事、念儿歌等活动形式，对幼儿进行身体保护和生活自理能力方面的教育。这样能在愉悦的氛围中，变讲道理、说教为儿童喜欢的游戏，让儿童从中获得浅显的知识，知道是什么、为什么和怎么做。

（三）日常活动

身体保护和生活自理能力教育与幼儿园其他教育相比较，具有烦琐、细小的特点。而行为习惯的养成对于学前儿童来说也非一蹴而就的，它需要积极的引导、持续的要求、反复的练习。在实施过程中，应当把身体保护和生活自理能力教育与幼儿园的全部教育形式和活动环节结合起来。幼儿园一日生活中的主要生活环节有：晨（午、晚）检、进餐、睡眠、盥洗、如厕、学习活动、游戏和户外活动等。在这些环节中，身体保护和生活自理能力教育是渗透于其中的。

1. 晨(午、晚)检

在幼儿早晨起床或入园时，午睡起床或晚间入睡前（寄宿制幼儿园），应通过检查儿童的卫生习惯、观察儿童的精神状态及衣着整洁情况，日复一日，使儿童逐渐养成良好的身体保护和生活自理能力。

2. 进餐

儿童进餐时应安静、愉快，保持良好的秩序。有的幼儿园用播放轻音乐的形式来营造这样的环境。在身心愉悦的情境中让儿童知道，吃饭前要洗手，吃饭时要细嚼慢咽，掉在地上的食物不要捡起来再吃，并让儿童学会自己独立地进餐。

3. 睡眠

睡眠对于儿童的生长发育极为重要，良好的睡眠习惯可以提高睡眠的质量。它包括：按时入睡,睡得好,按时起床;要有正确姿势,双腿弯曲,向右侧卧睡;用鼻子呼吸,冬天要掖好被子,不露肩,不蒙头睡觉,不睡沙发床等;自己整理床铺、被褥,按顺序穿脱衣服、鞋袜,衣服脱下后叠放在固定的地方。

4. 盥洗

盥洗不仅能使儿童的皮肤保持清洁,增强抵抗力,养成爱清洁、讲卫生的好习惯,它还是培养儿童自身健康行为和自我服务能力的一个重要方面。良好的盥洗习惯要从小做起,包括:早晚及午睡后用流动水和香皂洗净身体的裸露部分;饭前、便前、便后、手脏时能主动洗手,随时保持清洁;饭后漱口,早晚刷牙,按时剪指甲;晚上洗脸、洗脚、洗屁股;定期洗头、洗澡;洗脸、洗手的方法要正确;要有专用的毛巾、漱口杯等。

5. 如厕

培养幼儿按时排便的习惯是需要有计划、有步骤地耐心进行的。对于年龄小的儿童,应从教给他们用语言表达要大小便的需要开始,然后教给他们如何使用坐盆或蹲坑,使他们逐渐适应幼儿园的生活。对于年龄较大的儿童,可以从时间上(该上厕所的时间)、条件上(该在什么地方)提出行为要求。

拓展阅读

绘本介绍:《一起拉屁屁》

图4-3 《一起拉屁屁》

《一起拉屁屁》是由日本作者福田岩绪编写并绘画的一本绘本。它讲述了一位叫小一的孩子从讨厌大便,逃避大便,到主动大便的过程。全书语言简单,画面可爱,故事直观,适合低龄幼儿亲子共读。教师或家长可以借助绘本,寓教于乐地帮助孩子了解正常的生理需求。

6. 学习活动

学习活动在幼儿园中有着重要地位。在进行学习的过程中,不可忽视对幼儿身体保护和生活自理能力习惯的培养。它包括:注意环境的卫生,要有良好的通风条件,光线充足,同时要让幼儿养成坐、立、行的正确姿势，保护视力。

7. 游戏和户外活动

游戏和户外活动是儿童喜欢的活动。在活动中，儿童应遵守规则要求，合理选择内容和玩法，注意活动安全，不过度活动；根据活动量的大小、身体出汗的情况及时增减衣服；同时要学会适当地休息，调整内容和时间，培养自我控制的能力。

（四）家园互动

在大教育的背景下，家园共育是行之有效的通道。依靠和利用家庭资源、家长的力量，可以巩固、练习幼儿园正在培养的某种行为，也可以弥补、完善幼儿园的不足。比如“勤洗澡”“勤理发”“每天早晚要刷牙”等，都需要家庭教育的配合。

三、学前儿童身体保护和生活自理能力教育的方法

针对学前儿童的年龄特点，对他们进行身体保护和生活自理能力教育时，要选择合适的教育方法。常用的方法有以下几种。

（一）示范讲解法

学前儿童，尤其是年龄小的儿童，对于身体保护和生活自理能力等习惯的正确与否没有正确的概念。教师通过讲解，可以帮助儿童形成正确的概念，再辅以动作的示范，可以使儿童有效仿的榜样。例如，在培养幼儿的衣着习惯上，先挑选出能正确穿脱衣服的大班幼儿，让大班的哥哥、姐姐给小班幼儿作示范，也可由教师亲自示范，边示范边讲解，给幼儿一个正确完整的概念。这样经过多次强化训练、分组练习等，幼儿基本上就能学会穿脱衣服。

（二）随机教育法

随机教育，是养成幼儿身体保护和生活自理能力的一种十分重要的方法。幼儿的日常生活中蕴藏着丰富的教育契机，我们要善于观察、捕捉并适当运用，使幼儿的身体保护和生活自理意识落实到行为上，并逐渐内化为品质。在幼儿园一日生活中，经常会遇到一些意想不到却很有教育价值的机会。教师不可机械地执行教案，而应抓住这些有益的时机对幼儿进行教育，这样的教育往往是生动有效的。

（三）环境教育法

环境教育可以分为物质环境教育和精神环境教育。在物质环境教育方面，可为幼儿准备丰富的操作工具、一日生活必备的用品、必要的设施设备等，这些可以对儿童身体保护和生活自理能力的养成起到一定的暗示作用。精神环境教育主要是指为儿童创设轻松、和谐的氛围，让儿童在乐意接受的情境中，产生学习的愿望，了解身体保护和生活自理能力的重

要性,掌握相关的行为方式。

(四) 表扬激励法

心理学的强化理论告诉我们,表扬激励是儿童教育过程中不可缺少的一种有效的办法。儿童喜欢表扬、喜爱奖赏的心理,为他们接受教育提供了很大的可能性。所以,在培养儿童身体保护和生活自理能力时,应观察儿童行为习得的过程,给予适当的表扬激励,而且表扬得越多,期望行为的发生率就越多,可使儿童良好的行为得到强化和巩固。

(五) 作品感染法

文学作品(主要是故事、诗歌、儿歌等)深受儿童的喜爱,是幼儿园教学中经常运用的形式,对幼儿身体保护和生活自理能力的养成可以起到潜移默化的作用。诸如儿歌《垃圾的家》、故事《大公鸡和漏嘴巴》等,对儿童来说都有很好的教育意义。

(六) 分步学习法

可以将比较复杂的身体保护和生活自理能力的学习分解成若干个小步骤,然后按照先后顺序分步骤地让幼儿学习,如学习眼保健操等。

(七) 活动比赛法

有些内容的学习,可以结合儿童的兴趣,组织个人或小组进行相关的技能比赛,也可以与走、跑、跳、爬、钻等活动结合起来进行。这样可以增加教育活动的趣味性,有利于儿童身体保护和生活自理能力的培养。

四、学前儿童身体保护和生活自理能力教育的注意事项

学前儿童身体保护和生活自理能力教育是一个综合实施、整体影响的过程,所以在进行教育的过程中,我们应当注意以下几方面的问题。

(一) 长时间的坚持

儿童身体保护和生活自理能力不是一天两天就可以形成的,它是一个逐渐养成、不断巩固提高的过程,所以需要耐心,需要持之以恒。让幼儿理解和执行幼儿园中合理的作息制度和必要的规则,可以帮助幼儿形成身体保护和生活自理能力。如幼儿每天进行晨检、饭前便后一定要洗手等,这些行为日复一日地坚持做,习以为常,最终可以形成自觉的行动。成人应该克服在身体保护和生活自理能力教育中的一些偏差,如嫌孩子做得慢、做不好,有时还添乱,不如自己做省事;在教育方法上运用“催、管、斥、责”多,鼓励、诱导少,尤其要防止当幼儿出现失误或者显得“笨拙”时过多责怪,伤害孩子的自尊心和自信心。

（二）统一的要求

在培养行为习惯的过程中，对儿童有统一的要求是十分重要的。它体现在教师之间的一致性、教师和保育员之间的一致性，以及家园之间的一致性上。制定一个统一的规则要求，便是增加了儿童多次练习的机会。而模棱两可、或左或右的变化，会使得儿童无所适从，不知该怎么办，结果随心所欲，永远也达不到目的。如对洗手的习惯，在进餐前、游戏中，或是在户外活动、在家中，都应当按要求去做。成人需要避免对儿童要求得过多、过滥或是变化多端。要知道孩子某些问题的存在，有时表现得反反复复，根本的原因在于成人自身。所以，我们要重视对儿童所提的要求。

（三）集体与个别的结合

同伴的影响，对儿童接受教育是一种强有力的力量。同伴之间的讨论、商量、模仿、争辩往往是儿童获取信息、调节行为的主要依据。因此，在幼儿园中，应充分利用集体的、小组的、个别的形式，通过他人影响个体，对儿童行为或表扬或批评，让儿童通过相互沟通来学习和调整自己的行为。如有些幼儿不喜欢剪指甲，教师在集体中开展了这个活动，个别幼儿受到了来自集体的影响，慢慢改变了原先的不良习惯。在学前教育的过程中处理好集体和个别的关系，可以帮助我们有效实现教育目标。

（四）榜样的作用

儿童的模仿力极强，在行为习惯养成的过程中，教师和家长的言行举止具有很大的感染力。成人的典范、表率会成为儿童行为的榜样。同时，故事、诗歌、歌曲、影视作品中的艺术形象也有很强的榜样力量。通过这些具体、形象的材料来培养儿童身体保护和生活自理能力，可以起到事半功倍的效果。此外，成人应有意识地使自己的行为成为儿童的榜样，同时需要及时地寻找、挖掘与教育内容相关的典范，以加强教育的有效性。

（五）家园一致

幼儿大部分时间是在家庭中度过的，幼儿园需要做好家长工作，只有家园配合，才能更有效地提高幼儿的生活自理能力。在身体保护和生活自理能力教育的实施中，幼儿园可以通过家长委员会、家长开放日、家长经验交流活动等形式，向家长了解幼儿在家庭中的表现，同时将幼儿在园的有关信息反馈给家长，将每个教育单元的结果、教育目标和内容告诉家长，向家长宣传幼儿园生活常规及卫生习惯方面的要求和教育方法，并提出相互配合的建议，让家长积极支持，形成合力，取得较好的教育效果。例如，视力检查时，全面检查和评价家园桌椅、照明和儿童读物是否符合卫生标准，检查幼儿的身体姿势是否正确，看电视的位置与时间是否恰当。家园互动需要有目的、有计划地去做，要避免时有时无，这样才能增强幼儿园教育和家庭教育的合力。

案例

教学活动:都睡着了(中班)

设计思路

孩子们在午睡的时候总有各种不规范的睡觉姿势,这样不仅对幼儿的健康不利,而且也存在一定的安全隐患。如何运用孩子能够明白的方式来向他们进行睡觉安全的教育呢？为此,教师设计了这个活动,希望幼儿能够了解正确睡觉姿势的重要性,养成良好的生活习惯。

活动目标

(1) 初步了解动物的一些睡眠方式,知道不同睡眠姿势的作用。

(2) 逐步在生活中养成良好的睡眠习惯,明白睡姿不正确的危害。

活动准备

图片、音乐。

活动过程及分析

表4-4 活动过程

过　程	价值分析
1. 开始部分 展示小动物的图片,引起幼儿的兴趣。	以图片导入活动,激发幼儿的兴趣。
2. 故事《夜晚的大森林》 (1)(手偶表演)“我们一起去大森林看看小动物们都睡着了没有?” (2) 了解动物睡觉的姿势。 ——请小朋友们猜猜大象是怎样睡觉的。(出示图片让幼儿模仿大象睡觉,发现这种睡觉方式不适合幼儿) ——看看小狗的睡觉姿势。(了解小狗侧睡是为了保持听觉灵敏) ——观看蝙蝠的睡觉方式,说说看小朋友能模仿蝙蝠睡觉的姿势吗？…… ——讨论:大象、小狗、蝙蝠等动物的睡觉姿势适合我们吗？为什么? ——教师总结:动物之所以采用他们的睡觉姿势,是有一定的原因的。	(1) 以故事和手偶表演的形式让幼儿形象地了解各种动物的睡姿。让幼儿进行动作模仿,以加深印象。 (2) 在模仿的同时让幼儿思考一个问题:为什么动物的睡觉姿势不同?
3. 了解我们小朋友的睡觉姿势 ——(我们班小朋友)他们睡觉的姿势对不对？睡觉时含手指、用被子蒙着头,是不讲卫生、不安全的;趴着睡觉不舒服,会打呼噜。 ——教师示范正确的睡觉姿势: 头枕枕头,小手放好,腿微蜷。而且盖被子时,要露出脸部,这样才能呼吸到新鲜的空气。	结合实际,思考自己睡觉的姿势是否正确合理,从而养成良好的习惯。

活动反思

本次活动非常贴近幼儿的生活，而且有一定的趣味性。当教师出示动物睡觉的各种图片之后，幼儿显得尤其兴奋。“大象伯伯是这样睡的呀，蝙蝠这样睡不会掉下来吗？”幼儿你一言我一语。针对他们的兴趣，教师开始分析动物这样睡的原因。当教师出示幼儿自己睡觉的照片时，他们都笑了，原来大家睡觉的姿势是这样的不同。当教师再出示幼儿的正确睡觉姿势时，他们都说一定要像动物宝宝一样有正确的睡觉姿势，这样才会对自己的身体有好处。下午午睡时，幼儿都在谈论正确睡觉姿势的问题。

（上海市黄浦区南京东路幼儿园　陈　芳）

案例

教学活动：邋遢大王变干净了（小班）

设计思路

最近，班级主题活动是“我爱南京路”。在主题进行的过程中，教师带领幼儿参观了新新美发店。本周的学习活动内容，教师预设的是“小理发师”。设计集体教学活动“邋遢大王变干净了”源于班级幼儿的实际情况。

当孩子在小班时，经常是爸爸妈妈强迫着，连哄带骗去理发店的，结果孩子哭得像个泪人，头发有时也因为乱动而剪坏。如今，班级还有小朋友因为害怕理发，只好在家让妈妈给他剪，有时就没剪好。小朋友有惧怕理发的心理，是因为他们觉得剪头发很痛，注意力就放在了这个“痛”的上面，而没有想到剪好的头发是多么干净、清爽、美观。为了让幼儿知道这个道理，教师设计了这一活动。

这个活动主要借助了邋遢大王这个形象（从一个不爱干净的孩子变成一个爱干净的孩子），以情感发展为主线，将其行为改变贯穿于整个活动过程中。首先是我们不喜欢他，让小朋友看视频，由此让幼儿感到邋遢大王是很邋遢的，小朋友不愿意和他做朋友。其次，激发幼儿帮助邋遢大王的愿望。在这个环节中复习念儿歌《洗手》，让幼儿用儿歌帮邋遢大王学会洗手。

本次活动的目的是减弱幼儿对理发的恐惧心理,知道大家都喜欢爱清洁的小朋友。在本次活动之前,教师已经让小朋友了解了一些剪发的常识,如认识理发工具等。

活动目标

(1) 知道爱干净的孩子是个好宝宝,小朋友和老师都喜欢他。

(2) 知道理发是不疼的,减少对理发的恐惧。

活动准备

《邋遢大王奇遇记》视频、自制PPT、小剪刀、小梳子、小吹风机。

活动过程

1. "我们不喜欢他"

播放《邋遢大王奇遇记》的片头部分,引出邋遢大王很邋遢,小朋友们不愿意和他做朋友。

2. "我们来帮帮他"

预设以下问题

(1) 邋遢大王很想跟我们交朋友,我们怎么样帮帮他呢?教师根据幼儿回答出示相应的清洁用具,并用形体语言、儿歌(洗手、洗脸、洗澡)帮助邋遢大王变干净。

(2) 出示小鸟在邋遢大王头上做鸟窝的幻灯片,引出讨论:头发长要理发。

(3) 回忆参观理发店的经验,启发幼儿说出常用的理发工具,鼓励幼儿学做小理发师。

(4) 引导幼儿用语言来帮助邋遢大王克服理发的恐惧。

(5) 用动作和儿歌帮助邋遢大王理发,知道剪完头发真干净。

3. "我们喜欢他"

用歌曲表演的形式,表现出邋遢大王变干净后,小朋友们愉快地和他做游戏的场景。

活动评析

活动中教师利用多媒体,比较生动地刻画了一个孩子怕剪头发的场景,然后通过幼儿来告诉邋遢大王不怕痛。这样使幼儿在对邋遢大王说话的同时,也告诉自己理发其实是不痛的。

活动结合了动作与儿歌的形式,帮助幼儿进一步消除对理发的恐惧,养成清洁的习惯,既便于理解,又易于接受。

(上海市黄浦区南京东路幼儿园 徐 琴)

案例

教学活动:大战蛀牙虫(小班)

活动目标

(1) 帮助幼儿养成早晚刷牙的好习惯。

(2) 帮助幼儿了解蛀牙的危害及几种预防蛀牙的方法。

活动准备

(1) 歌曲音频、牙齿模型(一个完好的,一个有龋齿的)、牙刷、一条毛巾、两张挂图。

(2) 向家长了解本班幼儿的龋齿和刷牙情况。(本班有幼儿 42 名,其中 11 名幼儿有不同程度的龋齿,每天刷牙的幼儿有 8 名,基本刷牙,但不是每天刷的有 30 名。)

活动过程

1. 开始部分

出示牙齿模型,引导幼儿观察后说一说:牙齿怎样了?让幼儿知道有了蛀牙就会牙疼。

2. 基本部分

(1) 引导幼儿讨论:为什么会有蛀牙?有了蛀牙怎么办?怎样才能预防蛀牙?

(2) 看图讲故事:《君君的牙齿》。

(3) 请幼儿说一说如何保护牙齿的健康,如饭后漱口、早晚刷牙、少吃甜食、睡前不吃食物等。

(4) 讲解和示范正确的刷牙方法。

3. 结束部分

与幼儿一起听音乐做“蛀牙虫”游戏。

活动效果与反思

通过本次活动,幼儿了解了蛀牙的危害,以及几种预防蛀牙的方法,并知道了要养成早晚刷牙的好习惯,较好地完成了活动目标。

(上海市黄浦区南京东路幼儿园　石　飞)

教与学的建议

1. 教师可带领学生参观当地一所幼儿园,指导学生观察幼儿园一日生活现场,从而丰富学生对学前儿童身体保护、生活自理等方面如何提供支持和教育的感性认识。

2. 学生可以就学前儿童身体保护、生活自理教育展开扮演式学习，将观察到的幼儿或教师的行为、问题通过角色扮演表现出来，并由大家分析与讨论，从而加深理解、加深印象。

本章思考题

1. 了解学前儿童身体保护和生活自理能力教育的具体内容。
2. 在实施学前儿童身体保护和生活自理能力教育时，需要注意的问题有哪些？
3. 设计一个学前儿童身体保护和生活自理能力教育方面的活动。

第五章　学前儿童体育

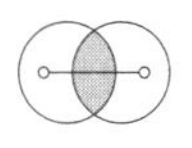

知识要点

- 学前儿童体育的内涵及价值
- 学前儿童体育活动的基本内容
- 学前儿童体育活动的实施

学前儿童体育是学前儿童全面和谐发展教育的一个有机组成部分，也是学前儿童健康教育的重要内容之一。科学的、适合学前儿童的体育活动，对于学前儿童提高身体素质、增强体质、增进健康水平、将来更好地适应社会生活等，都具有重要的促进作用和深远意义。因此，学前儿童健康教育要充分重视学前儿童体育。

第一节　学前儿童体育概述

一、学前儿童体育的内涵

“体育”一词，有着广义和狭义之分。广义的体育，指现代体育，它是社会文化的组成部分，是一种社会活动，旨在增强人的体质，提高运动技术水平，丰富社会文化生活。根据人们从事体育活动的具体目的之不同，现代体育通常包括竞技体育、大众体育以及学校体育。狭义的体育，指学校系统中的体育，它是实现人的全面发展教育的重要组成部分，即按照年轻一代生长发育的特点与基本规律，以促进其正常生长发育、增强体质、提高健康水平为目的而进行的一系列教育活动。

学前儿童教育是学校教育的预备阶段和基础环节。《幼儿园工作规程》中指出，幼儿园的主要任务是：“贯彻国家的教育方针，按照保育与教育相结合的原则，遵循幼儿身心发展特点和规律，实施德、智、体、美等方面全面发展的教育，促进幼儿身心和谐发展。”学前儿童体育的性质与学校体育相类似,但又具有其独特性。学前儿童体育是在遵循0—6岁儿童身心发展的特点和规律的基础上,融保育与教育为一体的特殊的教育领域。学前儿童体育活动以游戏为基本活动形式,注重个体差异,不进行达标和测验活动。因此,学前儿童体育的目的在于培养学前儿童自主参与体育锻炼的兴趣和良好习惯,体验运动的快乐,增强体质,发展身心素质和初步的运动能力,提高健康水平,为其一生的可持续发展奠定基础。

拓展阅读

《幼儿园教育指导纲要(试行)》健康领域的教育内容与要求

(一)目标

(1)身体健康,在集体中情绪安定、愉快。

(2)生活、卫生习惯良好,有基本的生活自理能力。

(3)知道必要的安全保健常识,学习保护自己。

(4)喜欢参加体育活动,动作协调、灵活。

(二)内容与要求

(1)建立良好的师生、同伴关系,让幼儿在集体生活中感到温暖,心情愉快,形成安全感、信赖感。

(2)与家长配合,根据幼儿的需要建立科学的生活常规。培养幼儿良好的饮食、睡眠、盥洗、排泄等生活自理能力。

(3)教育幼儿爱清洁、讲卫生,注意保持个人和生活场所的整洁和卫生。

(4)密切结合幼儿的生活进行安全、营养和保健教育,提高幼儿的自我保护意识和能力。

(5)开展丰富多彩的户外游戏和体育活动,培养幼儿参加体育活动的兴趣和习惯,增强体质,提高对环境的适应能力。

(6)用幼儿感兴趣的方式发展基本动作,提高动作的协调性、灵活性。

(7)在体育活动中,培养幼儿坚强、勇敢、不怕困难的意志品质和主观、乐观、合作的态度。

(三)指导要点

(1)幼儿园必须把保护幼儿的生命和促进幼儿的健康放在工作的首位。树立正确的健康观念,在重视幼儿身体健康的同时,更要高度重视幼儿的心理健康。

(2)既要高度重视和满足幼儿受保护、受照顾的需要,又要尊重和满足他们不断增长的独立要求，避免过度保护和包办代替，鼓励并指导幼儿自理、自立的尝试。

(3) 健康领域的活动要充分尊重幼儿生长发育的规律，严禁以任何名义进行有损幼儿健康的比赛、表演和训练等。

(4) 培养幼儿对体育活动的兴趣是幼儿园体育的重要目标，要根据幼儿的特点组织生动有趣、形式多样的体育活动，吸引幼儿主动参与。

二、学前儿童体育的价值

学前儿童体育不仅能促进学前儿童身体的健康发展，同时对学前儿童的心理以及社会性的发展都具有积极的影响作用。因此，在学前儿童健康教育工作中要充分认识、肯定和挖掘学前儿童体育的价值，为使学前儿童健康、全面发展而努力。

(一) 学前儿童体育能促进身体的发展

在一个人发展的过程中，生命的健康存在是保证发展的物质基础。人的认知、情感、行为等方面的发展，都需要建立在基本的身体健康之上。健全的大脑是心理发展的重要保证，身是心的物质基础。人要在社会中求得生存并得到发展，首先必须有健康的身体。

从儿童身体发展的特点上来看，幼儿期正是一个人生命起步、开始发展的阶段。学前儿童身体各器官、系统的机能尚未发育成熟，组织比较柔嫩，其物质基础还相当薄弱。同时，幼儿期又是生长发育十分迅速和旺盛的时期，此时正是建立物质基础的关键期和有效期。因此，促进学前儿童身体健康发展乃是此时期的首要任务，它是实现学前儿童健康、全面、和谐发展的基础和重要条件。

身体运动对于儿童身体发展的促进作用，主要是通过对身体施加一定的刺激(即运动刺激)来实现的。一定的运动刺激作用于学前儿童的机体，使机体承受着相应的生理负荷。这种刺激的经常化，促使机体内部不断地进行调整并逐渐产生适应性变化，最终使机体在形态、结构和机能上得到一定的完善和提高。身体运动对学前儿童的许多器官、系统都会产生重要的影响。其中，影响较大的是运动系统、血液循环系统、呼吸系统以及神经系统。

(二) 学前儿童体育能促进认知的发展

许多专家学者把身体运动、运动能力的发展与智力发展之间的关系问题作为课题进行研究。因此有很多研究证实，对于儿童来说，这两者之间的关系是比较密切的，而且年龄越小，其相关程度就越高。其原因是年龄越小的儿童，智力的发展与身体、运动的发展就越没有明显分化，其智力与其他各种机能处于一体化的状态。如在婴儿期，我们所能观察到的婴儿的主要活动就是身体的活动,感觉运动的能力反映了婴儿智力发展的水平。同时,在身体运动的过程中,还伴有大量认知活动的参与。例如,在运动中需要认识并记忆身体各部位的名称或玩具、运动器械的名称,需要理解游戏活动的过程和规则,需要注意观察教师的示范动作,形成一定的运动表象,需要通过想象去模仿和表现人、物、事的各种姿态或活动,需要学习、掌握和运用基本的空间概念、时间概念等多方面的知识,需要对变化的情况迅速作出正确判断等,所有这些都离不开学前儿童积极的认知活动。通过各种身体运动,学前儿童可以获得丰富的知识和运动经验,使他们的知觉更敏锐、观察更细致、语言更丰富,记忆力、想象力、思维能力和判断力都能够得到一定的提高。

(三) 学前儿童体育能促进个性的形成

运动能使人心情开朗、精神振奋、积极活泼,尤其是幼儿期的运动经验,对一个人个性的形成具有重要影响。这一点已为许多理论和实践研究所证实。有研究表明,身体活动的能力影响幼儿自我概念的形成,幼儿能做什么、不能做什么,主要是由其身体活动的能力决定的。因此,幼儿对自己身体活动能力的认识,有可能成为其自我概念的中心。身体活动能力较强的幼儿,往往会得到成人较多的赞许以及来自小伙伴的羡慕和钦佩,逐渐形成肯定自我的概念。这种良好的感觉将促使他们对其他事情也抱有较强的自信心,愿意大胆、独立地尝试新事物,行为更积极主动,经常表现出较强的探索精神和独立性、自主性。

(四) 学前儿童体育能提高社会适应的能力

身体运动的种类和项目很多,其中有一些是可以单独进行的,但绝大多数的运动需要在社会性的场合中进行。这就需要儿童学会与他人友好合作,遵守游戏规则,克服冲动,学会等待和忍耐,懂得分享,还要具有公平竞争意识、团队精神以及责任感,等等。因此,身体运动为培养学前儿童良好的社会适应能力、人际交往能力创造了有利的条件和机会。

第二节　学前儿童体育活动的基本内容

一、学前儿童基本动作的练习

基本动作,即人体的基本活动能力,是指人们在日常生活和社会实践活动中所必需的、最基本的身体运动的技能,包括走、跑、跳、投掷、攀登、钻和爬等。对于此类动作的练习是学前儿童体育活动的主要内容之一,学前儿童基本动作练习的任务是:促进身体生长发育;发展力量、速度、耐力、平衡、协调和灵敏等身体素质;促使幼儿不断改进走、跑、跳、投等基本动

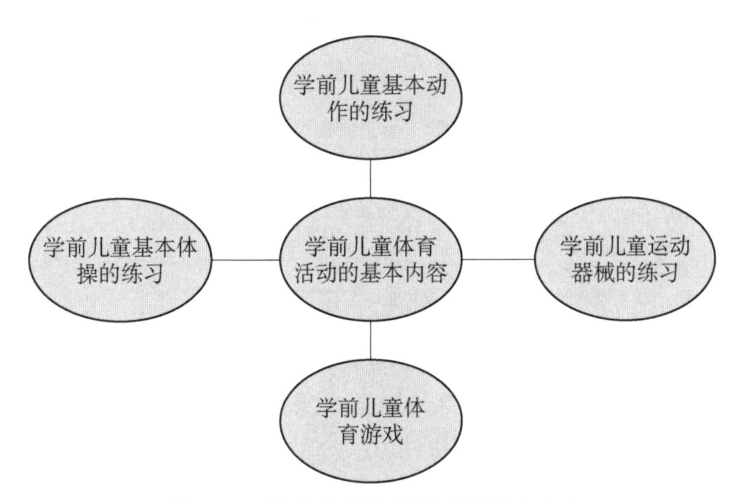

图 5-1　学前儿童体育活动的基本内容

作的质量；获得有关体育的粗浅知识，提高智力水平；培养勇敢、果断、灵敏、灵活、积极向上、团结友爱等优良品质。

根据动作组成的基本结构和特点，可以将基本动作分为两种类型：一种是周期型动作，另一种是非周期型动作。周期型动作的特点是：以不断循环、反复某些基本的动作技术为基础，如走步、跑步、爬行等动作。这类动作的结构较为简单，幼儿较容易学会和掌握，也比较容易形成自动化。非周期型动作的特点是：由几个相互衔接的动作环节连接，最终形成一个完整的、独立的动作。这类动作的结构较为复杂，幼儿较难掌握，如跳跃、投掷、侧面钻等动作。儿童学习和掌握这类动作需要循序渐进，要有更加集中的注意力和意志的努力。

（一）走步

走步是人体位移中最基本、最自然、最省力的一种运动方式，属于周期型动作。走步是锻炼幼儿身体的良好手段之一。经常步行或进行一定距离的行走，可以有效地锻炼下肢部位的肌肉、骨骼、关节和韧带。幼儿期正是儿童走步能力发展和身体姿势形成的重要时期。行走能使幼儿双手获得“解放”，能使幼儿的活动范围得到扩大，还能增强幼儿的自信心，为幼儿进一步探索和认识周围世界，更好地适应社会生活，以及身体与心理的健康发展奠定基础。

1. 走步的特点与基本要求

（1）动作放松、自然，上体保持正直；（2）有合理而稳定的节奏，步幅适中，步频适度；（3）两脚落地要轻，脚尖稍向正前方，避免“内八字步”或“外八字步”；（4）两臂适度地前后自然摆动；（5）在集体走步时，学会前后保持适宜的距离。

2. 学前儿童走步练习的指导要点

（1）为幼儿提供一个安全的环境，在幼儿学习和练习走步的过程中加强安全保护；（2）鼓励幼儿大胆实践;(3)利用各种条件,帮助幼儿学会独立行走;(4)对3岁以上的幼儿,应重视培养其走步时的正确姿势。

拓展阅读

健　走

随着大众对健康的追求,近年来越来越多的人会自觉进行身体锻炼,其中健走是大家普遍选择的一种方式。走——这种最基本、最原始的人类运动与生活形式,其健身价值一直备受肯定。在健走的过程中,人体摄氧量和需求量大致相等,即达到平衡。从生物学角度来看,它是人们按自己控制的速度,并以一种有节奏的形式锻炼身体,因此它的特点是强度低、有节奏、不中断、持续时间长,对技巧的要求不高,不受地点、时间的局限。持续20分钟以上的健走,有助于分解燃烧体内的脂肪,减少血液中胆固醇含量。据报道,一周健走3小时以上,可降低35%—40%患心脏病的风险。健走时有以下注意点:

(1) 可以选择在清晨时分或下午进行,因为这两个时间是人体肠胃负担较轻的时间,剧烈活动不会对身体造成不适。

(2) 建议换穿运动服或其他较为宽松、透气的衣物,着运动鞋。

(3) 选择车辆行人较少的街道、公园或专门的运动场地,注意安全。

(4) 热身后,行走者步幅跨到最大,也就是常说的“大踏步”行走。

(5) 健走完成后,注意不能立即停止,应该逐渐转为日常正常走路的速度,注意放松整理。

(二) 跑步

跑步是人体移动位置最快的一种运动方式,属于周期型动作。跑步既是幼儿日常生活中最基本的活动技能,又是锻炼幼儿身体的重要手段。跑步的方式较多,强度变化也较大。幼儿在跑步过程中,能积累有关时间和空间的经验,从而促使其时间知觉和空间知觉的发展。

1. 跑步的特点与基本要求

(1)上体正直,稍向前倾;(2)要有蹬地和腾空的阶段,脚落地时要轻,快跑时会用力蹬地;(3)两手轻轻握拳,两臂屈肘于体侧前后自然摆动。

2. 学前儿童跑步练习的指导要点

(1)根据幼儿的身体状况、年龄特点以及季节气候等因素,选择适宜的跑步类型,并合理安排活动量;(2)要求幼儿跑步时“步子大些,落地轻些”,以发展幼儿的跑步能力,并保护幼儿的身体健康;(3)幼儿在跑步前要做好充分的身体准备,尤其是要注意伸展下肢与脚部的肌肉、关节和韧带;(4)注意对幼儿快跑活动的时间和强度进行控制,避免过于疲劳,快跑后应安排放松、整理的动作,以利于心率的恢复和心脏的健康;(5)跑步时提醒幼儿注意安全,如及时躲闪、不相互碰撞等;(6)跑步时教会幼儿使用正确的呼吸方法,呼吸自然而有节奏,如使用鼻子呼吸或鼻子吸气、嘴巴呼气。

(三) 跳跃

跳跃动作具有较强的实用价值,同时也是锻炼幼儿身体的有效手段,属于非周期型动作。跳跃动作的形式丰富多样,有双脚跳、单脚跳、纵跳、行进向前跳、从高处往低处跳、侧跳、立定跳远、助跑跨跳等。幼儿通过参加各种跳跃活动,可以增强腿部的肌肉力量,发展弹跳力、爆发力以及身体的灵敏性、协调性等多种身体素质。跳跃对幼儿视觉运动能力的发展也有积极的作用。

1. 跳跃的特点与基本要求

(1)跳跃的蹬地动作要有力、快速,落地动作要轻;(2)落地时为保持身体平衡,可以弯曲下肢关节,还可以顺势向前方跨一步或几步等。

2. 学前儿童跳跃练习的指导要点

(1)为幼儿提供适宜的活动场地,避免在坚硬的地面上进行跳跃动作的练习;(2)根据不同种类跳跃动作的需要,给予相应的指导。例如,在指导幼儿进行双脚连续向前跳(学小兔子跳)时,重点应放在轻轻落地的动作要求上;在指导幼儿立定跳远时,重点应强调摆臂动作协调而有力,蹬地动作快而有力;在指导幼儿进行侧跳练习时,重点是教会幼儿如何在跳跃的过程中变换身体的方向。

(四) 投掷

投掷不仅是日常生活中很实用的动作技能,同时也具有较高的锻炼价值,属于非周期型动作。投掷动作通常可以分为两类:一类是掷远,其目的是将投掷物尽可能投得远一些;另一类是掷准,即尽可能将投掷物击中指定的目标。掷准动作相对于掷远动作更难一些。

1. 投掷的特点与基本要求

(1)有力地投掷,并且动作要快,以获得较大的爆发力;(2)掌握合适的出手角度和出手时机。

2. 学前儿童投掷练习的指导要点

(1)投掷活动中尽可能让幼儿的左手和右手都有机会参与练习,以利于幼儿身体两侧肌肉以及左、右脑的协调发展;(2)经常变换投掷物和投掷目标,以提高和保持幼儿参与投掷活动的积极性;(3)投掷物的选择要适合幼儿,注意其重量、大小以及安全性;(4)掷准练习中,幼儿掷准的距离应由近到远,掷准的目标应由大到小、由静到动,逐渐发展幼儿的掷准能力。

(五) 攀登

攀登是锻炼幼儿身体、提高其身体素质的重要手段,一般属于周期型动作。攀登活动可以增强幼儿四肢的肌肉力量,发展平衡性、协调性、灵敏性等多种身体素质,同时还能培养幼儿沉着、勇敢、顽强、谨慎的心理品质以及自信心和独立性,提高幼儿的空间知觉能力。攀登动作一般可以分为三种形式:双手的攀登、双脚的攀登和双手双脚共用的攀登。

1. 攀登的特点与基本要求

(1)学前阶段一般进行双脚攀登的动作练习和双手双脚共同攀登的动作练习;(2)攀登时需正确握住横木,以保证安全,其动作要领是大拇指与其他四指分开握住横木。

2. 学前儿童攀登练习的指导要点

(1)指导幼儿掌握手握横木的正确动作;(2)在幼儿攀登的过程中,成人既要注意保护幼儿,又要让幼儿懂得有秩序地攀登,并让幼儿学会躲避危险,提高幼儿自我保护的能力;(3)在进行攀登活动时,避免幼儿因求胜心切而忽视活动的安全性;(4)当幼儿登上攀登设备后,可以鼓励幼儿在保证安全的情况下,适当地观察周围以及上下的空间环境,体验攀登至较高处的乐趣,丰富幼儿的运动经验,增强幼儿的自信心。

(六) 钻

钻是日常生活中很实用的身体活动技能,也是锻炼幼儿身体的良好手段,属于非周期型动作。钻的活动可以增强幼儿腿部和腰背部的肌肉力量,发展幼儿身体动作的灵敏性、柔韧性和平衡性。钻的方法一般有两种:正面钻和侧面钻。侧面钻的动作比较复杂,难度比正面钻大。

1. 钻的特点与基本要求

(1)正面钻时,要求身体面向障碍物,屈膝下蹲,紧缩身体;(2)侧面钻时,动作上除了与正面钻有类似之处(低头、弯腰、紧缩身体)外,要求身体侧对障碍物,同时需要注意两腿屈与伸的交替以及身体重心的移动。

2. 学前儿童钻的练习的指导要点

(1)在进行钻的练习时,教师所提供的辅助器械的高低要适宜,使幼儿能够运用相应的身体动作。例如,用于正面钻的器械的空隙应在幼儿的胸部以上、耳部以下,宽度要大于幼儿的体宽;而用于侧面钻的器械的空隙则应该在幼儿的胸部以下。(2)充分利用废旧材料开展钻的活动,这样既能满足幼儿活动的需要,又能激发幼儿的好奇心和探索精神,如利用包装用的硬纸盒、废旧的车轮胎等。

(七)爬

爬的动作也经常在日常生活中被用到,对幼儿身体锻炼能起到良好的促进作用,属于周期型动作。爬的活动可以增强幼儿四肢肌肉的力量以及背部肌肉和腹部肌肉的力量,并能提高幼儿动作的灵敏性和协调性。爬的动作种类有很多,有手膝着地爬,有手脚着地、膝盖悬空爬,有肘膝着地爬,还有匍匐爬等。

1. 爬的特点与基本要求

(1)动作要灵活、协调;(2)动作要有一定的节奏。

2. 学前儿童爬的练习的指导要点

(1)创造条件让学前儿童多练习爬的动作;(2)让幼儿练习各种形式的爬的动作,并逐渐提出新的要求,增加动作的难度,注意发展幼儿动作的灵敏性和协调性。

对上述基本动作的练习,不仅可以发展幼儿的基本活动能力,同时也可提高和发展幼儿的身体素质,从根本上促进幼儿身体机能的协调发展,增强幼儿的体质。

二、学前儿童基本体操的练习

学前儿童的基本体操,是锻炼幼儿身体,促进幼儿机体协调发展的一种形式简便、易于普及的动作练习。根据学前儿童的年龄特点,基本体操可以分为婴儿基本体操和幼儿基本体操,为3—6岁儿童选用的是幼儿基本体操。

(一)幼儿基本体操的类型及其特点

幼儿基本体操是由体操动作的练习以及排队和变换队形两部分组成的。

1. 体操动作的练习

幼儿通过体操动作的练习,可以活动和锻炼肌肉、关节及韧带,促进力量、柔韧、平衡、协调等多种身体素质的发展,培养正确的身体姿态和一定的节奏感,发展空间知觉和时间知觉,等等。幼儿体操动作的类型主要包括徒手体操和器械体操。

(1)徒手体操。这是根据人体各部位的特点,按照一定的程序,由举、振、屈与伸、转、绕与绕环、蹲、跳跃等一系列的徒手动作所组成的动作练习。幼儿徒手体操主要包括徒手操、模仿操、拍手操、韵律操、武术操等。

(2)器械体操。这是指借助一定的器械所做的体操动作。器械体操又可分为轻器械操

(如哑铃操、小旗操、棍棒操等)和辅助器械操(如椅子操、垫子操、皮筋操等)。其中,轻器械操在幼儿园中较多地被使用。轻器械操,即幼儿在徒手操的基础上,手持较轻的器械完成各种体操动作。轻器械操除了具有徒手体操的动作要求外,还需要根据所持器械的特点,做一些特殊的体操动作。这样,体操动作的难度加大,活动量也加大,同时还提高了幼儿参与活动的兴趣和积极性。幼儿轻器械操一般适用于4—6岁的幼儿。应该注意的是,所选用的器械材料必须安全,体积和重量也要适合幼儿的年龄特点,以使幼儿能够灵活、方便地进行练习。

(1)

(2)

图5-2 器械体操

2. 排队和变换队形

排队和变换队形,是指全体幼儿按照统一的口令,站成一定的队形,做相对协同一致的队列动作。进行排队和变换队形的练习,能培养幼儿的团队意识和集体观念,以及迅速、整齐、统一行事的能力,同时促进幼儿形成正确的身体姿势,发展空间知觉。

(1) 排队和变换队形练习中的口令,一般由预令和动令组成。例如,“向前看——齐”的口令中,“向前看”是预令,“齐”是动令,但也有口令中没有预令的,如“立正”“稍息”等。教师在喊口令时,预令要稍微拉长一些,给幼儿一定的准备时间,使幼儿明确他们将要做什么动作,而动令则要短促、果断和有力。

(2) 幼儿基本的排队动作主要包括:立正、稍息、向前看齐、手放下、原地踏步走、齐步走、跑步走、向左(右、后)转、立定等。幼儿基本的队形变换有:走成一路纵队、走成圆圈队形、分队走、并队走等。但在进行排队和变换队形的练习中,教师应注意不要过分地强调幼儿动作上的步调一致,如要求统一先出哪一只脚、后出哪一只脚等;也不要过分要求幼儿掌握复杂的队形变换,因为幼儿的空间知觉还在发展过程中。同时,要避免让幼儿进行枯燥、单调、重复的练习,因为这样会使幼儿产生厌烦情绪,影响幼儿参与活动的积极性,而且也容易导致幼儿身体过于疲劳。

（二）选择和创编幼儿体操动作的基本要求

体操动作的创编，是艺术和体育结合的过程。它既要符合体育锻炼的要求，又要体现艺术美的特点，在幼儿体操的创编中更是如此。

1. 依据年龄特点

总体上，幼儿的体操动作应简单易学、活泼可爱、协调优美、节奏鲜明，并具有较好的锻炼价值。同时，由于不同年龄阶段的幼儿身心发展水平和特点存在一定差异，因此，在选择体操动作的类型、节数、拍数、活动量、节奏等时，不同年龄阶段的幼儿间会有差异。

2. 注重全面锻炼

一套较好的幼儿体操动作，应能全面锻炼幼儿身体的各部分肌肉、骨骼、关节和韧带，同时使幼儿动作的灵敏性、平衡性、柔韧性和协调性得到全面发展。

3. 遵循动作程序

成套幼儿体操动作的程序是：上肢或四肢的伸展动作——扩胸、转体动作——腹背动作——下肢及全身动作——放松、整理动作。整套动作的活动量也应先由小到较大，再由较大到小。

4. 配有伴奏乐曲

合理的伴奏乐曲能增强幼儿练习的兴趣，提高幼儿体操动作的质量。伴奏乐曲要与每节动作的强度、节拍特点相适应，节奏要鲜明，音乐与动作在时间上保持一致。

三、学前儿童体育游戏

体育游戏，也称运动性游戏或活动性游戏。体育游戏，可以使幼儿获得良好的情绪体验，锻炼幼儿的身体，培养幼儿良好的品质和社会适应能力，促进幼儿认知能力的发展。

（一）学前儿童各年龄阶段体育游戏的特点

了解和掌握各个不同年龄阶段幼儿在体育游戏中的特点，才能组织和带领儿童玩好体育游戏，享受体育游戏的乐趣。

1. 3—4 岁幼儿体育游戏的特点

3—4 岁幼儿体育游戏的内容和动作均比较简单，活动量较小；多是有具体情节和角色的游戏，情节较单一，角色不多，通常是幼儿非常熟悉的角色，主要角色一般由教师来担任；常常是全体幼儿同做一种动作或完成一两项任务；游戏的规则也很简单，一般不带有限制性；幼儿对游戏的结果不太注意，没有较强的胜负意识，所以游戏通常以皆大欢喜的方式结束。

2. 4—5岁幼儿体育游戏的特点

4—5岁幼儿体育游戏的内容和动作则有了发展,幼儿喜欢情节较复杂的游戏和活动量较大的追逐性游戏;游戏的角色也有所增多,主要角色可以由幼儿自己来担任,同时也增加了一些无情节的游戏;游戏的规则较严格,带有一定的限制性;出现了两人或小组的合作性游戏;幼儿对游戏的结果已开始注意,喜欢自己获胜。

3. 5—6岁幼儿体育游戏的特点

5—6岁幼儿体育游戏的动作增多、难度加大,游戏的活动量也增大;幼儿喜欢竞赛性的游戏以及需要体力与智力相结合的游戏;游戏的角色和情节的关系更加复杂;游戏的规则也更为复杂,限制性可以更强;合作性的游戏增多;幼儿对游戏的结果很关注,喜欢有胜负结果的体育游戏。

表5-1 各年龄段体育游戏特点归纳

年龄段	基本动作	情节、角色	竞赛性	合作性	游戏规则	游戏结果
3—4岁	√	√				
4—5岁	√	√	√	√	√	√
5—6岁	√	√	√	√	√	√

(二)选择和创编体育游戏的基本要求

在选择和创编幼儿园体育游戏时,应当符合一些基本的要求,具体如下。

1. 具有明确目的

体育游戏应对幼儿的身体素质、基本活动能力和个性品质等方面的发展提出明确的目的和要求。游戏的目的在游戏中具有定向的作用,是确定游戏内容、游戏过程、活动方式以及游戏规则等方面的主要依据。

2. 针对年龄特点

体育游戏的动作内容,体育游戏的情节、角色和规则,体育游戏的活动量,体育游戏的组织与活动方式等方面,都需要考虑幼儿的实际水平、年龄特点和游戏时的具体情况,尽可能做到既能吸引幼儿、激发幼儿参与活动的兴趣,又能通过游戏达到预期的教育与发展目的。

3. 选用适宜材料

教师应充分利用幼儿园现有的物质资源,因地制宜地选择和创编切实可行的游戏活动。同时,教师可以自己动手,进行废物利用,制作出价廉物美的游戏材料。

4. 逐渐提高难度

学前儿童体育游戏的选择,要充分考虑幼儿的认知特点和身体机能的发展水平,从容易的、简单的开始，逐渐过渡到较难的、较复杂的。不论是同一活动内容的不同目标，还是同一目标的不同发展水平，都应考虑这一点。

四、学前儿童运动器械的练习

学前儿童运动器械的练习，专指利用运动器械进行的身体练习活动。根据运动器械的特点和锻炼的主要功能，运动器械有多种分类，如大、中、小型运动器械，滑行类、旋转类、摆动类、颠簸类、攀登类、钻爬类、弹跳类等运动器械，现代或传统运动器械，等等。运动器械的练习颇受学前儿童的喜爱，而且对于学前儿童也有很高的锻炼价值。以下将列举几类常见的运动器械。

（一）摇摆、颠簸类运动器械

摇摆、颠簸类运动器械有秋千、摇马、浪船、跷跷板等。这类器械活动给予幼儿的锻炼价值在于：(1)活动中随着器械的摇摆，幼儿需要及时调整自己的身体位置，有助于发展幼儿整个身体的动态平衡能力；(2)活动中使幼儿获得各种生理和心理的感受，如特殊的听觉、视觉以及兴奋与刺激等，可以丰富幼儿的感知经验，增强幼儿前庭器官的机能；(3)幼儿通过依靠自己的力量让运动器械运动起来，能产生对自己能力的确信，从而建立起较强的自信心和独立感；(4)活动所带来的有关肌肉的紧张和放松的感觉，使幼儿更容易理解周围事物的变化与自己身体运动的关系；(5)活动为幼儿提供了丰富的想象空间，并由此使其产生愉悦的心情。

（二）攀登设备

婴儿一旦开始学习爬行，就喜欢上了攀爬的动作。尤其当他们能独立行走后，更是喜欢攀爬活动。这类活动给予幼儿的锻炼价值在于：(1)幼儿在攀登设备上需要双手双脚不停地用力和支撑，还需要不断地调整自己身体的角度和位置，有效地促进了幼儿身体机能的发展，强壮了幼儿的肌肉，提高了幼儿对身体的控制能力；(2)当幼儿攀登到设备的顶端时，视觉和听觉会有不同的体验，这为幼儿提供了难得的感知觉经验，并能有效地促进幼儿空间知觉的发展；(3)攀登活动有助于帮助幼儿克服胆怯、害怕、恐惧的心理障碍，增强幼儿的自信心和自我意识，促进幼儿心理健康发展。

图 5-3 攀登架

(三) 各种车辆玩具

图5-4 车辆玩具

幼儿车辆玩具的品种很多,如三轮脚踏车、小手推车、三轮运货车、四轮小汽车等。车辆玩具类活动给予幼儿的锻炼价值在于:(1)使幼儿身体不同部位的肌肉得到练习,促进大肌肉的发展以及身体控制能力的发展,同时使幼儿身体动作更协调、更灵敏;(2)使幼儿获得视觉运动经验,发展幼儿的空间知觉和判断能力;(3)幼儿依靠自己的努力使小车运动起来,并独立控制和掌握小车运动的快慢、方向,产生极大的独立感、满足感和自豪感;(4)幼儿在玩车辆玩具时,会非常愉快、兴奋和自在,并能获得许多角色游戏的体验,可以激发想象力;(5)在活动场地上设置相应的交通标志,使幼儿熟悉和理解各种标志的含义,引导幼儿学习和掌握最基本的交通规则。

(四) 平衡板

平衡板是一种极常见的幼儿运动器械,可以是移动式的,也可以是固定式的。平衡板给予幼儿的锻炼价值在于:(1)平衡运动要求幼儿身体两侧用力均衡、相等,这促进了幼儿身体两侧肌肉力量的协调发展;(2)在平衡板上行走时,需要幼儿协调地移动和变换自己身体的重心位置,使幼儿控制身体的平衡能力得到提高,并使幼儿的空间方位知觉得到发展;(3)在平衡板上行走,需要幼儿高度地协调视觉、听觉以及触觉的刺激,这可以促进幼儿感知觉的发展。

适合学前儿童体育活动的内容有很多,除了上述几类之外,有条件的幼儿园还可以根据本园的实际情况增加游泳、滑冰、创造性身体活动等丰富多彩的体育活动内容。

第三节 学前儿童体育活动的实施

一、学前儿童体育活动的特点和应遵循的规律

学前儿童体育不同于学校体育、成人体育,它有其自身的特点。在实施学前儿童体育活动时,必须考虑这些特点,遵循其内在的规律,使体育活动更加科学化、合理化,让学前儿童体育真正成为促进儿童身心健康的教育。

(一) 学前儿童体育活动的特点

体育活动是通过身体练习来实现教育目的的,学前儿童体育活动同样需要幼儿身体的直接参与。幼儿处在不断的运动状态中,身体和情绪都比较活跃。同时,学前儿童体育活动一般在户外进行,环境比较复杂,干扰因素多,幼儿注意力容易分散,情绪容易受到影响,安全问题也比较突出。这样,在活动组织中需要特别关注这些特殊问题和困难。

运动负荷是否恰当,是决定学前儿童体育活动效果的主要因素之一。学前儿童体育活动必须考虑幼儿的运动负荷问题,注意做到低强度、高密度,急缓结合、动静交替。同时,教师还应注意培养幼儿自主参与体育锻炼的兴趣和良好习惯,使幼儿获得基本的活动技能,促进幼儿身体均衡发展。学前儿童体育活动应以游戏为主要活动方式,不进行测试和达标活动。

(二) 学前儿童体育活动应遵循的规律

学前儿童体育活动,应充分考虑他们的身体以及动作在运动过程中变化的规律,并根据这些规律组织和开展安全的、科学的体育活动。

1. 人体生理机能适应性规律

人体在参加运动时,体内物质能量消耗,促进了异化作用,引起疲劳和身体机能暂时下降,同时也刺激恢复过程,使同化过程加强,出现超量恢复,提高身体的机能。这是人体通过运动促进新陈代谢和提高机能的过程,也是产生适应性效果的过程。这个过程有以下几个阶段:(1)工作阶段。参加运动后,身体物质能量被消耗,同时恢复过程也在进行,但消耗过程占优势,表现为身体机能逐渐下降。(2)相对恢复阶段。运动后身体机能指标恢复到运动前水平阶段。(3)超量恢复阶段。通过合理休息,物质和能量储备超过运动前水平,从而提高身体的工作能力。(4)复原阶段。如果下一次运动间隔时间过长,身体的工作能力又恢复到运动前的水平。

身体工作阶段消耗过小或过大,超量恢复的效果都不好;运动间隔时间过长或过短,也影响恢复的效果和工作能力的提高。因此,学前儿童体育活动要根据儿童的体质、年龄以及练习内容等情况,合理确定工作阶段的运动负荷和练习间隔时间。

2. 人体生理机能活动变化的规律

在体育活动中,人体生理机能活动能力的变化,与机体有关器官系统的功能的变化相关。幼儿在进行反复的身体练习的过程中,身体内部发生一系列的功能变化,并表现出客观规律性。这个过程可以分为以下几个阶段。

(1) 上升阶段。上升阶段包括两个过程:第一,在没有进行身体运动前,幼儿已经知道或想到即将要开始运动了,这时他们的生理和心理就会产生相应的变化或反应。有的幼儿表现出兴奋、情绪高涨、积极踊跃的状态,心率和呼吸频率有所加快,身体有一种跃跃欲试的感觉。这些变化都是积极的适应性反应,它能加速身体器官克服惰性,使机体的活动能力较快地上升,以适应即将开始的身体运动。但也有一些幼儿会焦虑、不安、过度紧张,表现出退缩和胆怯,甚至身体会变得软弱无力,动作迟钝、不协调。这些变化都是消极的反应,会阻碍幼儿机体的活动能力的上升。教师应充分认识这个过程,注意幼儿的不同反应。教师尤其应该关注那些具有消极反应的幼儿,通过言语艺术、环境创设来吸引幼儿,激发幼儿参与活动的愿望和积极性,使幼儿在身体运动之前产生积极的适应性。第二,运动开始时,身体的机能活动能力尚处于较低状态,通过一些准备性的身体活动,帮助幼儿逐渐克服身体各器官的惰性,提高机体的活动能力,使之较快地上升到较高的水平。教师在了解这个过程后,应注意让幼儿在进行较剧烈的运动之前做好充分的身体准备活动。准备活动的内容可以是全身性的活动,如活动上肢、躯干、下肢的各部位肌肉、关节和韧带等;也可以是有针对性的准备活动,如在进行跳跃活动前,专门活动下肢部位的关节、肌肉和韧带。对儿童来说,身体器官的惰性相对较小,比较容易克服,机能的活动能力上升也较快,因此准备活动的时间可以短些,活动量可以稍快加大。

(2) 平稳阶段。在平稳阶段,幼儿各器官的活动能力已经逐渐达到了较高的水平,处于积极的工作状态。这时,身体运动的效率比较高,能适应一些较剧烈的运动,而且学习和练习的效果也较好。幼儿的神经细胞和肌肉组织都较容易疲劳,所以这一阶段持续的时间比成人短,保持相对最高水平的阶段也要短。但如果幼儿在此阶段中情绪很愉快,活动比较适合的话,疲劳的出现也会相应地晚一些。根据平稳阶段的规律和幼儿的特点,教师可以将运动强度较大的、较剧烈的或难度较高的活动内容安排在这一阶段中,同时注意活动的内容和方式的多样化,以激发幼儿积极高昂的情绪。教师还应注意,活动必须做到动静交替、急缓结合,以保证活动量的适宜性。

(3) 下降阶段。幼儿经过一段时间的身体运动之后,尤其是在进行较大的活动量之后,体内的能量消耗较多,体力恢复不足,身体开始出现疲劳的感觉或现象,机体活动的能力便逐渐下降。此时,教师应组织幼儿逐渐地结束活动。结束活动的过程中,主要做一些身体放松的活动,尤其在较激烈的运动之后,更应重视这一环节。它有利于消除幼儿的身体疲劳,并使其情绪逐渐平稳,有益于幼儿身心的健康以及下一活动的安排。

遵循人体生理机能活动变化的规律,在组织儿童开展体育活动时,活动量安排的总趋势是由小到较大,然后再由较大到小。身体的准备活动和放松活动都是不可忽视、不可缺少的环节。

3. 动作技能形成的规律

动作技能也称运动技能,它是指人体在运动中掌握的有效完成专门动作的能力。如果说某种特定的身体运动，能以较高的准确性、较少的时间、较小的能量和能够达到目的的合理方法予以完成，那么就称为获得了动作技能。动作技能的形成，通常要经历以下三个相互联系的阶段。

（1）粗略掌握动作的阶段。此阶段的主要特点是幼儿对动作有了初步的印象，动作表现得比较紧张，动作不协调、不准确，缺乏灵活的控制能力，多余动作较多，完成动作比较花费时间精力，主要依靠视觉表象来控制和调节动作。因此，在学习动作技能的初期，教师要对动作的主要环节进行必要的示范和讲解，使幼儿对动作的整体性有一个初步的、全面的知觉和印象。同时，提供给幼儿较多的练习机会，让他们亲自体验和实践。在这一阶段，教师不宜过多地强调动作的细节部分或过多地纠正幼儿的错误动作，只要做得基本符合要求即可。

（2）改进和提高动作的阶段。在前一阶段的基础上，通过经常不断的练习，幼儿的紧张动作或多余动作明显减少，身体的控制能力有所增强，能较顺利、较正确地完成动作，逐步形成动作概念。但此时，幼儿的动作还不稳定，不够熟练和巩固，在一些复杂、变化的情况下（如遇到新异的刺激或活动条件发生较大的变化等）仍较容易出现动作变形的现象，原有的多余动作或错误动作有可能随之重新出现。因此，在这一阶段，教师仍要让幼儿多进行实践和练习，并注意纠正他们的动作，帮助他们逐步掌握动作的细节部分，提高他们动作的节奏感，使幼儿能轻松自如、协调正确地完成动作，促使动作日渐完善。

（3）动作巩固和运用自如的阶段。在经常、反复练习的基础上，幼儿的动作更加准确、熟练与协调，同时还能较省力地完成动作，甚至出现动作的自动化（即在做动作时，不需要有意识地加以控制就能顺利、正确地完成）。因此，在这一阶段，教师组织练习的主要任务在于巩固和发展动作，可以经常加以复习，也可以进一步改变环境和条件，使幼儿在新的条件下自如地运用动作技能，提高动作的适应性。

动作技能形成的三个阶段是有机联系在一起的，各个阶段之间并没有明显的界限，是逐步过渡、逐步发展的。每个阶段的出现和持续时间的长短，与幼儿的发展水平、年龄特点以及动作特点、教师的教学方法等各种因素都有很大的关系，不能一概而论或统一规定要求。

二、学前儿童体育活动的组织原则

原则反映了规律，一定意义上我们可以将原则视为准则。学前儿童体育活动的组织，应遵循以下几方面的原则。

（一）全面性原则

全面性原则是指在儿童身体运动的过程中，应选择和安排全面的、多样的活动内容与方法，促进学前儿童全面和谐发展。它包含两层含义：一是指学前儿童体育活动应促进幼儿身心全面发展，即体育活动不仅要促进幼儿身体健康，而且要促进幼儿心理的健康和发展；不仅要增强幼儿的体质，而且要促进幼儿在认知、情感、态度、社会性和个性等方面的良好发展。二是指学前儿童体育活动应尽量使幼儿身体的各个部位、各器官系统的机能，各种身体素质和基本活动技能等，都得到全面协调的发展，避免身体锻炼的片面性和不均衡性。在开展体育活动中，贯彻这一原则时应注意以下几点。

(1) 在利用游戏等形式组织幼儿进行各类动作练习和器械练习时，应重视提高和发展幼儿的身体素质。

(2) 在高结构的体育活动中，要避免机械的动作练习和枯燥的身体素质专项练习，避免活动的小学化和成人化倾向。教师应注意选择多种内容和手段，灵活运用多种方法和组织形式，使幼儿的身体各部分都得到全面锻炼。比如，在以上肢活动为主的投掷活动中，可以结合跑、跳等活动内容来调节全身运动负荷的平衡。

(3) 在低结构化、幼儿自选的体育活动中，教师不仅要注意为幼儿提供丰富多样的活动器材和运动项目，而且要经常指导幼儿选择或更换不同的活动内容。

(4) 在体育活动中应培养幼儿积极参加身体锻炼活动的兴趣和习惯；帮助幼儿掌握粗浅的、有关身体锻炼的知识和技能，发展相关概念，丰富他们的认知经验；提高幼儿在身体活动中进行智力活动的能力和品质；培养幼儿团结、合作、负责、宽容、公平、分享等良好的社会情感和态度，提高幼儿的社会交往能力；培养幼儿勇敢、不怕挫折、持之以恒等良好的意志品质；养成幼儿活泼开朗的性格。

(二) 经常性原则

经常性原则是指幼儿园体育活动应贯穿在幼儿的一日生活之中，避免“三天打鱼，两天晒网”的现象。在具体落实这一原则时应注意以下几点。

(1) 每日让幼儿进行适当的身体锻炼活动，且保证幼儿在每日的户外活动中，参与体育活动的时间不少于一小时。幼儿只有每天坚持进行身体锻炼，才能促进身体的正常发育和机能的协调发展，增强体质，才能满足运动、娱乐、表现、交往等身心各方面的需要，促进心理和社会性的健康发展。

(2) 动静交替地安排幼儿的一日生活。一日生活中如果安静活动过多，容易导致神经细胞的疲劳；而如果身体运动过多(表现为身体练习间隔时间过短，运动时间过长)，则容易使机体过度疲劳，影响恢复效果。因此，安排和组织幼儿的一日生活要注意动静交替、急缓结合。这样不仅有利于保护幼儿的身心健康，也有利于提高幼儿身体锻炼的效果。

(三) 适量性原则

适量性原则是指在组织幼儿进行身体锻炼活动时，教师应注意合理安排、调节幼儿的身体和心理所承受的负荷量，以达到最佳锻炼效果，提高身体运动的能力，保证身心和谐发展。

这既是人体机能适应性规律的要求，也是人体机能活动变化规律的要求。在贯彻这一原则时应注意以下几点。

（1）要根据身体锻炼的内容、运动项目的特点以及幼儿年龄的差异，合理地确定身体锻炼的“量”，包括练习的次数、练习时间和间隔时间的长短、练习的密度、活动的强度等。一般来说，幼儿园体育活动应遵循高密度、低强度的原则，注重运动节奏的要求，使幼儿的身体锻炼保持在合理的负荷内。

（2）幼儿体育活动的运动量要从小到大逐步上升，并在活动结束前逐渐下降。比如，幼儿体操动作的练习，一般由活动量较小的头、颈部动作或上肢的伸展动作开始，逐渐过渡到扩胸、转体或体侧屈、腹背动作，再到活动量较大的全身和跳跃动作，最后是放松、整理动作。在其他类型的身体锻炼活动中，活动量同样也应遵循从小到大、再由大到小的过程。

（3）在组织指导时，教师讲解要精，幼儿练习要多。教师应安排好身体锻炼的组织环节，避免过多的排队及等待的时间。教师还应注意根据幼儿的个体差异，灵活地安排活动量，同时也要根据季节、气候、营养、卫生等条件灵活安排活动量。

（4）教师要注意合理安排和调节幼儿的心理负荷。一般在一次身体锻炼活动中，要注意新旧内容的合理搭配，新授内容的难度适中，活动中对幼儿所提的要求要合理。在安排活动时，其前半部分宜安排认知负荷较大的内容，后半部分则应安排趣味性较强、较激烈的活动内容和形式，使幼儿的情绪状态达到高峰，同时避免因情绪高潮出现过早而影响后面活动的顺利开展。此外，教师要注意自己的教态和教法，用积极的情绪、饱满的精神、富有兴趣和启发性的讲解以及准确、优美的动作示范，感染和激发幼儿参与体育活动的情绪。

（5）教师可以利用简便的观察法和测心率的方法，了解幼儿的运动负荷是否合理，以便灵活调节活动的内容和方法。活动中，幼儿心率为每分钟 130—160 次，恢复正常心率的时间为 3—5 分钟，是比较适宜的运动负荷参考数据。面色微红，汗量不多，呼吸中速、稍快，动作协调、准确，注意力集中，反应快，情绪愉悦，这些都表明幼儿正处于轻度疲劳状态，运动负荷也比较适宜。

（四）多样性原则

多样性原则是指学前儿童体育活动应灵活运用多种内容、多种形式和多种方法来展开。学前儿童体育活动的各种内容、形式和方法都有其自身的特点，任何一种内容、形式或方法都有其他内容、形式和方法所不可替代的作用。因此，期望用一种内容、一种形式和一种方法来完成全部的幼儿体育活动的任务是不可行的。为此，开展幼儿体育活动需要多种内容、形式和方法相互补充、相互配合、灵活运用。贯彻这一原则时应注意以下几点。

（1）学前儿童体育活动的基本内容包括基本动作的练习、基本体操的练习、体育游戏和运动器械的练习等。

(2) 学前儿童体育活动的组织形式包括早操活动、户外体育活动、集体体育教学活动、室内体育活动、野趣活动、亲子运动游戏等，还有其他形式的体育活动，如运动会、三浴锻炼、远足活动。

(3) 学前儿童体育活动的指导方法包括讲解示范法、练习法、语言提示和具体帮助法、游戏法、竞赛法、信号法等。

三、学前儿童体育活动的组织形式

学前儿童体育活动的组织形式应该是丰富多彩的，这有助于增强学前儿童参与运动的兴趣，使他们体验运动的快乐，提高身体素质，培养主体精神。同时，体育活动的组织形式还应根据教育改革的需要不断创新和变革。

(一) 早操活动

早操活动是学前儿童体育活动的一种基本的组织形式。早操活动是一日生活的开始，也是幼儿早晨入园后在教师的组织、引导下进行的专门性的身体锻炼活动。

1. 早操活动的意义

(1) 增强体质。早操活动一般都在户外进行，幼儿可以享受新鲜的空气和阳光。特别是冬季，在较寒冷的空气中进行适当的身体锻炼，可以有效提高幼儿机体对外界气温及其变化的适应能力，增强抗寒能力和抵抗力，减少呼吸道疾病的发病率。早操活动中的基本体操练习、体育游戏、慢跑、队列练习等活动内容，能使幼儿的运动系统、心肺系统得到有益的锻炼和增强，同时能提高幼儿身体动作的灵敏性、协调性和节奏感，并有助于幼儿形成良好的身体姿态。

(2) 振奋精神。早操活动可以消除睡眠后神经系统的抑制状态，激发和恢复幼儿机体的活动能力，使其逐步进入到较好的工作状态中，从而使幼儿精力充沛、精神饱满、情绪愉快地投入一日生活中。

(3) 培养纪律。在集体中进行走步、跑步、队形队列练习，在集体中进行基本体操练习，在集体中共同游戏、完成动作等，都是培养幼儿纪律的好机会。在集体活动中，幼儿可以学会克制自己，服从集体；学习交往、合作、分享；同时也可以发展集体归属感，培养亲社会的人格倾向。

(4) 锻炼意志。日复一日地坚持锻炼，有助于幼儿形成良好的生活习惯，使幼儿生活有规律；同时培养幼儿积极乐观的人生态度和对体育运动的爱好。尤其是夏天的炎热、冬天的寒冷以及身心在运动中所承受的压力，都有助于幼儿形成良好的意志品质，培养幼儿不怕困难、坚持不懈、持之以恒的精神。

2. 早操活动的内容

(1)慢跑或走跑交替的活动,尤其在冬季,常常是幼儿身体锻炼的重要组成部分;(2)一些简单的模仿动作、律动动作或愉快而简单的舞蹈;(3)幼儿基本体操的练习,这是幼儿早操活动中的主要内容,可以起到全面锻炼幼儿身体的作用。

3. 早操活动的组织及指导建议

(1)早操活动的时间一般在15分钟左右,活动量的安排不宜过大,一般由小到中等,再由中等到小。(2)在冬季气温较低时,幼儿的早操活动可以安排在上午较安静的教育活动之后进行,将其看作"课间操活动"。(3)早操活动的队列、队形练习要简单,主要是为幼儿做体操动作服务,不要一味强调队形的变换练习。(4)一般整个早操活动都会伴随音乐,要精选符合早操活动要求的音乐,特别要注意音响的清晰度和音量的适中性。(5)基本体操除了选用现成的、由专门人员设计的以外,教师还可以自行为本园本班创编具有一定特色的基本体操,甚至可以指导和帮助中、大班幼儿自己设计简单的基本体操。(6)在幼儿进行基本体操的练习中,教师不要过分强调幼儿动作(方向、角度、位置等)的统一性。

(二)户外体育活动

户外体育活动不仅仅是指在"户外"进行的体育活动。首先,与户外进行的"集体体育教学活动"相比,这里所说的"户外体育活动"是指非正规的、低结构化的幼儿体育活动。一般来说,它并不强调活动组织的严密性,教师大多采取间接指导的方式来组织和实施活动。而"集体体育教学活动"作为一种正规的、高结构化的体育活动,往往比较强调活动组织的严密性,教师主要采取直接指导的方式来组织和实施活动。其次,与户外进行的早操活动相比,户外体育活动在时间的安排上更为灵活,活动形式更加多样,活动内容也更为广泛。

1. 户外体育活动的意义

(1) 享受户外。幼儿在户外进行体育活动,不仅可以获得更自由的活动空间,享受阳光和新鲜空气,而且还可以满足自身对不同环境交替、不同活动交替、身心各部分动静交替的需要。

(2) 享受自主。幼儿在户外进行体育活动,能够弥补早操、集体体育教学活动等限制性较强的体育活动组织方式的不足,更好地满足幼儿的不同发展需要。同时,幼儿通过自由选择活动,能逐渐提高其自主、自律的意识及能力。

2. 户外体育活动的内容

(1) 利用环境和大型设施开展锻炼活动,如楼梯、操场、沙地、游泳池、游戏城堡、假山,甚至田埂、土坡、水沟、树林等。幼儿园可以根据自己已有的条件,合理开发和利用。

(2) 利用大、中、小型专业体育器械的锻炼活动,如攀登架、平衡木、沙包、绳子等。一般幼儿园都有各类器械,如果比较缺乏现成的器械,可以尝试利用各种替代性器械或自制器械。

(3) 利用各种替代性器械或自制器械进行锻炼活动,如桌子、板凳、梯子、轮胎、大纸箱等常见替代物。同时,教师也可以发挥聪明才智,利用废旧物,设计和制作各种具有一物多玩功能的小器械,如利用绸布制作降落伞,利用一次性餐盘制作飞碟,利用饮料罐制作高跷,等等。

(4) 各种体育游戏,包括由教师传授的和幼儿相互之间传授的,甚至是由幼儿自己临时“发明”的游戏。

3. 户外体育活动的组织

(1) 时间。户外体育活动一般有两个时段,一是晨间或上午的某个时间段,二是下午的某个时间段。如果在晨间进行户外体育活动,往往与早操活动连在一起。有的可以在早操活动前进行,有的可以在早操活动后进行。

(2) 场地。幼儿园在组织户外体育活动时,往往采用区域式的活动方式,即将户外场地划分成几个区域,如投掷区、跳跃区、钻爬区等,并在这些区域中投放相应的器械、材料。幼儿在活动中可以自由选择区域、材料、玩法和玩伴,并在各个区域间自由流动。

(3) 形式。区域式户外体育活动可以采用混班或混龄的形式。混班活动即在同一时间内同一年龄班的幼儿共同活动;混龄活动即在同一时间内两个以上年龄班的幼儿共同活动。混班或混龄活动的形式可以打破班级和年龄的界限,扩大幼儿的交往范围,培养幼儿与人交往的能力,促进幼儿社会性的发展。尤其是混龄活动,可以增强大年龄幼儿的自信心、自豪感和责任感,帮助小年龄幼儿获得更多的活动技巧,提高活动能力。

4. 户外体育活动的指导建议

(1) 尊重幼儿的自我选择,引导和帮助他们在活动中学会选择和与人交往。

(2) 关注活动时的安全,注意排除安全隐患。如在区域式户外体育活动中,投掷类器械应安排在边缘区域,教育幼儿不将器械对着同伴挥舞等。

(3) 对幼儿进行必要的引导和指导,包括引导和指导幼儿采用正确的活动方法、使用器械的方法、交往的方法以及帮助幼儿学会控制和调节活动量。例如,当某些幼儿的活动量较大时,教师可以引导他们参加较小活动量的活动,如走平衡板等;而对于不爱运动的幼儿,则应该鼓励他们选择活动量较大的项目,如跳羊角球等。

图5-5　户外活动

(三) 集体体育教学活动

学前儿童集体体育教学活动是指幼儿在教师有目的、有计划的指导下,发展动作、增强体质、增长知识、培养品德、发展能力和形成个性的过程。

1. 集体体育教学活动的意义

幼儿园集体体育教学活动是实现体育活动总目标的一种基本组织形式。它注重幼儿身体的全面锻炼与发展,力求促进幼儿智力、良好个性和社会适应性等的发展。为此,幼儿园集体体育教学活动具有自己的独特性,是学前儿童体育的重要组成部分。任何取消集体体育教学活动或忽视集体体育教学活动的做法都是不正确的。

2. 集体体育教学活动的特点

(1) 幼儿园集体体育教学活动与其他集体教学活动的区别。幼儿园集体体育教学活动主要是通过身体练习来实现教学目的的,它需要身体各部位的直接参与。幼儿处在不断的运动状态中,身体和情绪都比较活跃。而幼儿园其他内容的教学活动主要通过思维活动来完成教学任务,身体和情绪相对处于比较稳定的状态。幼儿园集体体育教学活动必须合理安排运动负荷,运动负荷是否恰当,是决定体育学习与锻炼效果的主要因素之一。同时,幼儿园集体体育教学活动还特别需要注意保育工作。而在其他内容的教学活动中,儿童一般很少从事大运动量的身体活动,因此不存在专门考虑运动负荷的问题。集体体育教学活动一般在户外进行,环境比较复杂,干扰因素多,幼儿注意力易分散,情绪易受影响,安全问题也比较突出,比起其他内容的教学活动来说,在组织工作中需要额外考虑一些特殊问题和困难。

(2) 幼儿园集体体育教学活动与学校集体体育教学活动的区别。游戏性仍然是幼儿园集体体育教学活动的重要特点,而在学校集体体育教学活动中,游戏性不再作为主要的活动组织特点。幼儿园集体体育教学活动主要是让幼儿获得基本的活动能力,促进幼儿身体均衡发展,培养他们积极参与运动的兴趣,而非掌握专项运动技术。幼儿园集体体育教学活动的运动负荷特点是强度较小、密度较大、急缓相间、动静交替。幼儿园不进行体育知识考试和技能达标测验。

3. 集体体育教学活动的组织

(1) 开始部分(也称准备部分)。主要任务是迅速将幼儿组织起来,集中幼儿注意力,做一些必要的身体准备活动,并从心理上调动幼儿参与活动的积极性和愿望。该部分的时间不应过长,通常以幼儿身体舒展以及情绪逐渐激昂为宜。

(2) 基本部分。主要在于完成此次集体教学活动的教育、教学任务,如新授的、有一定难度的内容以及高度兴奋、活动量较大的游戏活动等。该部分的时间相对较长,一般一次集体体育教学活动的大部分时间都分配在此阶段中。

(3) 结束部分。主要任务在于缓解幼儿身心高度兴奋或紧张的状态,有组织地结束一次集体体育教学活动。它可以包括做一些身体放松的活动或动作,以及对本次活动的简单小结。该部分一般也比较简短,所用时间不长。

4. 集体体育教学活动的指导建议

(1)注重对幼儿进行全面、和谐的教育,既发展幼儿的运动能力,同时又发展幼儿的智力、个性和社会适应性;(2)合理安排运动负荷,包括生理负荷和心理负荷;(3)注意活动的游戏化,使幼儿获得良好的情感体验;(4)面向全体,注意个别,对不同水平的幼儿可以有不同要求,让每一个幼儿都能在自己原有基础上得到发展,获得成功。

(四) 室内体育活动

室内体育活动是指在教室或专门的体育活动室内进行的体育活动。目前一些有条件的幼儿园已经开设有专门的体育馆、室内泳池、舞蹈房或体操房、室内攀岩墙、室内海洋球池、室内旱冰场、感觉统合活动室等。

1. 室内体育活动的意义

由于特殊地域的气候条件、特殊运动项目的要求或出于对特殊器械维护的考虑,有些体育活动安排在室内进行更有利。而且,室内体育活动条件保障了幼儿在阴雨、寒冷、炎热等季节继续锻炼的需求。

2. 室内体育活动的内容

(1)各种球类活动;(2)室内大型器械活动,如充气城堡、翻斗乐、蹦床、海洋球池等;(3)创造性身体表现活动,如舞蹈、体操、身体探索活动等;(4)体育游戏活动;(5)中、小型器械活动,如跳绳、平衡板、小隧道、垫上运动,以及各种感觉统合活动器材等。

3. 室内体育活动的组织及指导建议

(1)根据场地大小安排幼儿人数,避免过于拥挤;(2)要求幼儿注意安全,不干扰他人活动;(3)教师要提供适宜的室内活动器械,以及准备能够引发和丰富幼儿创造性活动的材料与音乐;(4)可以组织并指导幼儿自己布置和整理场地、器材。

(五) 野趣活动

幼儿园野趣活动是指利用周围自然环境中可锻炼身体的因素,进行挑战自我、回归自然的身体活动。

1. 野趣活动的内容

大自然中可用于锻炼身体的自然环境和因素有很多,如宽阔的大草坪、疏密不同的树林、形状各异的小桥、高低起伏的山坡,还有沙地、海滩、泥地、乡间小道以及新鲜的空气和充足的阳光等。学前儿童在大自然的怀抱中用自己喜欢的方式尽情玩耍,既强健身体,又陶冶情操。

2. 野趣活动的特性

野趣活动是在自然环境中进行的,活动材料简便丰富;活动环境多样,对幼儿具有一定的挑战性;活动方式、活动时间和空间有趣味又富有开放性,幼儿的运动欲望得到充分满足。

3. 野趣活动的组织与指导建议

活动环境应体现安全性、适宜性和挑战性的特点;根据不同季节、天气状况设计野趣活动主题;携带外出必备用品,如遮阳帽、茶水、医药箱等;外出活动前需进行安全教育;外出活动的安排需及时告知家长,得到家长的支持与配合;渗透环保教育,培养幼儿良好的社会公德。

(六) 亲子运动游戏

随着家庭教育的重要性越来越受到肯定和认识,家(家庭)、园(学前教育机构)合作共育的新模式日渐成熟。幼儿园必须充分挖掘和发挥家长资源,以更好地促进学前儿童全面和谐发展。亲子运动游戏就是一种典型的家园共育活动。亲子运动游戏是指孩子与家庭成员间共同开展的以生动、有趣的体育游戏为主的一项活动,它是儿童游戏的一种重要形式。在亲子运动游戏中,幼儿是活动的主体,家庭成员起指导作用。

1. 亲子运动游戏的意义

亲子运动游戏对促进学前儿童的成长具有特殊而长远的意义。从学前儿童的生长发育来看,亲子运动游戏能让学前儿童和家长保持愉快、兴奋的情绪,从而激发身体细胞的活力。亲子游戏更能调动学前儿童的身体机能,促进运动能力的发展,对健康极有益处。从心理发展来看,亲子运动游戏能进一步促进家庭成员间的情感交流,健全学前儿童的人格发展,并直接影响其对外部世界和社会人际关系的认识。

2. 亲子运动游戏的特性

有趣的亲子运动游戏,有助于增强亲情间的融洽性,增加家庭成员彼此之间的感情;亲子运动游戏的材料简单而方便,可以是生活中随处可见的物品;亲子运动游戏的时间、地点不受限制,具有较大的随机性。

3. 亲子运动游戏的内容

不同年龄阶段的幼儿喜爱和适宜的运动游戏有所不同。0—2 岁的幼儿年龄小,在游戏中动作多为重复动作,通常伴随着语言和儿歌,游戏持续时间不宜过长。2—3 岁的幼儿多以自我为中心,但独立玩耍的能力还不强,一些模仿动作的游戏比较适合他们。3—4 岁的幼儿乐于尝试跑步、跳跃、滚动等身体动作,游戏中要提供足够的空间,并让幼儿大胆探索,发挥他们的想象力和游戏主动性。4—5 岁的幼儿身体各方面的发展已十分灵活和协调,可以运用一些活动性强的游戏,如开展小器械的运动游戏来锻炼他们运用身体的技巧。5—6 岁的幼儿规则意识强,应注意安排一些玩法多样、具有竞争性和挑战性的运动游戏,并在游戏中给予其自主选择的权利和机会。

4. 亲子运动游戏的指导建议

幼儿园要经常开展亲子运动游戏,教师要调动家长参与亲子运动游戏的积极性。在游戏开展过程中,教师应及时将幼儿园和家庭中的教育内容、教育形式进行时间与空间上的迁移,教师要加强对家长和幼儿的随机指导。同时,在游戏中注意渗透规则意识,培养幼儿良好的个性品质。

(七) 其他形式的体育活动

其他形式的幼儿园体育活动有很多,如运动会、三浴锻炼、远足活动等。这些体育活动组织形式既丰富了幼儿园体育活动组织形式,也提高了幼儿的运动兴趣。幼儿园可以根据自己现有条件和特点对这些活动形式加以选择与运用。

1. 运动会

幼儿园运动会可以提高幼儿参与体育锻炼的兴趣;使教师了解他们体育学习与锻炼的效果;增加幼儿相互交往和交流的机会,增进团队精神;同时促进幼儿园日常体育工作的开展,向家长提供了解自己子女发展情况和幼儿教育情况的机会。

幼儿园运动会的主要内容包括体育表演、体育竞赛、体育娱乐三种类型的活动。其中,不仅有幼儿参与,也可以有教师、家长和社区有关人员参与。

幼儿园运动会参与人员众多,活动内容丰富,所以涉及的管理、服务工作比较繁杂,组织工作比较繁重。在组织运动会时应注意:(1)面向全体,人人参与,重在娱乐;(2)重在平时,不进行突击;(3)体育竞赛中以集体和合作的项目为主,注重团队精神的培养;(4)注意运动卫生和运动安全,专职人员做好防范意外的充分准备;(5)事先通知家长和其他参与人员,使他们了解如何配合教师、支持幼儿活动的重要事宜;(6)幼儿园运动会一般安排在春、秋两季,也可以和两季的节日整合起来进行。

2. 三浴锻炼

三浴锻炼主要包含空气浴、日光浴和水浴。三浴锻炼可以通过自然界中的空气、日光和水给幼儿的机体带来不同刺激,增强幼儿对环境变化的适应能力,提高身体素质,培养积极的个性品质。

三浴锻炼往往安排在一个时段内连续进行,如在户外活动进行空气浴和日光浴,然后进行温水浴。三浴锻炼既可以利用自然因素有意识地展开,也可以和幼儿园日常活动相结合,如户外活动、开窗睡眠、玩水淋浴等。

在组织三浴锻炼时应注意:(1)根据当地气候和季节特点以及幼儿园条件等客观情况,认真制定、适时调整锻炼的时间和具体内容;(2)注意锻炼的循序渐进性;(3)专职人员做好安全保障工作;(4)培养幼儿安全意识,建立必要的安全行为规范。

3. 远足活动

远足活动让学前儿童走出幼儿园，走向更广阔的天地，不仅能够增强幼儿体质，而且加强了幼儿与大自然和社会的接触，还能陶冶情操，开阔视野，丰富心智。

远足活动可以结合春游、秋游、参观访问等活动进行，主要强调幼儿徒步持续行走一段路程。远足活动组织中应注意：(1)根据幼儿实际情况，循序渐进；(2)注意安全教育，防止幼儿过度疲劳，路途较远时，必须准备应急药品或有医务人员随行；(3)结合沿途景象进行随机教育。

拓展阅读

《3—6岁儿童学习与发展指南》健康领域中动作发展的目标

表5-2　目标1　具有一定的平衡能力，动作协调、灵敏

3—4岁	4—5岁	5—6岁
1. 能沿地面直线或在较窄的低矮物体上走一段距离。 2. 能双脚灵活交替上下楼梯。 3. 能身体平稳地双脚连续向前跳。 4. 四散跑时能躲避他人的碰撞。 5. 能双手向上抛球。	1. 能在较窄的低矮物体上平稳地走一段距离。 2. 能以匍匐、膝盖悬空等多种方式钻爬。 3. 能助跑跨跳过一定距离，或助跑跨跳过一定高度的物体。 4. 能与他人玩追逐、躲闪跑的游戏。 5. 能连续自抛自接球。	1. 能在斜坡、荡桥和有一定间隔的物体上较平稳地行走。 2. 能以手脚并用的方式安全地爬攀登架、网等。 3. 能连续跳绳。 4. 能躲避他人滚过来的球或扔过来的沙包。 5. 能连续拍球。

表5-3　目标2　具有一定的力量和耐力

3—4岁	4—5岁	5—6岁
1. 能双手抓杠悬空吊起10秒左右。 2. 能单手将沙包向前投掷2米左右。 3. 能单脚连续向前跳2米左右。 4. 能快跑15米左右。 5. 能行走1公里左右(途中可适当停歇)。	1. 能双手抓杠悬空吊起15秒左右。 2. 能单手将沙包向前投掷4米左右。 3. 能单脚连续向前跳5米左右。 4. 能快跑20米左右。 5. 能连续行走1.5公里左右(途中可适当停歇)。	1. 能双手抓杠悬空吊起20秒左右。 2. 能单手将沙包向前投掷5米左右。 3. 能单脚连续向前跳8米左右。 4. 能快跑25米左右。 5. 能连续行走1.5公里以上(途中可适当停歇)。

另外,在《3—6岁儿童学习与发展指南》中,将3—4岁和4—5岁"喜欢参加体育活动"以及5—6岁"能主动参加体育活动"的目标放在"具有良好的生活与卫生习惯"的发展目标之中,这充分体现了视体育活动兴趣与习惯为良好的生活习惯的现代保育理念以及终身体育的健康理念。

案例

赶"小猪"[①]

活动目标

在草地上尝试团身、侧身翻滚。

环境创设

大草坪;废旧的纸袋上贴上猪的造型并制成衣服;纸棒。

观察与指导

(1)"小猪"在草地上四散爬行觅食。

(2)"小猪"在泥地里玩打滚游戏(团身、侧身翻滚)。

(3)幼儿自由结伴。两人一组做"赶小猪"的游戏:"小猪"穿上衣服在草地上侧身翻滚。"赶猪人"手拿小棒把"小猪"赶回家。

教师提醒侧身翻滚时头部不着地。

建议

注意在翻滚中避免相互碰撞。

案例

过水塘[②]

活动目标

(1)探索用各种方法玩纸板,提高动作的协调性。

(2)积累与同伴合作玩游戏的经验。

环境创设

(1)丰富幼儿有关下雨时地面积水的生活经验。

① 郑艺.运动·快乐·健康——幼儿快乐运动教学探究[M].上海:上海教育出版社,2005:96.
② 郑艺.运动·快乐·健康——幼儿快乐运动教学探究[M].上海:上海教育出版社,2005:30.

(2) 纸板若干、音乐。

观察与指导

(1) 幼儿听着“雷声”“雨声”，与同伴做各种民间游戏(“落雨喽，打烊喽”等)。

(2) 幼儿自由玩纸板。

引导语：地上有很多水塘，我们试试用什么办法过水塘，不弄湿鞋子。

幼儿探索用纸板过“水塘”的方法(教师观察并及时鼓励动脑筋的幼儿)。

提示：把每块纸板分开一点放，然后用力跨过去。也可独自前后移动纸板跳过。

(3) 游戏：上学去。

引导语：小朋友要上幼儿园了，可是刚下过雨，水塘很多，怎么办?

幼儿尝试与同伴合作用纸板搭小路走(及时鼓励配合默契的幼儿)。

幼儿分组合作进行比赛，看哪一队最快过水塘。

教师根据幼儿的兴趣和活动量来控制游戏次数。

(4) 放松活动：师生共同整理器械。

案例

蒙眼滚轮胎[①]

活动目标

(1) 根据信号滚轮胎，促进身体协调发展。

(2) 愿意尝试具有挑战性的玩法，感受成功的喜悦。

环境创设

软场地；不同尺寸的轮胎、不透明或半透明眼罩、音乐。

观察与指导

(1) 幼儿做轮胎操活动身体。

(2) 尝试轮胎的多种玩法。

引导语：怎样才能推得又快又稳?

---

① 郑艺.运动·快乐·健康——幼儿快乐运动教学探究[M].上海：上海教育出版社，2005：49.

观察幼儿的各种玩法,帮助有困难的幼儿。

交流分享:展示各种推滚方法。

(3) 尝试新玩法:蒙眼推滚轮胎。

引导语:小朋友试一试,戴上眼罩推滚轮胎行吗?

观察幼儿蒙眼罩推滚轮胎的情况,鼓励胆小的幼儿克服困难勇敢尝试。

(4) 合作推滚轮胎。

两人合作,一人蒙眼,一人发信号,蒙眼者尝试辨别同伴信号的方位并推滚轮胎。

两人合作边推滚轮胎边运小球。

引导语:将小球放在轮胎的内侧,听同伴的指引,向指定方向运送。

(5) 放松活动:师生共同整理器械。

案例

杂技演员[1]

活动目标

探索头顶轻物向前走、倒退走、绕过障碍走,提高身体的平衡能力。

环境创设

草编茶杯垫、装水的饮料瓶若干。

观察与指导

幼儿和家长把茶杯垫放在头顶或额头上,然后向前走、倒退走、绕过饮料瓶曲线走,以茶杯垫不落地和人不碰倒两旁的饮料瓶为胜。

活动建议

(1) 茶杯垫也可用其他轻巧物品代替。

(2) 茶杯垫亦可放在脚背或肩膀上做游戏。

(3) 游戏熟练后,还可绕障碍物曲线或加速跑。

---

① 郑艺.运动·快乐·健康——幼儿快乐运动教学探究[M].上海:上海教育出版社,2005:137.

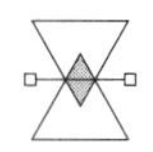

教与学的建议

1. 教师可带领学生参观当地一所幼儿园，指导学生观看幼儿园现场活动，如早操活动、户外体育活动、集体体育教学活动等，增加学生对学前儿童体育活动组织的感性认识。

2. 学生可以自主学习《3—6岁儿童学习与发展指南》中健康领域的内容，对学前儿童动作发展目标有所了解，并在此基础上讨论如何结合幼儿园一日生活开展适宜幼儿的运动。

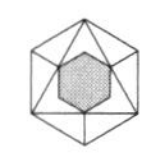

本章思考题

1. 简述学前儿童体育的内涵。
2. 论述学前儿童体育的价值。
3. 简述学前儿童体育的特点。
4. 学前儿童体育在实施中需遵循哪些规律?
5. 学前儿童体育活动各组织形式有哪些指导要点?

第六章　学前儿童饮食营养教育

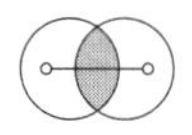

知识要点

- 营养的基本概念
- 学前儿童饮食营养教育的内容
- 学前儿童饮食营养教育的实施

进入 21 世纪，人们更加关心如何提高人的素质，因为人类社会物质文明和精神文明的发展都有赖于人的素质的提高。身心健康是人的素质的必备条件，而充足合理的营养又是保证人身心健康的重要基础。对于生长发育迅速的学前儿童而言，帮助他们树立正确的营养观念，形成良好的饮食卫生习惯，是学前儿童健康教育的基本内容之一，也是学前儿童全面发展的重要保证。

第一节　营养与健康概述

一、营养的含义

“营养”这个词在日常生活中的使用频率较高，人们常常将“营养”理解为食物中营养素含量的多少和质量的好坏等。例如，人们会说某种食物“营养丰富”。实际上，“营养”其原有的含义是“谋求养生”，即机体从外界吸取养料以维持生命活动的整个过程。由此可以看出，“养料”和“营养”是含义不同的两个词。“养料”是指食物中某些对机体养生有用的物质，“营养”则表示机体摄取养料的行为和过程。而在当前人们对“营养”这个词的习惯用法中，其含义既指“食物中某些对机体养生有用的物质”，同时也包含“机体摄取养料的行为和过程”。

食物中所含有的能维持人的机体健康、提供身体生长发育以及进行活动所需要的各种营养成分即为营养素。营养素通常可以分为六类，即碳水化合物（又称糖类）、脂类、蛋白质、维生素、无机盐(又称矿物质)、膳食纤维和水。各种营养素通过相互作用,提供人类所需的能量,构建身体各部分的组织,调整食物在身体中的消化、吸收和代谢,维护身体健康和成长。个体的生存、生长、保持健康以及从事任何活动所需的能量都需要由营养素来供给。

学前儿童生长发育迅速,新陈代谢旺盛,所需的各种营养素和能量相对比成人要多。为了满足学前儿童对营养素和能量的需要,必须通过每日膳食向他们提供一定数量的各种营养素。幼儿园为学前儿童提供符合营养卫生要求的膳食,并与学前儿童家庭的膳食相互配合,能有效满足学前儿童的营养需要,促进学前儿童身心的健康发展。

拓展阅读

健康饮食金字塔

均衡饮食是维持健康的要素,我们可以依照"健康饮食金字塔"的原则饮食,以谷物类为主,并多吃蔬菜及水果,进食适量的肉、鱼、蛋和奶类及其替代品,减少盐、油、糖分;并以去肥剩瘦,多采用低油量的烹调方法,如蒸、炖、炆、焓、白灼等,减少煎炸,以保证饮食均衡、促进健康。

1. 进食正确的食物种类

不同食物有不同的营养价值,因此身体不能从单一食物中得到全部所需营养素。根据"健康饮食金字塔",我们需要进食各大类别食物,同时也要进食每一大类别中的不同食物,以吸收各种营养素,满足身体所需。

2. 进食适当的分量

进食太多或太少都不利于身体健康,我们的身体每天需要一定分量的营养素来维持最佳状态。如果进食不足,就很可能出现营养不良或相关营养缺乏的症状;相反,若进食过量,则可导致营养过多或增加肥胖的机会。因此,要维持身体健康,我们需进食合适的分量。

图 6-1 健康饮食金字塔

食物能为我们提供营养,而营养能够用于修补旧组织、增生新组织、产生能量和维持生理活动。

二、营养与健康的关系

健康可看作是在正常情况下机体能与内外环境保持平衡和协调的状态。人的健康状况受多种因素的影响,如人们所处的经济地位、文化水平、生活和工作环境、生活方式和生活习惯、人际关系以及合理、均衡的营养状况等。在这些因素中,营养是不可或缺的物质前提。

营养与健康有着十分密切的关系。人类从胚胎期开始直到生命止息都需要营养。合理的营养可以增进健康,营养失调则会引起疾病。例如,营养与优生之间的关系甚为密切。研究表明,营养状况的好坏对胎儿脑细胞的发育有着重要的影响。如果怀孕期母亲营养严重不良,婴儿出生时脑神经细胞的数目将比正常的数目少15%。婴儿出生后的最初6个月,如果严重营养不良,脑神经胶质细胞的数目也要大大减少。所以,营养是保证学前儿童生长发育的物质基础。只有保证合理、均衡的营养,才能让学前儿童生长发育过程中的同化过程超过异化过程,从而得以健康成长。

营养与许多疾病的发生和发展都有直接或间接的关系。例如,缺铁会患缺铁性贫血,缺维生素D、钙、磷会引起佝偻病或骨骼畸形等;而营养过剩或不均衡也会引起疾病,如肥胖病等。

营养与长寿的关系也很密切。平时重视饮食保健可以防止早衰,而长期营养不良会影响人的身体健康,也会缩短人的寿命。

拓展阅读

《儿童零食通用要求》

2022年,中国副食流通协会正式发布了最新版的《儿童零食通用要求》。标准的目的是规范市场、提高效率,对儿童零食市场的进一步规范起到积极作用。相较针对普通零食的标准,该要求为儿童零食在营养健康和安全性方面的规划提供了研发依据,不仅提升了食品安全底线,更针对儿童群体制定了更高的安全要求、营养要求、情感要求方面的指导建议。

第二节 学前儿童饮食营养教育的目的和内容

一、学前儿童饮食营养教育的目的

饮食营养教育就是通过有计划、有组织、有系统的教育活动,帮助人们形成有关营养的正确观念，使其能根据季节、市场供应、个人口味及经济状况选择合适的食品，制订均衡膳食计划，懂得建立合理的饮食环境，自觉形成良好的饮食卫生习惯。在现代健康观的大背景下，人们的营养观正发生着巨大的变化。作为人类的未来，学前儿童的营养状况与未来社会的发展、民族的兴旺息息相关。世界卫生组织的哈夫丹·马勒博士曾经说过："儿童健康的投资，对于推动社会发展、提高生产力和改善身体素质，是一个直接的突破口。"饮食营养教育作为健康的投资，是学前儿童健康教育的重要组成部分，同样，对其知识、态度和行为的改变也有着重要的价值。

（一）学前儿童饮食营养教育的身体健康价值

营养是人类摄取食物、满足自身生理需求的过程。学前儿童处于生长发育最关键的时期，所需营养成分和标准较成人更高。如果缺乏合理的营养，没有良好的饮食行为习惯，其健康水平就会下降，甚至造成贫血、缺钙、肥胖等营养性疾病。因此，学前儿童饮食营养教育可使学前儿童了解各种食物具有不同的味道和营养成分，这些营养成分可以给自己的生长发育提供丰富的物质基础，从而使学前儿童乐于尝试不同食物；培养学前儿童良好的饮食习惯，使其能够按时进餐、合理进餐、均衡营养，并帮助学前儿童掌握饮食的方法和技能；同时让学前儿童了解一定的饮食礼仪和饮食文化，以促进学前儿童营养的获得和吸收，从而保护和增进学前儿童的身体健康。

表 6-1　幼儿园一周菜谱示例

周一 ▶ 早点：花色饼干　牛奶 ▶ 午餐：松仁鸡丁　芝麻菠菜　西葫芦蛋花汤 ▶ 米面搭配：核桃蜂糕 ▶ 早点水果：小芭蕉 ▶ 午点：葡萄蛋糕　美味虾皮粥	周二 ▶ 早点：花色饼干　牛奶 ▶ 午餐：香菇肉丁鲜虾烧卖　牛肉罗宋汤 ▶ 米面搭配：鸡毛菜蛋丝炒饭 ▶ 早点水果：哈密瓜 ▶ 午点：芝麻饼　巧克力牛奶西米露
周三 ▶ 早点：花色饼干　牛奶 ▶ 午餐：虾子大乌参　蒜蓉米苋　炫彩豆腐蛋花羹 ▶ 米面搭配：葱油卷 ▶ 早点水果：苹果 ▶ 午点：肉松饼　赤豆血糯粥	周四 ▶ 早点：花色饼干　牛奶 ▶ 午餐：锦绣蛋丁　清炒芥蓝　七星鱼丸汤 ▶ 米面搭配：巧克力刀切 ▶ 早点水果：火龙果 ▶ 午点：素火腿　香芋水果羹
周五 ▶ 早点：花色饼干　牛奶 ▶ 午餐：蛋包饭　奶油玉米浓汤 ▶ 米面搭配：炒面 ▶ 早点水果：金果 ▶ 午点：蔬菜包　紫薯米仁汤	

（二）学前儿童饮食营养教育的身心发展价值

对学前儿童来说，经验的获得、技能的学习、概念的形成都离不开活动，离不开生活。在饮食营养教育活动中，学前儿童能体验、感知食物的特性，加深对事物的了解和认识，丰富其生活经验。因此，学前儿童饮食营养教育的作用不仅只在于体现营养本身的价值，而且对学前儿童的全面发展具有积极的意义。

1. 饮食营养教育促进学前儿童感官的发展

皮亚杰十分重视认识主体在认知发展中的作用，他认为人的发展是主体与环境相互作用的过程。皮亚杰主张儿童要高度活动，他们的活动影响他们的发展，认知的发展始于动作。皮亚杰认为，为了认识客体，主体一定要作用于客体，变换客体；主体必须把客体移动、连接、组合、拆开和重新装配。饮食营养教育，正是儿童在与环境、食物、同伴、成人的接触中，通过视觉、触觉、味觉和嗅觉等手段了解食物的属性，借助于闻闻、尝尝、触摸感知食物的质地，凭借着观察了解食物的外表、形态及其变化的教育。这些不同的认知方法、手段刺激强化了学前儿童的感官，提高了他们的感知能力。如在“丰富的调料”这个活动中，儿童通过尝尝、闻闻各种调料，提高味觉和嗅觉的分辨能力；又如“认识面”的活动，让儿童参与面的制作(切、拌、揉)，使其在和面、擀面、学做面制品等一系列由感官参与的活动中，对“面”有了更为充分的认识。所有类似的活动都能促进学前儿童大、小肌肉协调能力的发展，使手的活动更灵巧，并在积累感觉运动经验的同时，大大促进了认知能力的发展。

2. 饮食营养教育促进学前儿童语言的发展

学前儿童的语言发展十分迅速，尤其是口语的发展。但是，语言的学习和发展离不开他们的生活环境。而食物是学前儿童天天接触、十分熟悉的东西，很容易引起他们说的愿望。在饮食营养教育活动中，学前儿童在认识食物的同时，还能学说各种食物的正确名称(如青菜、鱼、虾)、餐具的名称(如碗、盘子、勺子)，掌握一些基本的量词(如一碗、一口、一条、一块)，了解常用的食物制作术语(如炒、煎、蒸)等。在活动中，学前儿童可以运用语言将自己的生活经验与同伴、教师进行沟通、互动、交换，倾听或诉说关于食物的故事。如“冬瓜冬瓜像个胖娃，黄瓜黄瓜像个月牙，西瓜西瓜穿着花褂，丝瓜丝瓜最淘气了，爬上屋顶睡觉了”，这首儿歌形象地描述了食物的外形特征，念起来朗朗上口，再赋之以动作，儿童十分喜爱。正是由于外界环境因素的刺激和强化，学前儿童很容易产生运用语言与人、事、物交往的积极性。学前儿童此时的语言学习不再是被动的、枯燥的、机械的训练，而成为了一种内在的需求。饮食营养教育活动为学前儿童创设了说话的情境，为他们积极主动地运用语言提供了机会。

3. 饮食营养教育促进学前儿童认知的发展

在学前儿童生活的环境中，经常接触关于事物的数、量、形状、类别、顺序、空间、时间等数的知识，以及事物的一些物理、化学的变化，这些都会引起儿童的好奇和探索。饮食营养教育活动则能帮助学前儿童认识事物，探索科学的奥秘，使一些枯燥的数学知识、深奥的科学概念变得生动有趣。如在“认识豆腐干”的系列活动中，除了让儿童学习食物本身的特征外，还可以进行大小、排序、分类的活动。在这些与食物直接接触的过程中，儿童不仅对食物的营养价值有所了解，而且能认识各种食物的形状、颜色，可以给食物进行分类，感知食物的不同特征（轻重、软硬、粗糙和光滑等）、不同形态（固体、液体）及不同的烹调方法，还可以给餐具配对，掌握简单的生活知识。这些内容为促进学前儿童思维的发展提供了丰富的刺激，同时也能激发他们主动探索，发现生活奥秘的愿望，满足发展的需要，提高解决问题的能力，真正使他们的认知得以发展。

此外，学前儿童饮食营养教育的价值，还体现在促进学前儿童社会性发展、情绪情感发展等方面。

二、学前儿童饮食营养教育的内容

学前儿童饮食营养教育的重点在于让学前儿童了解人的成长与身体的健康必须依靠食物；懂得身体需要多种营养素，喜欢吃多种不同的食物；初步了解烹调食物的基本方法，养成良好的饮食卫生习惯；了解不同地区饮食文化的多元性。学前儿童饮食营养教育的具体内容如下。

（一）认识食物的名称、形状、色彩、性质

在学前儿童接触食物的过程中，让他们学习食物的正确名称，观察食物的各种形状、质地、味道，欣赏食物的天然色彩及食物经过加工调配组合后的色彩。

（二）知道营养素与人体健康的关系

让学前儿童了解人体需要的基本营养素，这些营养素可以从哪些食物中获得，以及各种营养素与人体健康的关系，从而形成广泛摄取食物、保持身体健康的饮食营养意识。

（三）建立良好的饮食行为习惯

让学前儿童了解不良的饮食行为习惯对人体健康的危害，通过反复提醒、练习，帮助他们建立良好的饮食行为习惯，如饭前洗手、饭后漱口、安静用餐、不吃不洁食物、不乱吃零食、不暴饮暴食等。

（四）掌握饮食的方法和技能

让学前儿童在饮食过程中掌握基本的方法和技能，如正确使用勺子、筷子的技能，拆、吐鱼肉骨头的技能，剥虾壳的技能，吃面的技能，在自助餐、聚餐等不同场合的进餐方法等，从而提高学前儿童的饮食自理能力。

(1)

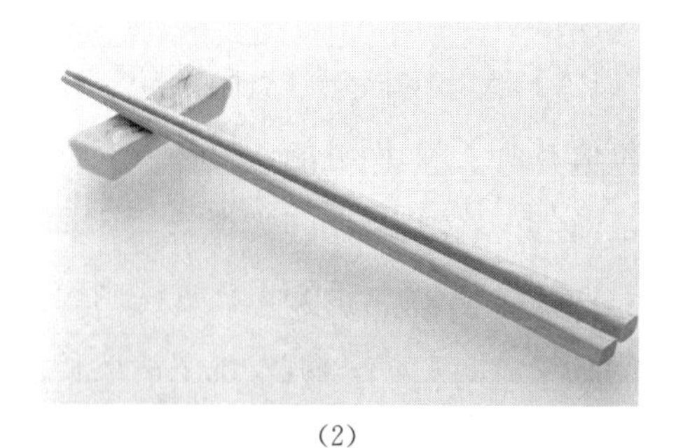

(2)

图6-2 使用餐具

(五) 了解民间饮食文化及风俗习惯

可以结合各种节日,让学前儿童品尝我国以及各国民间流传至今的食品,通过故事了解民间的饮食文化和风俗习惯,培养他们对祖国饮食文化的热爱,同时扩大他们的视野,使其了解多元饮食文化。

拓展阅读

中国民间节令的食俗

1. 春节食俗

春节是中华民族的传统节日。

春节正值我国的冬末春始,气温很低,便于食物的保存,因此许多地方用盐渍物来保存食物(俗称腊鱼、腊肉等),其味长、香厚,有其特别的风味。

2. 元宵食俗

元宵的食、饮大多以"团圆"为旨,有小圆子、汤圆等。各地风俗有一些差异:如东北在元宵节爱吃冻果、冻鱼肉,广东的元宵节喜欢"偷"摘生菜,拌以糕饼煮食以求吉祥。

3. 清明食俗

公历4月5日前后的清明节,主题为"寒食"与扫墓。清明吃寒食,不动烟火,生吃冷菜、冷粥,如今因生活水平提高,多吃卤菜等。

4. 中元节食俗

中元节也叫"祭祖节",每年农历的七月十五日,是佛、道两教的祭祀亡灵的节日。因地域不同而食俗也不一样。有些地方捏"面人"祭祖宴客,有些地方以酒肉筵席"请祖”等。

5. 中秋节食俗

中秋节在农历八月十五日。中华民族对中秋节十分重视。中秋节主要的食物是“月饼”，象征团圆、吉祥，子辈给父辈送月饼，朋友之间互送，等等。月饼花色品种繁多，风格各异。

中秋节还有“赏月”的活动，伴随这些赏月活动的还有许多中秋食品，如藕、香芋、柚子、花生、螃蟹等在中秋时节最为鲜美。少数民族也非常看重中秋节，有各种中秋活动，品尝各种风格独特的中秋食品：如傣族就会围坐饮酒，品尝腌蛋和黄鳝干等。

6. 重阳节食俗

重阳节也称“敬老节”或“老人节”。在农历的九月九日，故名为重九或重阳。重阳节的食物大都是以奉献老人为主，如花糕；重阳节意在祝福老人、避邪躲灾、祈求健康，因此食俗也围绕这些方面而成一种较为独特的文化体系。

7. 冬至节食俗

冬至节也称“贺冬节”，民间曾有“冬至大如年”的说法。但各地的庆典方式有异，大多是因为冬至是吉日，所以有祭祖庙会等活动。伴随这些活动的食俗为：喝米酒，吃长寿面、冬至肉、冬至团、馄饨。

8. 腊八节食俗

腊八节又称“腊日祭”，原是古代庆丰收酬谢祖宗的节日，现一般认为是驱寒、祭神和辞旧迎新，伴随这些活动的食俗为熬腊八粥和举行家宴。腊八粥也称“五味粥”“七宝粥”，由各种米、豆、果等 4—7 种原料煮成，真正上好的“腊八粥”具有健脾、开胃、补气、养血、御寒等功能。

9. 灶王节食俗

灶王节也叫“谢灶节”“辞灶节”，一般为农历腊月二十三或二十四。不同的地方过节的方法不太一样，大部分地区为“过小年”，北方一般包饺子，南方准备打年糕、备年货了。

10. 除夕食俗

农历岁末最后一天的晚上为除夕，这是我国众多民族共有的节日，流行于全国各地。除夕守岁，千年流传。南方有“年夜饭”“宿年饭”“年根饭”“合欢宴”等，好吃的大菜应有尽有，北方必有饺子，称之为“年年饺子年年顺”。总之，除夕食俗具有团圆和甘美、庆丰收、贺岁迎新等多种含义与文化品位。

以上的十大节日食俗，大都以民间农历为根据。这些节日食俗是由先人传下来的,一代一代几乎没有什么改变,所以千古流传的节日食俗虽然有微小的变化,但是本质上和意义上都没有什么大的区别。

(六)养成健康文明的饮食礼仪

从培养现代人的角度,让学前儿童从小懂得在群体中应有的饮食礼仪,如在进餐过程中讲究餐桌卫生,在自助餐和聚餐中能按需取食和点餐,不浪费食物等,同时让学前儿童学习使用一些基本的进餐礼貌用语。

拓展阅读

中国饮食文化

俗话说,“民以食为天”。饮食是人类生存与发展的第一需要,也是社会生活的基本形式之一。在有着五千年文明的中国,饮食文化的历史源远流长,博大精深,在历史长河中已成为中国传统文化的重要组成部分。在长期发展、演变和积累的过程中,中国人从饮食结构、食物制作、器皿盛具、营养保健、饮食审美等方面,逐渐形成了自己的饮食风俗,最终创造了独具特色的中国饮食文化,成为世界饮食文化宝库中一颗璀璨的明珠。中国饮食文化呈现出以下特点。

一、风味多样

中国幅员辽阔,地大物博,各地气候、物产、风俗习惯有着很大的差异,长期以来在饮食上也就形成了众多风味,如巴蜀、齐鲁、淮扬、闽越四大菜系为人们所熟知。

二、四季有别

一年四季按季节而吃,是中国烹饪的又一大特征。自古以来,中国劳动人民就按季节变化来调味、配菜,如冬天味醇浓厚,夏天清淡凉爽等。

三、讲究美感

中国的烹饪不仅技术精湛,而且有讲究菜肴美感的传统,注意食物色、香、味、形、器的一致,给人以精神和物质高度统一的特殊享受。

四、注重情趣

我国烹饪很早就注重品位情趣,不仅对饭菜、点心的色、香、味有严格要求,而且对它们的命名、品尝的方式、进餐的节奏和娱乐穿插都有一定要求,可谓出神入化、雅俗共赏。

五、食医结合

我国的烹饪技术与医疗保健有密切的关系，在几千年前就有“医食同源”“药膳同功”的说法，利用食物原料的药用价值，做成各种美味佳肴，同时起到对某些疾病进行防治的目的。

（七）知道简单的处理和烹调食物的方法

让学前儿童了解食物的来源及加工制作、保存的方法；通过走访参观，让学前儿童了解食物是从哪里来的；通过动手操作，使学前儿童对食品制作有所了解；通过观察讨论，使学前儿童掌握食物的贮存方法等，从而丰富学前儿童的生活经验。

第三节　学前儿童饮食营养教育的实施

一、学前儿童饮食营养教育的原则

学前儿童饮食营养教育是长期性的教育工作，同时又是关乎学前儿童身心健康的工作，因此其重要性不容忽视。在学前儿童饮食营养教育中，我们要遵循如下的原则。

（一）需要性原则

需要性原则是指饮食营养教育应关注学前儿童发展的需要。饮食营养教育活动的内容来源于学前儿童的生活，来源于学前儿童的需要，是学前儿童最熟悉的，也是学前儿童身心发展所必需的。由于环境的不同、年龄的差异，儿童的饮食行为、饮食态度和健康状况等不尽相同。因此，学前儿童饮食营养教育活动应从儿童的实际出发，让儿童了解食物与人类健康之间的关系，形成主动、持久、稳定、自觉的行为和态度。

（二）可行性原则

可行性原则是指饮食营养教育活动应适合学前儿童的身心发展特点。饮食营养教育的内容、方法等是否适合不同年龄阶段的学前儿童，是否符合不同发展水平的学前儿童的认知水平，这是教育活动开展前必须认真思考的问题。比如，小班幼儿刚入园不久，认知水平相对较低，生活经验不丰富，独立生活能力较弱，在进餐中他们往往表现出挑食、偏食的问题，此时，饮食营养教育的内容应偏重于兴趣的激发和习惯的培养，而教育方法则可以选择故事法、榜样法和练习法等。再如,中大班幼儿的认知水平有了较大的发展,生活经验越来越丰富,独立生活能力也有所增强。因此,对中大班幼儿进行的饮食营养教育可以加强认知性和操作性,通常可以更多地采用实践操作法、情境法等。

(三) 安全性原则

安全性原则是指饮食营养教育应保证学前儿童的安全和健康。饮食营养教育的内容有许多,在对内容的选择过程中应将学前儿童的安全和健康放在首位。例如,冰淇淋是学前儿童喜爱和感兴趣的食品,但由于多食冰淇淋会影响学前儿童的食欲和消化吸收,因此不宜作为教育内容。又如,在饮食中我们常常会遇到学前儿童因不会剔鱼刺而放弃或拒绝吃鱼,如此一来,教会学前儿童掌握正确的剔鱼刺的方法就很有必要了。

(四) 一致性原则

一致性原则是指饮食营养教育对学前儿童的要求应前后一致、家园一致。饮食营养教育并非一朝一夕的事,教育者要注意在教育中对学前儿童的要求保持始终如一,不应随意改变,同时家庭中的教育要求也要与幼儿园的教育要求统一起来,这样才能取得好的效果。如要培养学前儿童饭前洗手的饮食习惯,家长和教师就应该同时要求,并坚持要求,而不要轻易放弃要求。

(五) 直接性原则

直接性原则是指饮食营养教育应尽可能是学前儿童可直接感知的。外部信息刺激大脑,对学前儿童来说可以通过视觉的、听觉的、触觉的、味觉的和嗅觉的等多种途径。如果在教育活动中,学前儿童能同时动用两种甚至多种通道直接参与学习,学习效果会更佳。饮食营养教育同样与学前儿童的感知觉有着密切的关系。在活动中,要尽可能让他们多探究、多试验、多模仿、多创造,通过看、听、闻、摸、尝多种感官的协同作用来促进学习。如在认识豆浆的活动中,教师可以请学前儿童参与制作豆浆的过程,比较黄豆和豆浆的不同形态,观察豆浆的颜色,品尝豆浆的味道等。通过多种感官的直接感知,学前儿童会更愿意接受不同的食物。

(六) 序列性原则

序列性原则是指饮食营养教育应注意循序渐进。一般而言,个别的学习经验应该是先前经验的自然发展,后续的学习能使先前的经验得到加深和扩展。在饮食营养教育中,需要先让学前儿童对各类食物有一个初步的认识,然后才能培养其合理搭配食物的能力。因此,我们在选择饮食营养教育的内容时,应注意其中的逻辑顺序。

（七）整合性原则

整合性原则一是指对饮食营养教育的内容、方法、场所和途径等的选择应尽可能全面而整合。饮食营养教育是让学前儿童了解各种食物及其对人体生长发育、维护健康的作用和影响的活动，所以在教育中应拓宽视野，建立整体的饮食营养教育观念。同时，除正式的教育活动外，饮食营养教育还可以渗透于幼儿园一日生活的其他环节中，甚至是家庭教育中。饮食营养教育活动应整合园内、园外一切可利用的资源，既可以在幼儿园园内进行，也可以走进社会，在农场、工厂、超市中进行。另外，在饮食营养教育活动中，教师应根据学前儿童的年龄特点、认知特点、兴趣爱好和个体差异等因素，合理地选择多种教育方法，提高学前儿童对饮食营养知识的理解，帮助他们养成健康的饮食营养习惯。

整合性原则二是指在饮食营养教育中可以将各领域的教育内容整合起来。学前儿童饮食营养教育不仅仅属于学前儿童健康领域的教育内容，教师更应将学前儿童教育中的语言、艺术、科学、社会各个领域有机整合，建立和形成完整的教育模式。例如，在主题为“有趣的蛋”的饮食营养教育活动中，教师可以让学前儿童说说蛋的品种、不同蛋制品的味道、蛋的妙用等，可以让他们比较蛋的大小，探索如何区分生蛋和熟蛋，以及让他们利用蛋壳制作工艺品，等等。

二、学前儿童饮食营养教育中应注意的问题

在日常生活中，儿童的饮食有时会成为家长难以解决的问题。其中，有儿童自身的因素，诸如挑食、偏食、边玩边吃等；也有成人观念及做法上的问题，比如很多家长误以为多吃荤菜一定对身体有益，少吃主食甚至不吃主食或蔬菜则无大碍，或以责备、恐吓的手段硬性强迫儿童吃不喜欢甚至厌恶的食物。为此，学前儿童饮食营养教育应当注意以下几个问题。

（一）关注儿童的身体生长现状

在物资匮乏的年代，许多儿童由于经济原因缺乏足够的食物，摄入的热量不达标导致营养不良。就我国目前的情况而言，导致儿童营养不良的主要原因并不是经济问题，而是膳食不均衡或饮食习惯差。20 世纪末，中国预防医学科学院营养与食品卫生研究所进行的对 5 岁以下儿童的调查显示，北京儿童贫血的患病率为 10.3%，主要原因是营养过剩，偏食油腻食物，脾胃负荷过重，从而引起消化功能紊乱；另外，暴食冷饮造成的脾胃疾病在患儿中非常常见，这类疾病常引起吸收障碍。因此，饮食营养教育必须针对学前儿童以前和现在出现的问题，有目的地选择教育的重点，或是激发学前儿童的食欲，或是教会他们学习改正偏食的问题，或是让他们学习平衡进食等，这样才能使教育行之有效。

（二）兼顾食物和进餐的生理及文化意义

在饮食营养教育中，应强调学前儿童的感受和经验，避免枯燥乏味的说教和毫无意义的强迫。例如，增强学前儿童对天然食物的感官认识，让他们有充分的机会欣赏和表达诸如荸荠的清香、木耳的清脆、芹菜的修长；也可将含有蛋白质、脂类、碳水化合物、维生素、无机盐、膳食纤维及水的各类食物以不同卡通形象展示，让他们直接感受不同的食物含有不同的营养素，使抽象的营养知识变得生动有趣；还可以从不同的民族进餐姿势、餐具使用、进餐卫生等方面对他们进行进餐礼仪的熏陶。

（三）保持个体心态与群体的平衡

社会心理学家勒温认为，不同的群体会对个体产生不同的影响，个体与群体之间经常处于平衡状态，当这种平衡被破坏时，会引起个体的紧张，这种紧张刺激会促使个体通过努力在群体中取得新的平衡。这一观点揭示了人类个体的从众心理，尤其是学前儿童常常会说："他们都这样，我也要这样。"在健康饮食行为的培养中，应利用良好的群体对个体的有益影响，让学前儿童主动向同伴学习，逐步改变不良饮食习惯。与此同时，我们应注意将饮食营养教育的对象扩展到挑食、偏食较为严重的儿童家庭，让这些儿童在幼儿园和家庭中都有效仿的对象。

（四）把握坚持与妥协的分寸

在喂养过程中，当儿童对眼前配制好的食物不感兴趣时，一方面成人可郑重地讲述进食的必要性，另一方面也要让儿童知道该食物的优点，让儿童学习面对现实、适应环境。而对一个进餐时总想离开餐桌或心思全在玩耍上的儿童，可以明确地告诉他要么吃要么玩，若不吃，则必须等到下一次正餐时才有食物。正餐之间的点心原则上也只为三餐正常的孩子提供。当遇到挑食、偏食的儿童，不要强迫他吃实在不想吃的食物，如有可能，帮助他了解自己为什么会如此挑食，从而慢慢地改进不良的进食行为。另外，若儿童在进食方面确有进步，成人不要以提供非健康食品作为奖励，可用口头表扬、玩某种游戏等"非食物手段"予以鼓励。

三、学前儿童饮食营养教育的方法

与幼儿园其他教育活动相比，学前儿童饮食营养教育有其一定的特殊性，如营养对学前儿童健康的影响需要较长的时间才能表现出来，学前儿童的口味需要常常和营养需要相矛盾，等等。因此，在幼儿园进行饮食营养教育时，教师应当根据学前儿童对食物的选择和对营养的理解特点，结合不同年龄阶段儿童的认知特点，选择有针对性的教育方法。

（一）讲解演示法

讲解演示法是指教师具体而形象地向学前儿童讲解粗浅的饮食营养知识，并结合实物或模型加以演示，从而帮助学前儿童尽快掌握有关的知识和技能，提高学前儿童对饮食营养的认知水平。例如，在“水果宝宝的漂亮衣服”活动中，教师可以向小班幼儿出示各种水果实物或水果模型，进行生动有趣的讲解演示。

（二）行为练习法

行为练习法是指学前儿童对已经学习过的基本动作、基本生活技能进行反复练习，从而加深印象，形成稳定的行为习惯。从认知到动作技能或行为习惯的养成，需要通过一定的动作练习才能巩固，因此学前儿童的一些饮食技能和饮食习惯的获得需要采用行为练习法。例如，儿童餐前洗手、餐后漱口的习惯，以及正确使用勺子、筷子的技能，都必须在教师和家长的具体指导下反复练习才能真正掌握。

（三）讨论评议法

讨论评议法是指教师通过安排语言交流活动，让学前儿童参与饮食营养教育过程，为他们自己提出问题、发表意见、得出结论提供机会，从而帮助他们掌握饮食营养知识。讨论评议法能有效地帮助学前儿童表达自己的真实想法，鼓励他们对他人的言行加以评价，从而提高其判别是非的能力。讨论评议法通常选择学前儿童感兴趣的饮食营养话题展开讨论。例如夏天到了，教师就“为什么不能多吃冷饮”或“能不能用饮料替代白开水”等问题让儿童进行讨论，最终使学前儿童辨清是非，主动选择正确的行为。

（四）实践操作法

实践操作法是指教师设计多项与饮食营养教育有关的活动，让学前儿童参与，使他们在亲身实践的过程中自觉接受教育。实践操作法的运用，使学前儿童的饮食营养教育活动变得更为直接和生动，有效提高了学习的参与性。例如，组织学前儿童参观食品超市，丰富关于食品的经验，师生共同采购食品，共同加工原料，让儿童参与制作营养食品，在学习操作的同时，巩固营养知识，养成饮食习惯。

图 6-3　参观食品超市

（五）游戏法

游戏法是指教师利用学前儿童喜爱的游戏的方式，丰富他们关于营养的感性知识，培养学前儿童良好的饮食习惯，寓教育于游戏之中。因为游戏是学前儿童最自然的学习方式，借助游戏的形式，可以让他们在快乐的氛围中获得知识、养成习惯。例如，玩游戏“食品魔法袋”，可以发展学前儿童用手辨别不同食品的能力，激发他们主动进食的兴趣；玩游戏“酸甜苦辣”,可以丰富学前儿童关于营养食品的感性知识,使其认识多种食物,并区分蔬菜和水果中甜、酸、苦、辣等不同味道;玩游戏“外出就餐”,可以让学前儿童掌握一些简单的就餐礼仪,培养他们良好的饮食卫生习惯。

(六) 情境表演法

情境表演法是指教师或学前儿童就特定的生活情景、故事情节等加以表演,然后让学前儿童思考、分析情境中所涉及的饮食营养教育的问题。由于情境表演的主题来源于学前儿童的现实生活,能激发他们的兴趣,所以这种方法能较好地帮助他们认识生活中可能遇到的问题和冲突,了解应该做出的合乎要求的行为。

以上是幼儿园开展饮食营养教育活动时常用的方法,教师还可根据本班儿童的特点以及幼儿园的条件,选择使用诸如“榜样法”“媒介法”等方法。学前儿童的思维直观形象,做事易受情绪影响,这些特点决定了对学前儿童开展饮食营养教育应寓教于乐、寓教于动。教师应针对不同年龄的儿童、不同内容的活动,选择和运用多种多样的教育方法,使之有机组合,从而提高教育的效果。

四、学前儿童饮食营养教育的途径

学前儿童饮食营养教育,要通过多种途径使学前儿童对食物产生广泛的兴趣,了解食物与人类健康的关系,懂得如何去选择食物,达到良好的平衡膳食,形成良好的饮食营养习惯。

(一) 专门的饮食营养教育活动

专门的饮食营养教育活动是指教师根据教育目标,有系统、有计划、有组织地开展的教育活动。这些专门的教育活动是学前儿童饮食营养教育的重要途径。例如,教师安排主题为“面粉的秘密”的饮食营养教育活动,其中可以包括“饺子宴会”“野餐”“参观面包房”等系列教育活动。

(二) 随机的饮食营养教育活动

随机的饮食营养教育活动是指教师结合日常生活活动来进行的饮食营养教育。幼儿园一日生活中蕴藏着很多有关饮食营养教育的契机,教师应充分把握这些机会,提高学前儿童对营养知识的认知水平,帮助他们获得良好的饮食习惯。例如,教师可以通过日常行为对学前儿童进行饮食营养教育;可以结合用餐、点心等环节,纠正学前儿童偏食、挑食的不良习惯等。

(三) 体验式饮食营养教育活动

体验式饮食营养教育活动是指教师根据教育内容专门安排的由学前儿童直接参与、亲身体验的一种活动形式。体验式饮食营养教育活动的真实性、直观性，能丰富学前儿童对营养知识的感性认识，提高学前儿童对饮食习惯的认同感。例如，让学前儿童体验不同民族、不同文化以及不同环境下就餐的礼仪，通过参与劳动让学前儿童养成爱惜食物的习惯等，这些都有助于饮食营养教育目标的实现。

进行饮食营养教育活动时，教师要充分发挥家庭教育的力量，积极争取家长的配合，真正做到幼儿园、家庭、社区合作共育。

五、学前儿童饮食营养教育活动设计

学前儿童饮食营养教育是生活教育的一个方面，应当渗透于学前儿童日常生活的每一个环节中。但对于某些饮食营养教育的内容，只有通过教师有计划、有目的、精心设计的教学活动，才能更好地引导、启发学前儿童理解、探索和掌握。

（一）学前儿童饮食营养教育活动设计的基本要求

学前儿童饮食营养教育是学前儿童健康教育的内容之一，因此在制定学前儿童饮食营养教育活动的目标前，首先要明确学前儿童健康教育的指导思想及总目标。一个健康的学前儿童，既是一个身体健全的儿童，也是一个愉快、主动、大胆、自信、乐于交往、不怕困难的儿童。教师只有充分地尊重学前儿童，使其发挥应有的主体性，才能使儿童更主动、积极、创造性地活动。学前儿童饮食营养教育应在活动设计上努力将学前儿童的兴趣性、需要性与健康保障的必要性相结合，使学前儿童饮食营养教育真正成为健康教育和幸福教育。

1. 活动目标

《幼儿园教育指导纲要（试行）》提出了健康教育的四个总目标，学前儿童饮食营养教育便包含在健康教育之中。因此学前儿童饮食营养教育的目标必须依据学前儿童健康教育总目标，并通过实践研究将饮食营养教育活动的目标明确化和细化，使其适宜学前儿童的年龄特点，又具有操作性。

学前儿童饮食营养教育具体活动的目标又是年龄阶段目标的细化，因此表述应简明清晰、准确具体，目标内涵不要过大，条目不要过多，一般两三条即可。目标过大或过多都意味着无法达成，也体现不出儿童在年龄阶段上的特点。

2. 活动内容

学前儿童饮食营养教育的内容可以根据目标来选择，要注意符合不同年龄阶段儿童的需要和兴趣，同时还应兼顾全面性。学前儿童饮食营养教育的内容并非单纯地涉及“各种食物的名称、形状、色彩、性质”，而是应该帮助儿童理解人体需要的营养素与人体健康的关系，建立良好的饮食行为，养成良好的饮食卫生习惯，掌握饮食的方法、技能，了解我国民间饮食文化及各国饮食风俗习惯，养成健康文明的饮食礼仪，掌握简单的处理和烹调食物的方法。

学前儿童饮食营养教育在做到对以上内容的整合后,还应考虑与幼儿园其他领域教育内容的整合,如与语言、艺术、科学、社会等领域的教育内容自然、有机的整合。

3. 活动准备

全面充分的准备是学前儿童饮食营养教育活动成功的基础。充分的准备应当体现在各个方面,包括教师的准备、儿童的准备、环境资源的准备等。教师的准备包括:对教育活动的内容、方法、途径进行选择;教师要丰富自己的知识,早做操作或练习;要根据活动需要准备相应的物质材料;同时,教师还应具备对教育活动发展变化的心理准备。儿童的准备包括知识和能力方面的准备,这是儿童在教育过程中强烈的学习兴趣和探究愿望得以维持的重要保证,也是他们能够更好发展的基础。同时,学前儿童对于教育活动的内心期待,即心理准备,将有助于他们集中注意、珍惜机会。环境资源方面的准备包括环境的创设和物质资源准备两方面。不同主题、不同内容的饮食营养教育活动对于环境资源的需求不完全一样,有些活动主要在园内开展,而另一些活动则需要更多地利用园外环境。园内环境的创设应安全卫生、美观合理,物质材料的准备则要丰富多样,这样才能充分满足学前儿童与环境互动的需要。对于园外的活动,教师应首先充分了解和熟悉环境,做到合理运用。

4. 组织方法

有效的教育方法与受教育者的年龄特点、心理特点以及教育内容相关联。因此,学前儿童饮食营养教育活动中组织方法的针对性、多样性及趣味性必须引起足够的重视。在学前儿童饮食营养教育活动中,动作技能的练习、讲解、演示、表演、游戏、操作及生活事件讨论等方法都比较适合。对于年龄越大的学前儿童,方法选择的余地也相对越大。

5. 活动过程

学前儿童饮食营养教育的过程一般由"导入部分""基本部分""结束部分"构成。教师在活动过程中要考虑活动流程的先后顺序,使教育活动层层深入;要考虑何时且如何提问,以启发学前儿童思考;要考虑活动中间的小结与活动最后总结的关系,并注意总结不是简单的重复,而应有助于学前儿童归纳要点,使他们已有的经验获得提升。教育活动过程属于教师预先考虑充分但实际变数最大的范畴。教师一般会在头脑中或在文本上将活动过程的大致走向进行预演,还要预见多种情形、多种应对方法和多种结果。但在实际活动中,却不断出现着新的情形、新的问题和新的教育机会。因此,教师在教育活动中不仅要注意是否达成既定目标,而且要灵活应对各种可能出现的变化,同时要能敏锐地发现新的、有价值的教育契机。

6. 组织形式

学前儿童饮食营养教育活动的组织形式应根据活动内容、材料、场地等各种因素,将集体教育、小组活动与个别指导相结合。丰富多样的组织形式能够更好地调动学前儿童学习的兴趣，提供更多师幼互动、幼幼互动的机会，从而提高教育活动的效果。例如，集体教育适合帮助学前儿童理解一些知识和掌握一些技能；小组活动可以便于一些操作活动的开展和教师的指导；而个别交流则更能让教师与个别儿童互动，实现对个别儿童的帮助。

（二）学前儿童饮食营养教育活动设计举例

学前儿童饮食营养教育活动应该充分体现保教结合的思想，在活动中不仅要帮助学前儿童认识食物，同时也要帮助他们了解营养和健康的关系、建立良好的饮食行为习惯、掌握饮食技能、知晓饮食文化。在具体的活动过程中，饮食营养教育不应是枯燥的说教，而要与学前儿童的语言、情感、认知能力、动手能力、探索精神等融合在一起。在这方面，上海市宛南实验幼儿园的教师做出了有益的尝试。经过多年的实践研究和探索，他们积累了丰富的经验。以下将上海市徐汇区宛南实验幼儿园探索成果中的部分活动案例进行介绍。

首先，就不同年龄阶段、不同内容的饮食营养教育活动进行介绍。

案例

白米饭香喷喷(小班)

活动目标

(1) 通过回忆、观察、品尝等活动，让幼儿知道米饭是用米烧煮而成的。

(2) 了解米和米饭之间的对应关系，知道米饭是人的主要食物之一。

活动准备

(1) 大米、电饭煲。

(2) 幼儿在家里观察过煮饭的过程。

活动过程及指导建议

1. 引起幼儿活动兴趣

(1) 要煮饭了，我们一起来帮忙，看看需要准备哪些东西？

(2) 煮饭有几种方法？

2. 幼儿回忆生活经验

平时在家里煮饭，要做些什么？

3. 幼儿观察认同经验

(1) 煮饭工具有哪几种？（锅、电饭煲、煤气灶等）

(2) 淘米——烧煮(沸腾、闷烧)——烧熟；在等待时可讨论米从哪里来等问题。

4. 幼儿品尝

米变成饭后有什么不同呢？(小—大;硬—软)

活动评估

(1) 了解米——饭的变化,将生活经验大胆告诉同伴。

(2) 煮饭需要哪些准备？

(上海市徐汇区宛南实验幼儿园　曹　卫)

案例

鸡妈妈请客(小班)

活动目标

(1) 学习吃饭时一手扶碗,一手拿勺子,不东张西望,喜欢自己动手、专心吃饭。

(2) 初步培养良好的饮食习惯,有独立意识。

活动准备

木偶(鸡妈妈、小猴、小猫)。

活动过程及指导建议

1. 出示木偶,引出表演名称——鸡妈妈请客

今天天气真好,鸡妈妈要请客了,小猫、小猴高高兴兴地来到鸡妈妈家,鸡妈妈拿出许多好吃的东西招待客人。

小猫坐在桌边,一手扶碗,一手拿勺子在认真地吃鱼(反复),而小猴呢？坐也没坐好,一手放在腿上,眼睛东张西望,用牙齿咬住勺子,饭菜打翻了,衣服弄脏了。

快回家的时候,鸡妈妈说:“小猫本领大,请你下次再来玩。”小猴吵着说他也想来。鸡妈妈说:“小猴,我要等你学会好好吃饭,会一手扶碗,一手拿勺子专心吃饭后,再请你来做客。”

2. 看木偶表演,讨论

(1) 小猴的饭菜为什么会打翻？

(2) 鸡妈妈表扬谁了？

(3) 为什么表扬小猫？

3. 学说短句

(1) 鸡妈妈是怎么说的？

(2) 一边练习讲"一手扶碗，一手拿勺子"，一边做动作，巩固。

活动评估

(1) 观察幼儿是否会重复鸡妈妈的话。（一手扶碗，一手拿勺子）

(2) 观察幼儿是否按要求操作。

（上海市徐汇区宛南实验幼儿园　王坚静）

案例

豆浆营养好(小班)

活动目标

(1) 通过现场制作豆浆，了解食物的物理性质。

(2) 通过儿歌知道豆浆的营养价值。

活动准备

豆浆机、黄豆、水、碗、勺子。

活动过程及指导建议

1. 豆浆哪里来

(1) 准备制作豆浆的材料。

(2) 现场制作豆浆。

2. 豆浆营养好

(1) 利用儿歌，让幼儿了解豆浆的营养。

生豆浆，磨豆浆，
豆浆甜，豆浆香。
蛋白质丰富，脂肪好，
又含大量钙与铁。
小朋友，快来尝，
天天喝它身体棒。

(2) 针对儿歌内容进行提问。

3. 品尝自制豆浆，提高幼儿对喝豆浆的兴趣

活动评估

知道豆浆的制作原料和对人体健康的作用。

（上海市徐汇区宛南实验幼儿园　余宛申）

案例

卷,卷,卷心菜(中班)

活动目标

(1) 通过剥菜叶,了解卷心菜的外形特征和包菜特点,发展小肌肉的协调性。

(2) 有感知事物的兴趣,喜欢参加游戏。

活动准备

幼儿人手一个卷心菜。

活动过程及指导建议

1. 出示卷心菜实物,引起幼儿参与兴趣

(1) 这是什么菜?

(2) 你吃过吗?(生活经验回忆)

2. 观察卷心菜的外形特征

(1) 卷心菜长得像什么?

(2) 它的菜叶是怎么长的?

3. 幼儿剥包裹着的菜叶

让幼儿先观察老师的操作动作,看看怎样剥能使剥下来的菜叶保持完整。

4. 活动延伸——游戏"卷,卷,卷心菜"

卷,卷,卷心菜。
拆,拆,卷心菜。
洗,洗,卷心菜。
切,切,卷心菜。
炒,炒,卷心菜。
吃,吃,卷心菜。
卷心菜吃完喽!

此游戏适用于8—10人一起活动。由一个幼儿举起一手做"菜心",其余幼儿小手拉好,开始唱儿歌。幼儿以螺旋形式把"菜心"卷紧,然后往外拆。洗菜可让幼儿在"菜心"上做抚摸状。切菜可让幼儿用小手做刀轻轻假装切。炒菜可拿铲做炒菜动作。当念到"卷心菜吃完喽"时,"菜心"就要去抓其他幼儿,被抓的幼儿再扮"菜心",游戏重新开始。

活动评估

(1) 幼儿剥卷心菜时的动作协调性,及剥下菜叶的完整性。

(2) 幼儿游戏时的反应灵敏性及躲闪能力。

(上海市徐汇区宛南实验幼儿园 曹 卫)

案例

学剔带鱼刺(中班)

活动目标

(1) 知道鱼是有刺的，吃鱼时要先剔去鱼刺，懂得保护自己。

(2) 通过自己动手尝试，学会剔带鱼刺的方法。

活动准备

(1) 带鱼、鲫鱼图片。

(2) 幼儿人手一段熟带鱼。

活动过程及指导建议

1. 比一比

带鱼与其他鱼有什么不一样？（身体扁平呈带状）

2. 找一找

带鱼身上的鱼骨头长在哪里？

3. 想一想

(1) 吃带鱼时什么不可以吃？（鱼刺、骨头）

(2) 该怎么吃带鱼呢？（剔鱼刺）

4. 试一试

自己动手学剔带鱼的刺。

5. 说一说

你是用什么好办法将鱼刺剔干净的？

6. 看一看

老师剔去带鱼两侧的鱼刺的方法对不对？（正确示范）

活动评估

幼儿会使用正确的方法剔除带鱼刺。

（上海市徐汇区宛南实验幼儿园　项建滨）

案例

世界饮食配对游戏(中班)

活动目标

(1) 通过活动使幼儿知道各国的代表性食物,引起幼儿对世界饮食文化的兴趣。

(2) 会根据不同的食物选择适当的餐具。

活动准备

图片若干。

活动过程及指导建议

1. 世界与食物

中国——米饭、面条、馒头、饺子;

日本——寿司、生鱼片;

美国——汉堡、可乐、炸鸡、薯条;

印度——手抓饭(咖喱饭);

法国——葡萄酒、面包、牛排。

2. 中西进餐工具(划线)

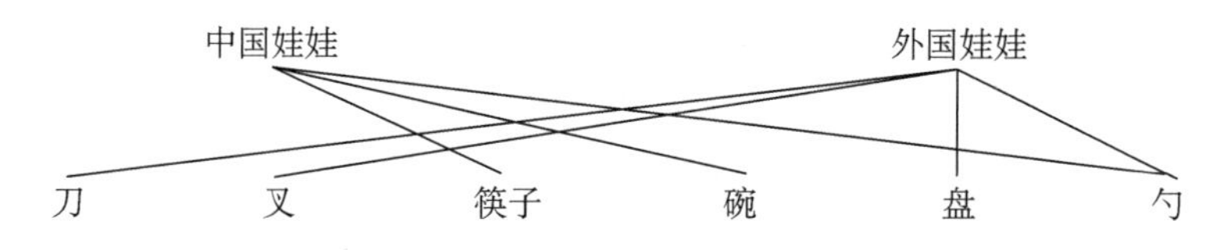

3. 进餐工具配对(划线)

活动评估

幼儿能将食物与餐具、国家进行正确配对,初步了解多元文化。

(上海市徐汇区宛南实验幼儿园 龚 敏)

案例

食物的贮存(大班)

活动目标

(1) 了解常见的食物贮存方法,知道贮存食物有保质期和一些食物贮存的简单常识。

(2) 培养幼儿动手操作的兴趣与能力。

(3) 培养幼儿对科学的兴趣。

活动准备

(1) 各种真空包装食品袋。

(2) 图片若干。

活动过程及指导建议

1. 果子的贮存

(1) 以谈话引出果子贮存的主题,可提问:“家里吃不完的果子怎么办?”“果园里许许多多的果子吃不完怎么办?”引导幼儿讨论贮存果子的方法。

(2) 根据幼儿所述,并展示一些实物,如糖水菠萝、香蕉干、果子酱、果脯、干果以及真空包装的水果等,引起幼儿进一步讨论的兴趣。

(3) 讨论这些水果贮存的方法,并简单归类:真空包装、脱水、冷藏等。

(4) 让幼儿动手制作真空包装的水果。

方法:用食品袋包装水果,再用吸尘器将空气抽出,封口。若有条件,可用真空压缩袋,效果更佳。将真空包装的水果与一般放置的水果进行比较、观察,在以后的几天内记录它们的变化。

(5) 鼓励幼儿从周围生活入手,寻找其他食物贮存的方法。

(6) 古今食物贮存方法的比较。如古代的日晒法、阴干法、烟火熏制等,现代的冰箱低温贮存、真空包装、添加防腐剂、高温灭菌等。

2. 食物的加工与贮存

(1) 师生共同冲泡方便面,加热方便饭,并观察经过加工的面条、米饭、蔬菜渐渐泡大还原的过程,再品尝后讨论:“为什么叫方便面、方便饭?”“人们什么时候最需要它们呢?”还可谈谈品尝时的感觉等。

(2) 收集一些特殊环境中的食物的图片、照片,如宇航员在失重状态下喝的牛奶、探险运动员吃的压缩饼干等。

(3) 参观超市,找一找经过加工的食物,如肉禽、牛奶、蔬菜等;读一读包装上的说明,也可以从包装上了解其产地、成分,让幼儿感知,由于食物经过加工贮存,所以能运到全国各地,甚至海外,使大家都能享用。

(4) 提供一些材料,让幼儿自制加工一些食品,如糖水番茄、腌萝卜等。

3. 食物的保质期与食用卫生

(1) 从生活中食物变质现象谈起,如:"食物怎么会变质呢?""变质的食物是什么样的?""吃了变质的食物会怎样?"幼儿、教师可以谈谈自身的经验,也可以谈间接的经验。

(2) 讨论:现在贮存食物的方法那么多、那么好,是不是可以无限制地贮存下去?教幼儿学看保质期,比较一下:什么食物的保质期最短?什么食物的保质期最长?

(3) 用图片帮助幼儿理解食物贮存以及食用的卫生知识。例如,食物贮存在冰箱里应生熟分开;食物都有保质期,所以应在保质期内食用;冻过的食物需要再煮透烧熟后食用;食物经过加工贮存以后,虽然具有不易变质或方便食用的优点,但也易流失部分营养素,因此,我们仍提倡多吃新鲜的食物。

(4) 可让幼儿制作宣传画或标志,在幼儿园、家庭中张贴,宣传加工、贮存食物的卫生常识,如做个小标志,帮助妈妈贴在即将到期的食品上等。

活动评估

了解食物贮存的方法,知道食物贮存的基本卫生常识,学习认读包装袋。

(上海市徐汇区宛南实验幼儿园 龚 敏)

案例

绿色食品(大班)

活动目标

(1) 了解绿色食品对人们健康的益处。

(2) 认识绿色食品标志。

活动准备

绿色食品标志。

活动过程及指导建议

1. 同类食品的比较

将带有绿色食品标志的牛奶与没有绿色食品标志的牛奶进行比较。

2. 出示绿色食品标志,理解其内涵

让儿童理解绿色食品的含义:不受污染的食品,有益健康的食品。

3. 展示绿色食品

4. 活动延伸

(1) 幼儿收集绿色食品,举办展览会。

(2) 讨论:为什么绿色食品这么少呢?

活动评估

(1) 幼儿认识绿色食品标志。

(2) 幼儿知道绿色食品的含义。

(上海市徐汇区宛南实验幼儿园 龚 敏)

案例

打开食品包装(大班)

活动目标

(1) 探索食品包装的开启方式,扩展生活经验,培养幼儿解决问题的能力。

(2) 初步尝试用自己的方式记录探索结果。

活动准备

(1) 幼儿收集的各种食品包装。

(2) 各种带有包装的食品。

(3) 记录表。

(4) 幼儿已有参观超市及食品展览会的经验。

活动过程及指导建议

1. 根据生活经验,交流对食品包装的认知

(1) 你收集了哪些食品包装?

(2) 食品为什么要有包装呢?

2. 探索食品包装开启的秘密

(1) 回忆打开食品包装的经验,引起探索兴趣。

提问:你们会打开食品包装吗? 是怎么打开的?

尝试打开齿形食品包装袋,交流生活经验。

(2) 寻找打开食品包装的秘密。

出示记录表。

观察幼儿的活动情况。

(3) 交流探索结果,提升生活经验。

提问:你知道怎样打开吗? 是怎么看出来可以这样打开的?

一种食品包装有不同的打开方法。

3. 尝试打开无标志食品包装,寻找解决办法

(1) 出示食品:这包东西怎么打开?

(2) 幼儿讨论打开包装的方法。

(3) 与朋友共享成功的喜悦。

活动评估

能发现食品包装上的开启提示并动手操作。

(上海市徐汇区宛南实验幼儿园　纽艺琳)

其次,再就不同年龄、相同内容的饮食营养教育活动进行介绍。

案例

蛋宝宝比大小(小班)

活动目标

(1) 通过看、摸、玩等游戏,让幼儿认识鸡蛋、鸭蛋、鹌鹑蛋。

(2) 从三种蛋的特征入手,学习区分不同的蛋。

活动准备

（1）奇妙袋、“动物妈妈”图片、玩具蔬菜若干。

（2）煮熟的鸡蛋、鸭蛋、鹌鹑蛋各一个。

活动过程及指导建议

1. 知道三种蛋的名称

（1）游戏：奇妙的口袋。

摸一摸口袋中有什么？讲出名称后取出（鸡蛋、鸭蛋、鹌鹑蛋及其他玩具蔬菜）。

（2）讲出三种蛋的正确名称。

2. 观察三种蛋的外形，并加以区分

（1）游戏：蛋宝宝找妈妈。

出示三种动物图片，让幼儿帮助蛋宝宝找妈妈（根据大小、颜色配对）。

讲出三种蛋的大小特征，颜色特征。

（2）游戏：妈妈找蛋宝宝。

活动评估

（1）能否掌握三种蛋的名称并将其与动物名称相对应。

（2）能否用触觉、视觉来区分蛋的大小、颜色。

（上海市徐汇区宛南实验幼儿园　王　玮）

案例

打蛋糊（中班）

活动目标

（1）通过搅拌使幼儿发现蛋糊变化的过程。

（2）发展幼儿手部小肌肉的协调性。

活动准备

小碗、鸡蛋、筷子等。

活动过程及指导建议

1. 讨论

我们经常吃蛋，你知道蛋有哪些烹饪方法？

2. 尝试操作:学习打蛋糊

(1) 寻找打蛋糊所需的工具。

(2) 敲蛋壳,打蛋糊。

(3) 让幼儿仔细观察蛋黄、蛋白的变化过程。

3. 总结

打蛋糊时要注意什么?怎样才能又快又好地完成?

活动评估

(1) 了解蛋变成蛋糊的过程。

(2) 幼儿操作时手部动作协调、灵活。

(上海市徐汇区宛南实验幼儿园 曹 卫)

案例

区分生鸡蛋和熟鸡蛋(大班)

活动目标

(1) 掌握区分生鸡蛋与熟鸡蛋的方法。

(2) 在尝试与探索过程中培养幼儿的观察能力、判断能力。

活动准备

(1) 熟鸡蛋制品、生鸡蛋。

(2) 天平、大小碗若干,以及筷子或手电等尽可能丰富的、可帮助幼儿探索的辅助材料。

活动过程及指导建议

1. 出示各种鸡蛋的成品(各种烹饪法制成的熟鸡蛋)

尝尝、说说自己吃的是什么蛋。

2. 区分生鸡蛋和熟的白煮鸡蛋

(1) 幼儿分组探索,尝试用各种方法找出哪只是生的,哪只是熟的。

(2) 讨论:各自用了什么办法?谁的办法好?

3. 幼儿用掌握的方法挑选出熟鸡蛋,与同伴一起分享

活动评估

(1) 幼儿在活动中对现象的观察能力。

(2) 幼儿掌握区分生鸡蛋、熟鸡蛋的方法。

(上海市徐汇区宛南实验幼儿园 洪 芳)

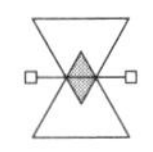

教与学的建议

1. 教师要拓展学生对学前儿童饮食营养教育的认识，如引导学生发现学前儿童饮食营养教育的主要目的不仅仅在于指导幼儿吃什么，还要启发幼儿怎么吃，即掌握饮食的方法和技能，建立良好的饮食行为习惯等。

2. 学生可以尝试设计一则学前儿童饮食营养教育活动，设计后可以与同学一起讨论和交流。

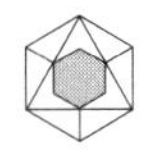

本章思考题

1. 论述学前儿童饮食营养教育的价值。
2. 简述学前儿童饮食营养教育的内容。
3. 学前儿童饮食营养教育中应遵循哪些原则？需要注意哪些问题？
4. 举例说明学前儿童饮食营养教育的方法和途径。

第七章　学前儿童心理健康教育

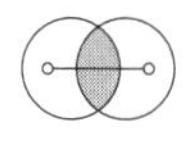

知识要点

- 学前儿童心理健康教育的基本概念
- 学前儿童心理健康教育的实施
- 学前儿童一般行为偏异

一个人不生病就等于健康了吗？回答显然是否定的。随着社会的发展，人的健康已远不仅止于身体健康，还包含着心理健康，学前儿童的健康同样也是指身体的和心理的健康。当然，学前儿童的年龄特点决定了在学前阶段实施心理健康教育应当遵循的相关原理以及采用的合适方法。比如，儿童多动的表现就意味着感觉统合失调吗？这样的问题将通过本章的学习找到答案。

心理健康是指个人心理方面的良好状态。也就是说，除了没有心理与精神疾病的症状外，其个人的认知能力、情感表达、行为表现等各方面都应维持在一个正常且平衡的状态上，使得个人对自己以及对环境的调适能够达到最高且最好的效能，进而获得快乐、满足，产生合乎社会文化要求的行为。心理健康对于成长中的学前儿童来说尤为重要，因为他们虽然已具有人体的基本结构，但是各器官、各系统尚未发育完善，其解剖、生理和心理特征与年龄较大的学龄儿童及成人相比较而言，有着很大的不同。他们对外界环境及其变化的影响比较敏感，容易受到各种不良因素的伤害。对学前儿童进行心理健康教育，创设有利于他们成长的环境和条件，控制和消除种种不利因素，不仅有可能将学前儿童的心理障碍、行为问题消灭在萌芽状态，更为重要的是有利于增进他们的心理健康，培养健全人格，使他们获得认知、情感、社会适应等方面的和谐发展，从而成长为一个有益于社会的人。

第一节 学前儿童心理健康教育概述

一、学前儿童心理健康的标准

学前儿童心理健康的重要标志是情绪反应适度、自我体验愉悦、社会适应良好、心理发展达到相应年龄组儿童的正常水平。一般认为，学前儿童的心理健康可以从动作、认知、情绪、人际关系、性格及心理健康问题等方面进行衡量。

1. 动作发展正常

动作是反映儿童生长发育的指标，也是制约儿童心理发展的因素之一。皮亚杰认为，动作是儿童智力的起源。个体动作的发展与脑的形态及功能的发育是密切相关的。因此，儿童躯体粗大动作和手指精细动作的发展水平是否处于正常的范围内，是其心理健康与否的重要标志。

学前儿童粗大动作发展的大致时间表如下。

2—3 岁：走路更有节奏；由疾走转变为跑；做跃起、向前跳跃和接物动作时上身动作仍显得僵硬；能边走边推玩具小车，但经常把不住方向。

3—4 岁：能双脚交替地上楼梯，但下楼梯时用单脚引导；当做向上、向前跳跃动作时上身显得较灵活；有点依靠上身做扔物和接物的动作，仍然需要依靠胸部才能接住一个球；能双手扶把踩三轮小童车。

4—5 岁：能双脚交替地下楼梯；能跑得很稳；能用单足飞快地跳跃；能依靠躯体的转动和改变双脚的重心去扔球；仅依靠双手就能接住球；能飞快地踩三轮童车，方向也把得很稳。

5—6 岁：奔跑的速度越来越快；飞跑时也跑得很稳；能做真正的跳跃运动；表现成熟的扔物和接物动作模式；能踩带有训练轮子的自行车。

学前儿童精细动作发展的时间表如下。

2—3 岁：能做简单的穿衣和脱衣的动作；会拉开和拉上较大的衣服拉链；能成功地用小勺吃饭。

3—4 岁：会扣上和打开衣服的大扣子；已学会自己吃饭；会使用剪刀；会模仿画出垂直的线段和圆圈；开始会画人，但画出的是蝌蚪式的人。

4—5 岁：能用剪刀按直线剪东西；能模仿画出矩形、十字形。

5—6 岁：会系鞋带；画人能画出人体的六个部分（头、躯干、双手和双脚）；能模仿写出数字和简单的字。

2. 认知活动积极

一定的认知能力是学前儿童学习与生活的重要前提。这是因为,正常的认知水平是儿童与周围环境取得平衡和协调的基本心理条件。从客观上来看,不同学前儿童的认知发展水平会表现出一定的个体差异,但如果某儿童的认知水平明显地低于同年龄儿童,且不在正常的范围内,那么该儿童的认知能力是低下的。

儿童积极的认知活动,一是表现为认知机能的发展,如感知能力、注意能力、记忆能力和思维能力的发展等;二是表现为领域知识的发展,如数字、时间、空间、运动、速度、因果等。

3. 情绪积极向上

积极的情绪状态反映了个体中枢神经系统功能的协调性,也表明个体的身心处于良好的平衡状态。学前儿童的情绪具有很大的冲动性和易变性,但随着年龄的增长,情绪的自我调节能力有所增强,稳定性逐渐提高,并开始学习合理地疏泄消极的情绪。如果某个学前儿童经常处于消极的情绪状态,或闷闷不乐,或一触即发,或暴跳如雷,那么该儿童的心理是不健康的。

4. 人际关系融洽

学前儿童之间的交往活动是一种全新的人际关系的体现,它既是维持心理健康的重要条件,也是获得心理健康的必要途径。心理健康的儿童乐于与人交往,能与同伴合作,会跟同伴快乐地游戏。而心理不健康的儿童,其人际关系往往是失调的,他们或远离同伴,或攻击同伴,或成为同伴群体中不受欢迎的人。我们可以借助表7-1所示的儿童6岁前社会性发展的指标来评价儿童的人际关系状况。

表7-1 儿童6岁前社会性发展的指标①

行为项目	期望年龄		
	年	月	周
对微笑和谈话的反应。			6
认识母亲。			12
对父亲表现出明显的兴趣。			14
对陌生人不认生。			16
怕生,避开陌生人。			32
对"再见"有反应。			40
对禁止的词有反应。			52

① 黄人颂.学前教育学参考资料[M].北京:人民教育出版社,1991:814—816.

续 表

行为项目	期望年龄		
	年	月	周
玩拍手的游戏。			52
挥动手表示“再见”。			52
对陌生人不再羞怯。	1	3	
喜爱模仿成人的活动。	1	3	
喜欢把另一儿童看作是一件物体而不是一个人。	1	6	
单独玩。	1	6	
给成人(父亲等)拿东西(拖鞋等)。	1	6	
表现出个人私有的最初观念。	1	6	
希望参加做家务事。	1	9	
对别的儿童很感兴趣并注视他们。	2		
开始做平行游戏(坐在同伴旁边玩,但各玩各的)。	2		
依赖成人。	2		
在陌生人面前羞怯。	2		
不好交际,缺乏社交兴趣。	2	3	
有仪式般的行为。	2	6	
骄横、任性。	2	6	
开始抑制成人的影响,想要独立。	2	6	
固执、难管理。	2	6	
和同龄儿童产生冲突。	2	6	
拒绝与同伴共同玩玩具,忽视同伴的要求。	2	6	
开始接受建议。	3		
能理解和妈妈一起称为“我们”的概念。	3		
喜欢重新过婴儿的生活。	3		
在托育园所中能够离开母亲而独立活动。	3		
倾向于和成人建立社会性关系。	3		
显露出“我……也”的模仿倾向。	3		
开始和同伴建立较亲密的友谊,对待不同小组成员有区别。	3	6	
过分自信、自负。	4		
对同伴有明确的偏爱。	4		
尝试着引起人们的注意,卖弄自己。	4		

续 表

行为项目	期望年龄		
	年	月	周
有服从合作的倾向,有讨人喜欢的愿望。	5		
寻求别人认可,避免成人的非难。	5		
特别喜爱同龄的儿童。	5		
对年幼的弟弟(妹妹)表现出保护、照管。	5		
对父母和他人的情绪、面部表情很敏感。	6		
有和父亲在一起并一起做事的强烈愿望(特别是男孩)。	6		
在和同伴一起活动时争当"第一"。	6		
指挥、逗弄年幼的弟弟(或妹妹)。	6		
在社会性游戏中有很好的"扮演"能力。	6		

5. 性格特征良好

性格是个性中最核心、最本质的表现,它反映在个体对客观现实的稳定态度和习惯化了的行为方式中。心理健康的儿童,一般具有热情、勇敢、自信、主动、合作等性格特征;而心理不健康的儿童,往往具有冷漠、胆怯、自卑、被动、孤僻等性格特征。

6. 没有严重的心理健康问题

心理不健康的学前儿童常常会以各种行为方式表现出来,诸如吮吸手指、遗尿、口吃、多动等障碍。而心理健康的学前儿童不会有严重的或复杂的心理健康方面的问题。

拓展阅读

心理健康的标准

(1) 具有适度的安全感,有自尊心,对自我和个人成就有"有价值"的感觉。

(2) 充分了解自己,不过分夸耀自己,也不过分苛责自己。

(3) 在日常生活中,具有适度的自发性和感应性,不为环境所奴役。

(4) 适当接受个人的需要,并有满足此种需要的能力。

(5) 有自知之明,了解自己的动机和目的,并能对自己的能力作适当的估计。

(6) 与现实环境保持良好的接触,能容忍生活中的挫折和打击,无过度幻想。

（7）能保持人格的完整与和谐，个人的价值观能视社会标准的不同而变化，对自己的工作能集中注意力。

（8）有切合实际的生活目的，个人所从事的事业多为实际的、可能完成的工作。

（9）具有从经验中学习的能力，能适应环境的需要并改变自己。

（10）在集体中能与他人建立和谐的关系，重视集体的需要。

（11）在不违背集体的原则下，能保持自己的个性，有个人独立的观点，有判断是非、善恶的能力，对人不过分谄媚，也不过分寻求社会的赞许。

二、学前儿童心理健康教育的目的和内容

学前儿童心理健康教育是运用心理科学的原理与方法，根据学前儿童的年龄特点，有目的、有计划地预防和矫治学前儿童的行为偏异、心理障碍，培养健康心理品质的教育。它是学前儿童心理教育的重要组成部分。

（一）学前儿童心理健康教育的目的

学前儿童心理健康教育的目的是培养学前儿童良好的情绪、行为方式、性格、习惯和社会适应能力，对学前儿童的行为偏异、心理障碍、心理疾病进行早期预防和矫治，使学前儿童的智能、情感、性格习惯、行为方式与周围的现实环境平衡协调，以形成健康的心理素质。

（二）学前儿童心理健康教育的内容

学前儿童心理健康教育的主要内容是帮助他们学习表达和调节情绪情感的方法，学习社会交往的技能，学习独立生活和学习的能力，养成良好的习惯，进行合适的性教育，预防和矫治常见的心理障碍与行为异常以提高学前儿童心理健康水平。

1. 学习表达和调节自己情绪情感的方法

情绪情感是影响学前儿童心理健康的一个重要因素。学前儿童的情绪情感表现出易变化、易冲动、易传染、易外露的特点。他们对情绪情感的控制还有困难，有时也不知道该怎么表达自己的情绪情感体验。因此，在教育过程中要教会儿童正确认识、理解、评价引发情绪情感反应的情境，知道只有提出合理的要求才能得以满足，而不合理的要求必定是不能达成的；要让学前儿童学会用语言和非语言（神态、表情、动作等）的方式表达自己的情绪情感；培养他们控制、调节情绪情感的能力。

案例

情绪晴雨表(大班)

活动目标

(1) 知道嫉妒是一种正常的情绪,人人都会有。

(2) 通过看看说说,了解一些化解嫉妒情绪的方法。

活动准备

绘本《我好嫉妒》,PPT。

活动过程

1. 从封面引起幼儿的兴趣(将“我好嫉妒”的书名先隐去)

(1) 出示封面,观察小熊的表情。

相关提问:你觉得小熊乐乐看上去心情怎么样?你是从哪里看出来的?

(2) 教师介绍“猜书名”的任务。

教师:我把这本书的名字藏起来了,请你们看完以后猜一猜。

2. 在教师的引导下看绘本故事(关注幼儿的生活经验)

(1) 介绍“嫉妒”给人的感觉:刺刺的,辣辣的,心里很不舒服。

(2) 观察小熊乐乐出现这种感觉的场景。

相关问题:小熊乐乐为什么不开心?他心里会怎么想呢?

(3) 借小熊妈妈之口,说明“嫉妒”。

相关提问:你有过嫉妒的时候吗?

小结:我们每个人都会有嫉妒的情绪,大人和小孩都一样,所以嫉妒是很正常的。当你知道自己会嫉妒了,说明你长大了。

3. 小熊乐乐又嫉妒了,怎么办(关注幼儿对于嫉妒的应对方法)

(1) 当乐乐看到小兔子有了新的宠物狗,但是自己没有时,嫉妒的感觉又出现了。

相关提问:小熊去找了爸爸,会对他说什么?你有什么办法帮助乐乐吗?

(2) 看看乐乐先用了什么方法?(搭积木,画画,看书)

小结:如果我们产生了嫉妒的情绪,那么我们可以找各种方法,多想想自己拥有什么,自己能做什么,嫉妒的情绪就会慢慢消失了。

看看乐乐后来又用了什么方法?(和小兔子做朋友,和宠物狗一起玩)

小结:当我们看到别人有什么东西,可是自己没有时,我也可以为别人感到高兴,甚至试着去和别人做朋友,学会分享,这样就不会

嫉妒,还能开心起来!

4. 出现书名,完整欣赏绘本

(1) 再次出现封面,请孩子们猜出书名。

(2) 完整欣赏绘本。

(上海市实验幼儿园)

2. 学习社会交往的技能

归属、爱和尊重的需要是人类的基本需要。学前儿童这种需要的满足更多是从一般的同伴集体中获得的,进而开始与周围其他的人和物交往。这种社会交往能力的形成对学前儿童的心理发展是十分重要的。因此,在教育过程中要让儿童学习感知他人的情感,并能用合适的方式给予回应;学习轮流分享、互助合作等技能;能达成与同伴及相关成人、周围现实环境的协调和适应;懂得基本的礼貌礼节。

拓展阅读

我们都是好朋友——引导孩子与同伴友好相处

午餐后,大家自由活动。然然拿出一本新买的杂志,笑眯眯地对着蕾蕾说:"想和我一块看书吗?""好啊好啊!"蕾蕾连忙搬着椅子坐在她旁边。刚吃完饭的心心也搬着椅子走了过来,想和她们一起看书,然然皱着眉头说道:"我不想和你一起看书!"但心心仍然想挤进然然和蕾蕾的中间。然然就高声说道:"严老师,我们不想和心心一起看书,她硬是要挤过来。""为什么不让心心和你们一块看呢?"我看着心心委屈的样子,帮着她问道。"我就是不要和她玩!她上次把我拍的芭比公主的照片都弄坏了。"

心心搬着凳子向从从、琪琪走去,他们两个人正在摆弄着娃娃和数学咪咪宝,从从看到心心,马上用手捂着咪咪宝,心心想放下凳子,琪琪用手指着心心说:"你到别的地方去玩,我们不要和你玩。"我悄悄走上去问琪琪:"你们为什么不带心心一起玩呀?"琪琪回答说:"上次我带了一块很好看的橡皮,就是被她弄坏的。我不想和她玩!"

【分析】

随着年龄的增长、个性的发展,大班孩子渐渐有了自己喜欢交往的一些朋友,在游戏时间会聚在一起开心地玩。但也有个别孩子会被挤在"圈子"以外,心心就是这样的一个孩子。我询问了一些孩子,发现孩子们不愿与心心一块儿玩的原因就是她经常把别人的东西弄坏。我也曾和心心聊了聊,问她是怎么把别人的东西弄坏的。她噘着小嘴委屈地说:“我又不是故意的。有时候是两个人一起玩的时候拉来拉去不小心弄坏的,有时候我也不知道怎么玩着玩着就坏了。”从孩子的语气中,我听出了委屈,心心缺乏与同龄人相处,尤其是友好亲密交往的经验。对心心来说,如果发生了不愉快时,她能够马上和同伴说声对不起,及时地表达自己的歉意,那么我相信朋友们是会原谅她的。因此,如何让孩子在集体中有与同伴交流、交往的经验是值得教师和家长关注的。

【对策】

1. 引导孩子们了解问题的原因

孩子虽然年纪小,但也有独立思考的能力,作为教育者,首先要尊重孩子的想法,发现问题时要睿智地处理,寻找其根本的原因,教会孩子一些基本的方法,从而更好地引导孩子学会交往。如:瑞瑞在卫生间不小心踩了欢欢的脚,欢欢就因为瑞瑞没有说对不起,跑到教师处告状。这是因为孩子们在遇到这类问题时没有经验,不会用合适的语言取得朋友的谅解,这就提醒我们要从培养幼儿使用礼貌用语及商量用语入手,帮助幼儿学会友好交往。

2. 帮助孩子们学会合理表达

有的时候,孩子会由于语言表达方式的不恰当而引起矛盾。因此,在日常生活中,我们还要多帮助孩子积累并学习使用合适的商量用语,帮助孩子建立融洽的交往语言氛围。如:在需要他人帮助或请别人做事时应学会说——能请你帮个忙吗?

3. 培养孩子们相互谦让的意识

我们可以运用故事、讨论等形式及时疏导孩子们,积极引导每一个孩子,告诉他们在集体中每一个人都可能是合作伙伴,每个人都有长处,不能因为同伴有缺点就嫌弃他,要善于发现别人的长处。

可以给孩子们讲这样一个故事。有一个聪明的老师,有一天发给班级每个孩子一个纸袋,告诉他们:“今天,我们来玩一个游戏,请你们把你所讨厌的人的名字写在一个纸条上,也可以用符号代替。每天放学之后,请大家到路边找一些石头,回去把这些写着名字的纸条贴到石头上。把你非常讨厌的人的名字,贴在大一点的石头上;有一点讨厌的,贴在小一点的石头上。每天,你都把‘讨厌的人’放进这个袋子里,带到学校里来。”小朋友们听了,感到很有趣,放学后,他们都抢着到处去找石头。第二天一早,孩子们都带着装了石头的袋子来到学校,你一言我一语地互相讨论……时间一天天地过去了,第三天、第四天、第五天……有些小朋友袋子里的石头越来越多,他们自己几乎都快提不动了。有小朋友对老师说："老师，拎着这些石头来学校好累啊！我都快累死了！"小朋友们开始有些抱怨。老师笑着对孩子们说："那就放下这些石头吧，以后也不要往里面放石头了！"小朋友们都很奇怪，为什么不收集了呢？老师语重心长地说："孩子们，讨厌一个人，就等于在你的心头加了一块石头。你讨厌的人越多，你也会越累。我们每个人都应该学会宽恕别人，不要把小事儿记在心上……"

通过这些策略，孩子们渐渐体会到只有愿意和集体中所有的伙伴们分享、协商、友好交往，才能感受健康的共同生活的乐趣。

【提示】

(1) 帮助孩子建立良好的交往氛围时，教师要创设各种问题情境，让孩子了解在遇到不同的情境中该用怎样的语言和别人交流，取得别人的理解和原谅。

(2) 面对孩子相处时发生的问题，教师要教会孩子解决的方法，帮助其反复实践，养成良好的语言习惯。

（上海市实验幼儿园　严丽静）

3. 学习独立生活和学习的能力

独立性的培养起始于学前阶段，针对这一阶段儿童渴望"独立"的需要，在教育中要让他们学会自己的事情自己做，不依赖他人；在日常活动中有主见，学习独立思考并解决问题；学习自我保护的常识和技能；帮助他们体验独立自主、获得成功的喜悦，培养独立的个性品质。

案例

我怕！我不怕！（小班）

活动目标

(1) 观察图片，大胆想象"啊呜是什么"，用语言表达自己的想法，感受故事中小动物害怕的情绪。

(2) 理解故事内容，体会故事的趣味性，引导幼儿不怕黑。

活动准备：绘本《啊呜》，PPT。

活动过程

1. 教师发出"啊呜"的声音，激发幼儿阅读的兴趣

提问：你们觉得这是什么声音？一起来学一学。你们在哪里听到过？

过渡:今天老师带来一本好看的书,书的名字就叫“啊呜”。让我们一起来看看“啊呜”究竟是什么呢?

2. 引导幼儿观察图片,理解故事内容

(1) 书的第一页上有什么?为什么窗户是黑黑的?

(2) 小白兔害怕得怎么样啦?想象它会说什么?

幼儿学说,小兔说:“不得了了,桌上有个啊呜,脑袋又大又圆!”

(3) 小动物们出来的时候是什么样的?一起来学一学他们的动作。

为什么他们会往外跑?你觉得他们会说什么?(学说小猴和小猫的话)

提问:雪白雪白、血红血红的可能是什么东西呀?

小结:大家纷纷说:“啊呜,啊呜真吓人!”

(4) 你害怕吗?你敢进这个小黑屋吗?四个小动物还剩下谁?小熊会进去吗?

(5) 小熊进去了吗?他什么样子啊?他可能会说什么?(师生一起夸夸小熊)

(6) 小熊为什么没有出来?那怎么办呀?有什么办法可以让小熊出来吗?

(7) 那“啊呜”到底是什么啊?

(8) 幼儿自己阅读,寻找答案。

(9) 交流各自的阅读结果:“啊呜”到底是什么啊?

辅助:“又大又圆”的是什么?“雪白雪白”的是什么?“血红血红”的是什么?

小结:原来不是“啊呜”,是奶油大蛋糕。

(10) 那小熊在屋子里干什么?

小结:小动物都害怕黑黑的屋子,小熊很勇敢,不怕黑,他吃到了美味的大蛋糕。

(11) 完整讲述故事。

3. 活动延伸

我们现在要回教室了。哎呀!刚才出门的时候,把教室的灯关掉了,可能教室里现在黑黑的,你们敢进教室吗?好!那就让我们大步、勇敢地回教室吧!

(上海市实验幼儿园)

4. 养成良好的习惯

习惯是一定条件下比较固定的、完成某种动作的自动化的倾向，是一种信念和行为的定式，具有稳定持久的特点。培养学前儿童良好的习惯，将会对其一生产生积极的影响。学前教育阶段主要是培养学前儿童良好的生活习惯、卫生习惯和行为习惯。

拓展阅读

我的抽屉我做主——培养幼儿物品归位的能力

放学时，忽然传来东东的求助声："老师，我的抽屉打不开了。"我循声走到孩子的抽屉前查看，原来是他抽屉里的东西太多，卡住了。我只能把上面一层的抽屉拿开，才帮他把自己的抽屉打开。只见他的抽屉里有小玩具，有学校发的通知，最上面还有一本最大的书，把抽屉顶住了，难怪打不开呢！

【分析】

幼儿园为每个孩子准备了一个抽屉，可以摆放孩子的各种东西，但是有的孩子没有及时将抽屉里的东西带回去，塞得太多，有时打不开抽屉，有时打开了又找不到需要的东西。

现在溺爱孩子的家长很多，尤其是祖辈，样样都包办代替，剥夺了孩子自己的事情自己做的机会。因此孩子的自理能力普遍较差，不仅表现在自己的抽屉不会整理，衣服的穿戴和挂放等也不得要领。大班的孩子不久就要进入小学，成为一年级的小学生了，那时必须自己照顾自己。

【对策】

为了更好地培养孩子自我服务的能力，我们与家长达成共识，开展了"我的抽屉我做主"活动，把整理抽屉的经验在自己的日常生活中加以运用。

(1) 与孩子讨论如何整理抽屉。

(2) 让孩子在家里整理自己的抽屉，并请爸爸妈妈用照片和录像的方式记录整理的过程，以便和大家一起分享自己的收获。

(3) 通过视频分享，孩子们知道了整理抽屉前要想好哪些东西适合放在抽屉里，并分门别类地在抽屉上贴标签。

(4) 请孩子尝试将自己的用品一一归类放置在抽屉里，放置的时候还要注意：大的、厚的放在最下面，小的、轻的、薄的放在上面，这样取的时候顺手好拿。

(5) 在幼儿园，评比"谁的抽屉最整洁"。

【提示】

(1) 在幼儿园期间,每周请值日生检查抽屉,巩固良好的生活习惯。

(2) 到大班下学期,还要引导孩子学会整理书包,将整理抽屉的方法有效迁移。

(上海市实验幼儿园　朱伟群)

5. 进行合适的性教育

学前儿童对自己性别的认识,对自己在社会生活中应起的作用的认识,以及性意向的发展,是他们社会化发展的一个重要的部分。这一发展结果,不但影响儿童的心理活动和行为特点,而且关系着他们最终形成的个性,影响他们的一生。儿童早期性教育的内容主要是:确立正确而恰当的性别同一性和性别角色;防止性压抑和性抑制。

6. 预防和矫治常见的心理障碍与行为异常

教师要依照心理健康的标准,通过调查、观察、筛查和诊断等方法,及早发现学前儿童的各类行为问题、心理障碍和心理疾病,确定问题的性质,采取有针对性的措施,进行早期教育、早期干预或早期治疗。

拓展阅读

爱吮吸手指的磊磊——改掉幼儿吮指的好方法

磊磊平时总有吮吸手指的习惯。

记得有天中午,甜甜悄悄告诉我:“老师,磊磊又在吃手了。”顺着她指的方向,我看见磊磊正大口地吮吸着手指。

我连忙跑过去轻轻提醒:“磊磊。”当听见我的声音,磊磊马上就把手拿出来,并且用无辜的眼神看着我,好像在说:“我不是故意的,是手指头自己跑到我嘴巴里来的。”可是我刚一走开,他马上又开始吮吸起手指。我又回到孩子身边,拉着磊磊的手说:“这衣服颜色真漂亮,谁给你买的……”我和磊磊聊起了家常,磊磊渐渐忘记了吮吸手指的事情了。

【分析】

幼儿吮吸手指的原因有多种,比如:孩子想要得到的关注和爱没有得到适当的满足;同伴间的相互模仿;与外界联系较少,缺少同伴;父母对孩子的要求严苛,期望过高等。由上述原因造成的焦虑和压力,迫使孩子退回到婴儿状态,在吮吸手指中寻求安慰。

而磊磊吮吸手指这一不良习惯的主要原因是:孩子断奶后就有吮吸手指的习惯。当时未引起父母的重视,以为只要等孩子长大了自然就会好的。结果,家长对他听之任之,未采取任何措施,随着时间的推移,磊磊的这个习惯非但没有停止,还越来越严重。

【对策】

1. 帮助幼儿正确认识吮吸手指的坏处

长时间吮吸手指会使手指因局部刺激而变大、变粗,也容易产生病菌。我从网上下载了许多关于吮吸手指后有什么坏影响的图片,并把它们装订成册放置在图书角中,同时也把这些图片设置成我电脑的屏保,它会以幻灯片的形式自动来回播放。在集体活动中,我讲了故事《贝贝的手指》,告诉所有的孩子吮吸手指是不卫生的,它不仅会引起手指肿胀、疼痛,影响下颌骨的发育导致牙齿变形,还容易把脏东西带入口中,引起疾病,这是一种不良的行为习惯。

同时,面对磊磊我们应该更耐心,而不是一发现孩子吮吸手指就粗鲁地批评或强硬地制止,甚至粗暴地惩罚,这些做法都是不科学的。我温柔地告诉他:"吮吸手指是小小孩的行为,你已经长大,再这样做是很难为情的。"让磊磊认识到自己行为上的问题。

2. 用各种方法来转移孩子的注意力

孩子吮吸手指的习惯不是一两天形成的,纠正起来也不容易,所以需要我们有足够的耐心。当我观察到孩子快要吮吸手指时,我马上走过去抱抱他,或者用语言来转移他的注意。有时孩子吮吸手指是无意识的,比如在上课时发现他吮吸手指了,我就用眼神提醒他或拉拉他的小手。在活动时,我鼓励他积极参与活动,邀请小朋友和他一起游戏,让磊磊心情愉快,也使他在专心的活动中忘记"吃手"。睡觉时,我就坐在他的身边轻轻拍拍他的背,让他很快入睡,减少吮吸手指的次数。

3. 家园协作,共同努力

我在家访中了解到,孩子的父母十分重视对孩子的知识教育。平时对孩子的要求有时过于严格,一旦孩子犯错后就采用强硬的手段来惩罚。我们向家长提出一定要有正确的教育方法。当孩子做错时,不要大声呵斥、恐吓、打骂孩子,可以用温柔的语言动作来提醒。另外,当孩子在矫治的过程中有所进步时,家长应及时给予表扬和鼓励,以使不良行为消退,将良好的行为固定下来。

【提示】

1. 通过环境创设给予提示

对于像磊磊这样的孩子,仅仅在行动上对其进行教育和引导是不够的。我们还可以在环境创设上为孩子做一些隐性的提示,比如:在盥洗室里或者在生活角中多一些提示性的图画或语言,给孩子一些潜移默化的暗示和提醒。

2. 多鼓励肯定,激发孩子的信心

我们要重视对孩子心理上的辅导和教育,要给孩子更多的爱和鼓励,多从表扬入手,多说一些鼓励的话,多给孩子做一些健康的好榜样。

(上海市实验幼儿园　储祎炜)

三、学前儿童心理健康教育的途径和方法

学前儿童心理健康教育是健康教育的组成部分,充分利用各种有效的途径,采用多种方法,有目的、有计划地组织实施心理健康教育,才能将其落到实处。

(一) 学前儿童心理健康教育的途径

学前儿童心理健康教育,可以依托社区、家庭、幼儿园等途径进行,也可以通过集中的或分散的形式开展。

1. 正式的途径

(1) 专门的心理健康教育活动。这是指根据学前儿童心理健康教育的目标和内容,或是针对当前存在的实际问题,向学前儿童进行有关的心理健康教育。这种教育活动可以根据不同年龄的特点和需要,在日常的课程中进行。

(2) 专家的心理咨询。心理咨询是通过谈话的方式,提供学前儿童需要的知识,增进学前儿童的自我认识,开发学前儿童的潜在能力,帮助学前儿童克服困难,达到身心健康发展的目的。心理咨询的效果,取决于进行心理咨询的教师和医生的知识、态度、咨询技术,以及职业道德和操作规则。

(3) 一般的行为指导。狭义的行为指导具有行为矫正的意思,主要是运用条件反射学说和社会学习理论改正儿童的不良行为。行为指导一般采取正负强化的奖惩方式进行训练。广义的行为指导还包括道德与情操培养、榜样作用、规范行为的建立与训练等。

2. 非正式的途径

幼儿园一日生活各个环节的渗透影响,园内各种设施、环境布局的整合影响,园长、教

师、保育员的合力影响，都是实施学前儿童心理健康教育的途径。家庭是儿童成长的重要场所。在进行心理健康教育的过程中，家园同步是必要的途径，只有使得双方的教育达成一致，才能取得持续的教育效果。而学前儿童接触到的适宜的居住地环境、整洁的生活设施、良好的人际关系、和谐的社区氛围，都会对他们的心理产生一定的影响。比如，幼儿园的游戏，除了其本身的教育作用外，若将心理健康教育的内容融合于游戏中，就能发挥增效作用。游戏是儿童合群性养成、独立性培养的极好手段。在角色游戏中，幼儿通过游戏主题的确立、角色的选择、情节的发展等活动，可以学会如何与同伴友好相处，促进自我意识、合群情感的良好发展以及社会化和个性化的协调发展。

在幼儿共育模式中，幼儿园、家庭、社区之间的联动实践有很多的探索。家长学校开设有关幼儿和家长心理的讲座、开展亲子活动、开设家庭心理咨询、周日家庭共同游玩活动等。对有问题儿童的家庭上门治疗、送教，开展学习化家庭建设活动，开展“社会模拟活动”，让小区中的儿童定期在一起活动，实现时空开放，积极利用社区心理卫生资源，努力形成一体化的教育网络，提高学前儿童心理健康教育工作的综合能力等。

媒体也是十分重要的途径。让学前儿童观看自己喜欢的电视、影像，阅读自己喜欢的图书等，也是进行心理健康教育的有效途径。这样儿童可以在欢乐、轻松的氛围中受到有益的影响。

（二）学前儿童心理健康教育的方法

学前儿童的年龄特点以及心理健康教育的内容，决定了方法在实施学前儿童心理健康教育过程中的重要性。常用的学前儿童心理健康教育的方法如下。

1. 榜样示范

在心理健康教育中，树立榜样，让儿童通过模仿从无意到有意、从自发到自觉学习榜样的行为和习惯，这是心理健康教育的一种行之有效的方法。榜样可以是同龄儿童的良好行为，或是儿童喜欢的媒体中的人物形象的良好言行。值得注意的是，在学前儿童良好行为形成的过程中，具有决定性影响作用的是父母和教师的行为。在运用这一方法时，家长和教师要以身作则，为儿童树立模仿学习的典范。同时，家长和教师在为儿童选择榜样时，要注意榜样的典型性、权威性和情感性，使榜样和范例能对儿童的行为起到启动、控制、矫正的作用。

2. 情境演示

情境演示是指让儿童以表演的方式，思考和表现在不同的社会情境中作出行为对策的教育方法。情境演示的内容源于儿童的生活实际，它能帮助儿童认识在一定情境中可能遇到的问题和冲突，并对之作出合乎社会行为规范的反应。在运用这一方法时，家长和教师要注意引导儿童积极思考，锻炼他们判断是非的能力和解决问题的能力。

3. 行为练习

行为练习是指让儿童对已经学过的技能和行为进行反复练习,加深儿童对某个行为或技能的理解和掌握,从而形成稳定的行为习惯。在运用这一方法时,家长和教师要注意行为练习的兴趣性、持续性和指导性,这样才能取得良好的效果。

4. 讲解说理

讲解说理是指向儿童传递、讲授有关心理健康的一些粗浅的知识,以提高儿童的认知水平,帮助儿童改善对心理健康的态度。在运用这一方法时,应注意讲授的生动有趣、形式的活泼多样,同时内容应切合儿童的生活实际,符合儿童的年龄特征。

5. 讨论评议

讨论评议是组织儿童参与心理健康教育的过程,通过提出问题、发表意见、共同交流而取得较一致的认识。这种方法的运用,可以在同伴之间,也可以在儿童和成人之间。应当允许儿童发表不同的看法,也应当鼓励儿童表达自己真实的情绪和情感,以及对他人发表评议。

第二节 学前儿童心理健康教育的实施

一、学前儿童心理健康教育的原则

(一) 注重情感体验

情感是一种由内而外、潜移默化的过程。引导儿童感受不同的生活场景,体验各种不同的情绪情感,是十分必要的。在这种体验的过程中,儿童或快乐,或生气,或担忧,或痛苦。如果这些情感"节目"在童年时期都被合适地"演出"了的话,则可增强儿童未来的社会适应能力,对其心理健康也会产生长远的有益影响。

(二) 注重环境创设

创设良好的环境,对于心理健康教育的实施是必要的前提条件。这里所说的环境是一个全方位的概念,它既包括儿童生活的物质层面的环境,也包括直接影响儿童心理发展的精神层面的环境。

1. 物质层面的环境

幼儿园的物理环境是影响学前儿童心理健康的一个主要方面。它包括幼儿园的自然环境(如声、光、绿地、空气等)、人工设施(如房屋建筑、玩具、活动场地等)。

幼儿的活动空间是影响幼儿心理健康的重要物理环境因素。人员密度过高的幼儿活动室,有可能使幼儿的攻击性行为增多,社会交往行为减少,主动参与活动的概率下降。

空气质量的好坏也是影响学前儿童心理健康的一个重要因素。污染严重的空气中有二氧化硫、二氧化氮和飘尘等有害物质,汽车废气中的主要污染物有一氧化碳、氮氧化合物、碳氧化合物和铅化合物。幼儿吸入一定数量的这些物质,会对其身心健康产生危害。例如,一氧化碳与血红蛋白结合后,血液的携氧能力就下降,导致组织缺氧,从而影响幼儿的手指精细调节功能和大脑智力活动;汽车废气中的铅在幼儿体内蓄积,可导致神经衰弱综合征。

噪音不仅会损害幼儿的主观听觉,还会使中枢神经的调节功能紊乱,导致全身性机能失调,如肠胃功能紊乱、心跳加快、血压波动,进而产生慢性疲劳和情绪烦躁,等等。此外,幼儿园室内的光线太弱,光照不足,幼儿整日生活在阴暗、潮湿的环境中,情绪会感到十分压抑,也会对他们的心理健康造成不良影响。

2. 精神层面的环境

宽松、愉快的生活气氛和充满关爱的精神环境,能使幼儿经常处于积极的情绪情感状态中。良好的生活环境,合理的、有规律的作息制度,无压抑感、充满关爱和激励的情感气氛,能使幼儿感到安全和愉快,产生亲切感,易于接受教育影响。在这样的环境中生活和学习,幼儿才能思维敏捷、想象丰富、活泼开朗、充满自信和创造。

在儿童的生存条件中,家庭是第一要素。其中,家庭结构、家庭氛围、父母的养育方式和态度以及家长自身的文化素养都会对儿童的心理健康产生影响。来自家庭的这种影响是以一种多因素、多侧面的复杂方式实现的,具有潜移默化的特点。

幼儿园是儿童社会化历程的重要场所,其物理环境和人文环境的交互作用是儿童心理健康的重要保证。而在众多的影响因素中,教师的影响力更为显著。社会心理学家认为,在同伴群体中的评价标准出现之前,教师是对儿童最有影响力的人物。所以,教师自身的人格特征以及对儿童所持的情感态度,作为一种环境,对儿童的心理健康有很大的影响。

幼儿园中的同伴关系同样也会影响儿童的心理健康。在同伴中受欢迎的幼儿会有安全感、归属感;反之,会产生孤独感、自卑感。而幼儿过多地体验到负面情绪,则会对自己的心理健康造成不良的影响。人类的心理适应最主要的就是对于人际关系的适应,人类的心理病态主要是由于人际关系的失调导致的。所以,让儿童学会与他人的合作交往,对维系其心理健康有重要的意义。

(三) 注重多途径影响

心理健康教育的实施,需要通过多样化的形式、多种类的活动、多途径的操作,才能形成合力,共同影响儿童,促进儿童成长。

1. 移情训练

即让幼儿站在别人的立场上思考问题,引导幼儿采纳他人的观点,使幼儿能够更好地从他人角度出发,培养同理心,获得情感共鸣,并逐步摆脱自我中心,增加积极的情感体验。

2. 角色扮演

即通过有意识的角色任务,如"娃娃家""超市""医院"等角色扮演游戏,培养幼儿与人交往的能力。这些角色扮演游戏能够帮助幼儿学习分享、合作、谦让、互助等行为,体验愉悦的情感。

3. 模拟活动

即利用社区、家庭、幼儿园的资源,让幼儿体察、了解、培养亲情、友情、关爱等社会性情感,促进儿童的心理健康。

二、学前儿童心理健康教育应注意的问题

(一)提高教师的心理素质

当前,幼儿园教师和家长由于工作压力大、生活节奏快,容易出现职业倦怠、焦虑等心理问题。而幼儿园教师和家长的心理健康与否,直接影响着儿童的心理健康。因此,要对儿童进行心理健康教育,教师和家长首先应注意提高自身的心理健康水平,合理排解工作、生活压力,保持自信、乐观、开朗、向上的良好心态;对自己有正确的评价,生活目标切合实际,保持人格的完整与和谐;具有良好的社会适应能力、融洽和谐的人际关系、良好的行为习惯,给儿童以积极的、正面的影响。尽量不要在儿童面前宣泄不良情绪,不要因为自己心情不好而影响儿童,更不应向儿童发泄。

(二)渗透在一日生活中

儿童心理的发展受多种因素影响,并且具有连续性,因此要在幼儿一日生活的各个环节渗透心理健康教育,并保持要求的一致性。这需要幼儿园教师及其他工作人员的支持,也需要家长的配合。如教师在语言领域课程中要鼓励孩子勇于表达自己的想法,在户外活动中要鼓励儿童积极参与活动,根据自己的兴趣爱好扮演角色,参加游戏;保育员也要鼓励儿童在幼儿园里多和同伴交流,通过各类活动来提高儿童的人际交往能力。

(三)及时发现问题,适时疏导

儿童在成长过程中渐渐学会了将情绪由外露转为内隐,如伤心时不哭出声音来,受了委屈不表现出来等。然而,由于儿童情绪调节能力不足,有时表现出强制压抑,有时又由于缺乏必要的语言表达能力,不懂得如何表达自己的情感体验,影响情绪和精神状态。这就需要教师善于观察,熟悉每个幼儿的个性特点和表达方式,及时发现幼儿的反常情绪,适时帮助其疏导情绪,以爱心来呵护幼儿的心灵。教师可以通过讲道理、讲故事帮助幼儿调整心态,或教幼儿以适当的方式表达情绪,或转移其注意力,防止幼儿过度沉溺于某一不良情绪中。

(四)尊重幼儿人格,不要妄下结论

教师要尊重每个幼儿,保护他们健康成长,不要随便下结论,如指责某幼儿有“多动症”,或是其他行为异常。这会对幼儿的心灵造成严重伤害,而且影响其社会性的发展。

当然,如果发现某幼儿有一些症状与典型的心理疾病症状相似,教师应及时提醒家长带孩子去医院检查,以免错过最佳治疗年龄。如果幼儿真的患有某方面的心理疾病,教师应尊重并保护其隐私,尽量为其提供正常的交往环境,并在家长的配合下尽可能帮助幼儿治疗,促进其健康发展。

(五)整合幼儿园、家庭和社会的教育影响

儿童由于认知发展的不成熟,缺乏明辨是非的能力,容易受到周围成人的影响,尤其喜爱模仿周围成人的言行举止。教师、家长或周围其他成人不恰当的言行举止,很容易影响儿童。因此,学前儿童健康教育需要有效整合幼儿园、家庭和社会的教育影响,使各方面的力量保持一致、形成合力,这样才能促进儿童的心理健康发展。如果各方面的影响相互冲突,会大大削弱正面教育的力量,甚至使儿童形成某些不良心理品质,增加教育的难度。

案例

我生气了(中班)

活动目标

(1) 乐于和教师一起阅读绘本,并能从图画和文字中体会角色情绪变化的过程。

(2) 初步学习用恰当的方式调节和宣泄自己的情绪。

活动准备

修改后的绘本《汤姆挨罚》,PPT。

活动过程

1. 情境导入——关注幼儿已有的经验

(1)(出示封面)这是汤姆,他是一个幼儿园的小朋友。

(2) 这个故事的名字叫《汤姆挨罚》,什么叫“挨罚”?

让我们一起来看看这个故事。

2. 讲述故事——关注幼儿对他人情绪变化的理解和语言表达

播放PPT,提问:

(1) 汤姆为什么要去拿别的孩子的小汽车?如果是你正在玩的玩具,被一个小朋友二话不说直接拿走,你感觉好不好呢?(关注幼儿对图片和感情的理解)

(2) 如果汤姆想玩小汽车，他可以怎么做？（关注幼儿对语言的理解和表达）

(3) 汤姆看见别的小朋友在搭积木，他是怎么说的？是不是自己有礼貌地询问了，别人就必须同意呢？遇到拒绝该怎么办？

(4) 教师是怎么对汤姆说的？

(5) 汤姆可以做些什么，让小朋友的心情好一点呢？（关注幼儿对角色情绪变化的理解）

3. 理解故事

完整讲述故事后提问：

(1) 你喜欢汤姆做哪些事？为什么？

(2) 你生气的时候可以做什么让自己的心情好一点？（关注幼儿对自己情绪的理解和恰当的宣泄方式）

（上海市实验幼儿园）

第三节　学前儿童一般行为偏异

一、学前儿童一般行为偏异问题的鉴别

幼儿期是个体社会化的初始阶段。这一阶段的发展，对儿童今后乃至一生的发展都是极其重要的。此时所造成的任何心理上的问题和偏差，都会给儿童今后的发展和教育带来很大的困难。无论从儿童本身发展的角度，还是从当前的实际情况来看，预防和矫治儿童心理问题都已迫在眉睫。儿童本身天真单纯、活泼可爱的特点，使得他们的一些心理问题常常被成人忽视。而且，正常心理与异常心理的区别是相对的，并非泾渭分明，很难找出严格的界限。尤其是对年幼的儿童来说，如对他们的观察不详细，识别不准确，干预不到位，则会对他们的成长产生不良的影响。所以，对儿童成长过程中的一般行为偏异，我们应当在认识、了解的基础上，给予特别的关注。对于儿童心理问题的种种表现，判断其是否正常，一般可以从以下几方面考虑。

（一）从常模看行为表现

正常即平常，如果某个儿童心理活动的行为表现是同年龄大多数儿童都有的，那么这个

儿童的心理正常的可能性就较高。如果同龄大多数儿童都这样表现，而他不这样表现，或大部分儿童不这样表现，他却这样表现，这些都可能是不正常的。如儿童在2—3岁时是发脾气的高峰期，大部分的儿童在该年龄段都控制不住自己的情绪，经常发脾气，这是正常的；随着年龄的增长，儿童的控制能力逐渐提高，发脾气的次数会逐渐减少，如果到了该上学的年龄还是随意脾气的话，那可能需要进行干预。

（二）从程度看行为表现

虽说某些心理活动的行为表现是大多数儿童都有的，但有的儿童表现的程度超出了大多数儿童的表现程度，也属于不正常。如由于年幼儿童的认知发展水平较低，在想象与现实、记忆的正确性等方面出现与事实不相符合的情况，而造成了说谎，这种谎言并不是儿童故意编造的，而是由他们心理发展水平的局限性造成的，因为他们还判断不了事实的真伪虚实，即使说了谎，自己也分不清真假，这样的表现是正常的。但随着年龄的增长，有些儿童经常故意编造谎言，有的是为了达到某种目的，有的甚至在没有必要说谎的时候也会编造谎言，久而久之，成为一种顽习，就会成为不正常的行为表现。

（三）从特定环境看行为表现

一些情况下，儿童的某些行为看起来好像是不正常的，但仔细观察分析，却发现这种行为表现是对特定环境的正常反应。如成人对孩子过分严厉，当孩子做出违反规则的举动时，便不分青红皂白地加以恐吓、责骂，甚至施以体罚。儿童一旦做错了事，怕受到惩罚，便会编造谎言，来掩盖自己的过失。如果说谎达到了目的，这便对说谎这一问题起到了强化作用。又如有的儿童生活在吵闹不断、打骂无常的环境中，久而久之儿童也具有了攻击性行为等。由此可见，儿童心理活动的某些行为表现恰恰是对某些特定环境的正常反应。

（四）从发展规律看行为表现

正常的儿童，其身体和心理都处于不断变化之中。这种变化表现得时快时慢，时明了时模糊，但它总是向前发展的。如发现有的儿童在身心发展的某个方面表现出停滞不前，甚至不进反退的现象，那就需要更多关注。如2—3岁的儿童，由于大脑发育的完善，与人交往范围的扩大，在日常生活中开始能够运用语言进行交流了，这是儿童心理发展的必然过程。但是，如果一个3—4岁的儿童还迟迟不说话，或者没有用语言交流的欲望，则可考虑其在发展过程中出现了障碍。

总体说来，判断儿童心理发展的正常与否，复杂且必须谨慎，应当从多方面加以细致的观察、调查和分析比较，绝不能孤立地看某一行为表现，也不能从偶尔的行为表现出发就轻易下结论。必要时，应当在专业人员或专门机构的支持下进行测评，力求对儿童心理发展的问题作出科学的诊断。

二、学前儿童一般行为偏异的矫治方法

及早发现儿童的心理问题，适时而恰当地进行矫治，对症下药，防微杜渐，才能积极有效地干预，以促进儿童心理健康的发展。儿童心理问题的矫治方法颇多，其中应用较为广泛的有以下几种方法。

(一) 行为治疗

行为治疗亦称行为矫正，是应用学习原理以改变或消除不良行为、症状，并教以顺应社会的良好行为的心理治疗方法。此方法以巴甫洛夫经典条件反射、桑代克工具条件反射、斯金纳操作条件反射及班杜拉观察学习理论为基础，是一个着眼于改变行为而不是改变人格的学习过程。

行为治疗的方法有很多，如阳性强化法、系统脱敏法、消退法、冲击治疗法、暂时隔离法等。应用时具体选择哪些方法，则应考虑治疗者、被治疗者的行为特点，以及被矫治行为的程度等因素。

行为治疗的主要内容有：第一，帮助儿童学会某些技能，指导他们做得更好一些，如教会他们控制大小便、穿衣服、系鞋带、用餐等。第二，增加儿童的某些行为，如对于不爱说话的儿童，应增加他与别人交谈的机会。对于孤僻不合群的儿童，要增加他与同伴一起玩的时间。第三，减少儿童的某些行为，如通过训练减少儿童胆怯、尖叫、说谎、攻击性行为等。第四，改变儿童的某些行为，应使之与时间、地点等相契合，如纠正儿童随地扔纸屑、吃饭时打闹等不适合的行为。

在具体实施时，首先要了解儿童的主要问题，如在什么情况下发生口吃，频率如何；同时，应了解在儿童的生活中，可能存在的阳性强化和阴性强化因素，包括父母对儿童的态度、喜爱的活动、喜爱的食物等；还应了解儿童主要的优缺点，以及平时对待教育的态度等。然后，根据上述资料，选定需要治疗的靶子行为，靶子行为越具体越好。如果儿童有多种行为问题，先选择容易纠正的行为，再逐步深入到较难纠正的行为。每次重点解决一个行为，再根据疗效巩固的情况，逐渐增加需要纠正的行为的内容。

行为治疗可用于治疗大多数儿童的行为问题，只要运用得法，并有计划地进行，疗效就比较显著。行为治疗在治疗儿童心理问题上已被广泛运用。

(二) 游戏治疗

游戏是儿童的基本活动，儿童在游戏中可以自然地发泄其内在的心理冲突，以及用语言所不能表达的情绪情感。儿童所生活的客观环境不可能无拘无束地满足他的各种欲望，因而就会累积挫折感、紧张感、不安全感、困惑、恐惧和攻击的欲望。在游戏治疗时，治疗者为

儿童创设游戏环境，让儿童去做自己想做的任何事情，没有人评价他行为的对错，没有人强制他做这做那，也没有人与他争夺玩具，他想怎样玩就怎样玩，不用遵守任何游戏的规则。在这种情境中，他们把真实的自我完全展现出来，尽情发泄心中的各种抑郁，满足自己的各种欲望，释放紧张的情绪。这样，儿童在现实情境中被压抑的、不能满足的欲望和需要得到了补偿，儿童减少了焦虑和抑郁，获得了情绪上的松弛，发展了自我的力量，提高了自制力，逐步地实现了自我控制，从而能较好地适应社会。

美国著名的心理治疗师亚瑟兰提出了在实施游戏治疗时治疗者必须遵循的八项原则：(1)治疗者必须与幼儿建立亲近、友善的关系；(2)治疗者必须接纳幼儿真实的一面；(3)治疗者应宽容幼儿，使幼儿能够自由表达自己的感受；(4)治疗者要善于识别幼儿所表达的感受，并以能让幼儿领悟自己行为的方式把这些感受反馈给幼儿；(5)治疗者要尊重幼儿解决自己问题的能力以及进行选择和着手改变的行动；(6)治疗者不要指导幼儿的行动或谈话；(7)治疗者不要急于抓治疗的进度；(8)治疗者只能规定一些必要的限制，这些限制为的是使治疗符合真实生活，以及让幼儿认识自己在治疗过程中应负的责任。

(三) 家庭治疗

家庭治疗的主要观点是，如果把家庭看作是一个系统的话，儿童则是这个系统中的一部分。在这个系统中，儿童的言行不断影响着周围的人，而儿童本身也受到家庭其他成员的影响。因而，在进行治疗时，着眼点不能只放在儿童身上，而是要了解儿童的行为、情绪问题发生的整个背景环境，以及这些环境因素与儿童之间的相互影响。如果只消除儿童的问题，而不触及家庭中的潜在问题，那么儿童的问题也不可能得到解决。因此，在家庭治疗中，治疗的对象是整个家庭，而不仅仅是儿童本人。如发现儿童胆怯是由于父母过度保护等原因造成的，则要指导父母逐渐改变对儿童的教养方式，使父母能从心理治疗的角度对儿童施加影响，以达到改变儿童的行为并持久地保持下去的目的。

三、学前儿童一般行为偏异的表现及矫治

(一) 儿童行为障碍

患有行为障碍的儿童，在日常的活动中会有一些共同的特征，具体如下。

1. 注意缺陷

有行为障碍的儿童，不能持久集中注意一件事(活动)，表现得心不在焉或凝神发呆，易受环境的干扰，常常半途而废。

2. 活动过多

这类儿童大多数从小就表现得兴奋多动、不安宁，如过分地来回奔跑，在活动室内喧哗吵闹，在座位上不停地扭动，多招惹他人。平时喜欢说话，过度喧闹，不知道爱护玩具、图书

等物品，常与同伴争执，片刻都难以安静。

3. 情绪冲动

有行为障碍的儿童由于克制力差，常对一些不愉快的小事作出过分的反应，大哭大闹。他们的情绪不稳定，脾气暴躁，想要什么就得立即得到什么，会在冲动下做出一些危险举动及伤人的行为。

4. 感觉统合失调

这是指进入大脑的各种感觉刺激信息不能在中枢神经系统有效地进行统合处理，大脑对身体各器官失去控制组合能力。这类儿童往往会表现为各种运动的不协调、平衡失调、视觉障碍、触觉障碍、注意力不集中、多动不安等。

有研究认为行为障碍可影响3%—5%的学龄前儿童，且男孩发生的概率比女孩高2—3倍。它的表现会随年龄的发展而变化，婴儿期的坏脾气到3—4岁时变成多动、冲动症状，而到了读小学时，增加了注意分散的症状。尽管随着年龄的增长，行为障碍的影响程度会降低，但有时候也会变为影响人一生的障碍。

行为障碍受遗传及神经生理的影响，与怀孕期、出生和早期发展的环境有关。儿童的饮食、过敏和铅的危害作用也越来越被人们关注，同时家庭影响也是一个重要的方面。

对待患有行为障碍的儿童，家长应当掌握有关方面的知识，以便理解这种紊乱的生理基础，这样能帮助父母解除心理负担，增强引导儿童的信心，平静地对待儿童的行为障碍问题。家长还应当多和孩子一起玩有趣的游戏，让孩子尽情快乐，放松心情，自由活动，以平衡身心状态。大量的科学实验证实，环境的刺激对儿童成长发育有很大的影响。良好的刺激影响能改善大脑功能，促进大脑神经系统的健康发育，有助于发展儿童的学习、运动等各方面的能力。

(二) 儿童情绪障碍

当一个孩子看到一条没有被拴住的狗在他面前奔跑时，他会变得“脸色苍白，出汗，发冷，身体不停地发抖”；他的“思维飞速运转以至不能思考，身体僵硬，心率加快，感觉紧张，呼吸困难”，这个孩子正在体验着某种情绪。学前儿童在其生长的过程中，都有过恐惧、担忧、焦虑或羞辱的情绪体验，这是正常的。而当这些情绪发展成为过度的、削弱身体机能状态的不良情绪时，则会影响个体的健康成长。

1. 焦虑

个体在预感潜在的危险或不幸时，会产生强烈的负面情绪和紧张的身体症状，这就是一种焦虑状态。儿童的焦虑障碍表现为多种形式。有些儿童在与母亲分离或离开家时就会感到焦虑；有些儿童会对所有的事情都感到担忧，在没有任何原因的情况下不停地焦虑；还有些儿童在特定的场合中，比如见到庞然大物、高空站立时会出现焦虑；更有些儿童常有重复的、干扰性的、不希望有的思维，由此导致焦虑。可见，焦虑是儿童情绪障碍中一个较突出的问题。有焦虑障碍的儿童在生理、认知、行为方面会有不同的反应，如表 7－2 所示。儿童焦虑的不良影响可能会延续到青春期和成年期。

表 7－2　焦虑的症状

生理系统		
心率加快	眩晕	脸红
疲劳	视力模糊	呕吐
呼吸加快	口干	肢体麻木
恶心	肌肉紧张	出汗
胃部不适	心悸	
认知系统		
被惊吓或遭受伤害的想法	觉得没能力或能力不足	身体受到伤害的想法
鬼怪或野兽出没的想象	注意集中困难	有关伤害到自己所爱的人的想象
自我批评或自我贬低的想法	头脑空白或健忘	觉得要发疯了
觉得受到了污染	觉得很愚蠢	
行为系统		
回避	嘴唇颤抖	无目光接触
哭泣或尖叫	吞咽口水	身体接近
咬指甲	不能动	咬紧牙关
声音发抖	抽动	烦躁
结巴	吮吸手指	

不良的环境、不恰当的教育方法，是导致或加重焦虑反应的重要原因。如父母对某些危险估计过高，常给孩子一些多余的劝告、威胁、禁令等，使他们整天焦虑不安；父母没有考虑孩子的年龄特点，对待孩子过分严厉或过分溺爱等。

预防和矫治儿童的焦虑，应从改善环境和教育方式入手。父母应根据孩子的年龄、认知水平等对其有合理的要求，既不溺爱，也不苛求；要从各方面帮助儿童树立克服困难的信念，培养坚强的意志和开朗的性格；同时，父母也应当完善自我、改变自我，以良好的教育方式帮助儿童健康成长。

2. 恐惧

恐惧是对当前危险或危及生命事件的一种即刻的警觉反应。恐惧和焦虑有共同的地方，但两者在生理和心理上都存在差异。恐惧是指向当前的危险情绪，具有强烈的逃离倾向，伴有交感神经系统的全面启动。婴幼儿期常见的恐惧如表7-3所示。

表7-3 婴幼儿期常见的恐惧

年龄	恐惧的对象
0—6个月	身体支持的丧失、大的声音。
7—12个月	陌生人、突如其来或冲向身体的物体。
1岁	与父母分离、伤害、大小便、陌生人。
2岁	噪音、动物、黑暗的房间、与父母分离、大型物体或机器、个人环境的改变。
3岁	面具、黑暗、动物、与父母分离。
4岁	与父母分离、动物、黑暗、噪音。
5岁	动物、"坏人"、黑暗、与父母分离、身体伤害。
6岁	超自然的东西(如鬼怪)、身体的伤害、打雷和闪电、独自睡觉或独自活动、与父母分离。

由于儿童和他们所处的环境是不断变化着的，在某个年龄阶段属于正常的恐惧，几年之后可能是不适当的，甚至会成为一种心理障碍。例如，对陌生人的恐惧对婴幼儿具有保护作用，但这种恐惧持续到一定年龄，就会影响儿童与同伴之间关系的发展。

如果恐惧对儿童的日常生活影响较小，而且只持续数周，这种恐惧可能是正常发展的一部分。反之，如果儿童处于持续的、极度不安的恐惧状态中，则会影响儿童的身心健康。

对于恐惧的矫治可采用行为治疗的暴露疗法，即通过多种不同形式呈现令儿童恐惧的情境或物体。这些方法包括呈现现实的情境或物体、计算机虚拟的情境或物体，角色扮演，通过想象或观察他人在面对这些情境及物体时的表现(模仿)，以提供应对的有效方法。

3. 拒绝上幼儿园

幼儿初次离开家庭到集体中生活，由于环境是陌生的，周围的人也是陌生的，与他们在家的感受有着很大的差异，所以他们不愿意上幼儿园，并出现哭闹等情绪波动，这是正常的。他们当中的大多数经过父母和教师的教导，能够较快地适应新的环境。但也有一些孩子情绪波动过大，持续时间过长，甚至害怕上幼儿园。一谈到幼儿园或让他们上幼儿园时，他们的脸部表情便变得呆板或惊恐，心跳加速，肌肉紧张，严重时还伴有出汗、呕吐、腹痛、腹泻等症状。

造成这种行为的重要原因，有的可能是父母对子女过分溺爱和娇惯，使得孩子过分依恋父母，一旦离开父母，就有了害怕的情感体验，产生分离焦虑。有的孩子是在还未上幼儿园之前，被成人以"不听话就送你去幼儿园"的方式进行教育，于是不愿意上幼儿园。也有的孩子是因为刚入园，就有被教师指责的经历，因而强化了不愉快的情绪，拒绝上幼儿园。

对于这一现象，应从小注意对幼儿性格的培养，使其乐观、开朗，变得坚强。对于拒绝上幼儿园的幼儿，要尽量减少他们的心理压力，努力改善亲子关系，鼓励他们多参加集体游戏和集体生活，增强他们的社会适应能力。

（三）儿童发展与学习障碍

在人类发展的早期，人们对个体发展与学习障碍的认识充满着无知和责备。到了20世纪中叶，人们对发展与学习障碍的认识有了迅速的提高，对其产生的原因以及为患这种障碍的儿童和成人提供帮助等方面，都有了长足的进步。

1. 儿童精神发育迟滞

精神发育迟滞包含非常广泛的认知和行为方面的问题，所有其他童年期的障碍所具有的问题，都可能在精神发育迟滞儿童的身上存在。他们需要日常的管理和帮助。

有轻度智力障碍的儿童，在适当的帮助下，能够像其他儿童那样自己处理日常事务。他们可以加入正常的班级，应对适当的身体和智力挑战的要求，与同龄人和教师发展有意义且持久的关系。有较严重智力障碍的儿童，在他们整个童年期（有时会持续到成年早期）都需要较多的日常管理和照顾。在这一时期，他们可以发展独立生活所必需的技能。

具体说来，精神发育迟滞有以下三个核心特征。

（1）其智力功能显著地低于同龄人的平均水平。我国现行的《第二次全国残疾人抽样调查残疾标准》是参考了世界卫生组织和美国智力与发展障碍协会的智力障碍的分级标准，对智商有四级划分。《中国精神障碍分类与诊断标准（第三版）》中，也依据智力水平等，对精神发育迟滞有四级分类。

（2）同时伴有当前适应功能的不足或损害。即仅凭智商分数是不足以得出精神发育迟滞的判断的。一个人必须同时在至少两个适应行为领域内显示其重大的局限性，如沟通、自理、社会或人际关系技能、学业或工作技能等方面，才能判断其是否属于精神发育迟滞。

（3）精神发育迟滞在儿童期和青春期表现比较明显，一般会在18岁以前清晰地显示出低于正常的智力和适应能力的表现。

2. 儿童孤独症

一个婴儿或初学走路的儿童不会拥抱、不会看着家长的眼睛、不会回应家长的爱抚或触摸，也就是说，他好像不能和任何人建立正常的关系或沟通。当他稍稍长大一些时，他很少说话，当他真的说话时，其方式又是很特别的。就这样，在最初的几年过后，他变得越来越孤独，停留在自己的习惯和兴趣的小世界里，遇到有人打断他时，他会变得极度心烦意乱。这便是儿童孤独症，也被称为自闭症。

孤独症是一种广泛性发展障碍，是以明显的社会和沟通技能缺陷及刻板的兴趣和行为模式为特征的。孤独症越来越多地被认为是生物学基础上终身的发展障碍，它往往出现在生命的头几年里。孤独症儿童的行为是怪异的、不寻常的，并以一些莫名其妙的方式表现出来。他们经常会花很多时间从事刻板的或重复的动作，或专注于他们所处环境中的微小的细节，而忽视大的方面。孤独症的核心特征是社交功能的损害、沟通能力的损害以及重复的行为和兴趣。我们可以借助如表7－4所示的《美国精神疾病诊断与统计手册（第五版）》中有关孤独障碍的标准来判断。

表7－4 《美国精神疾病诊断与统计手册（第五版）》中有关孤独障碍的标准

《美国精神疾病诊断与统计手册（第五版）》规定，诊断自闭症谱系障碍需满足以下的A至E共五个标准，其中，A和B阐明了自闭症谱系障碍的核心症状。 A. 当前或历史地在多种场景中存在社会交往和社交互动的持续的缺陷，表现如下（举例仅起说明作用，而非详尽的表现）： ① 社会情感互反性存在缺陷。例如，从社交途径异常和无法正常往复交谈，到缺少兴趣、情绪和感受的分享，再到无法发起或回应社交互动。 ② 用于社交互动的非言语沟通行为存在缺陷。例如，从言语和非言语沟通之间的协调差，到眼神接触和肢体语言反常，或理解和运用手势存在缺陷，再到完全缺乏面部表情和非言语沟通。 ③ 发展、维持和理解人际关系存在缺陷。例如，从难以依据不同的社交场景调节行为，到难以参与想象性游戏或交友困难，再到对同龄人缺乏兴趣。 详细说明当前严重程度，其严重程度基于社会交往能力受损和局限重复的行为模式。 B. 当前或历史地表现出局限的及重复的行为、兴趣、活动模式，表现为以下至少两项（举例仅起说明作用，而非详尽的表现）： ① 运动动作、物品使用或说话方式表现出刻板或重复（例如，简单运动刻板定型、排列玩具或翻动物品、模仿言语、措辞怪异）。 ② 坚持单调无变化，僵硬地坚持常规习惯，或方式、言语及非言语行为仪式化（例如，对微小变化极度苦恼、难以过渡转变、思维模式僵硬、问候仪式化、每天必须走相同的路线或吃相同的食物）。 ③ 有极为局限的、迷恋的兴趣，并且兴趣强度和兴趣点反常（例如，对不寻常的物品有强烈的迷恋或专注，或过度局限的或固执的兴趣）。 ④ 对感官输入反应过度或反应不足，对环境的某些感觉方面有异常的兴趣。（例如，对应有痛觉的温度明显淡漠、对特定的声音或质感反应不适、过多地嗅或接触某些物体、视觉上对光亮或运动痴迷）。 C. 症状必须在发展早期出现（但症状有可能直到社交要求超过其受限的社交能力时才会充分显现，或有可能被后期生活中习得的技能掩盖）。 D. 这些症状带来了社交、职业或目前其他重要功能在临床上的显著障碍。 E. 这些症状无法用智力障碍或全面性发育迟缓更好地解释。智力障碍和自闭症谱系障碍常并发，若要做出诊断，其社会交往水平应低于预期的整体发育水平。

3. 儿童语言发育迟缓

语言发育迟缓是一种由于大脑发育迟缓而造成的语言障碍，可分为接受性语言障碍和表达性语言障碍。前者到1岁半，仍不能听懂生活中简单的言语，但能对环境的声音作出相应的反应；后者在1岁半时，能听懂生活中简单的言语，但语言含糊不清，词汇十分贫乏，不能用语言表达自己的意思，并且学习语言的速度十分缓慢。这些儿童多数智力正常，也无听力障碍。

精神发育迟滞是语言发育迟缓中最常见的原因，轻度者表现为说话延迟；中度者词汇量少而单调，句法结构简单，语言的理解与表达能力均降低；重度病例完全不能发展语言能力。

语言发育迟缓的其他可能原因是：脑组织的有关部位功能发育不完善；生活在封闭的环境中，缺少与人的交流，缺乏受教育和训练的机会；父母百般疼爱自己的孩子，知道孩子所思、所想、所需，孩子不用开口，就能满足他的一切需求。

对患有接受性语言障碍的患儿来说，应偏重对语言理解、听觉记忆、听觉知觉的训练，并由易到难，长期坚持。对患有表达性语言障碍的患儿来说，要着重鼓励、训练其使用语言表达的能力。如这样的患儿喜欢用手势和眼神来表达感情与需要，那么父母还是要鼓励孩子多使用语言表达，以增强其语言表达能力；还可训练孩子模仿别人说话，但这时家长一定要发音清晰。

4. 口吃

口吃，是儿童语言障碍中常见的现象，它表现为正常的言语节律受阻，不自觉地重复某些字音或字句，发音延长或停顿，伴有跺脚、摇头、挤眼、歪嘴等动作才能费力地将字迸出。由于口吃影响儿童与人的正常交往，所以口吃患者常因遭人嘲笑而变得自卑、孤独、易激动和焦虑。口吃在 2—5 岁最为多见。

口吃的原因较复杂，一般认为与下列因素有关：儿童受到惊吓、被严厉斥责或惩罚、家庭失和、环境突变、让习惯用左手的孩子突然改用右手等；幼儿善于模仿，出于好玩而模仿口吃样说话；因疾病而导致大脑的功能减弱等。

需要注意的是，2—5 岁的儿童言语功能还不完善，说话时常有迟疑、不流畅的现象，一般到上学前就正常了，这不属于口吃。

依据以上的原因，矫治口吃最好的办法是消除儿童的心理紧张因素。家长不能过分注意或当众议论孩子的口吃，也不能模仿或嘲笑他，更不能强迫他说话流畅，否则只能加重其心理负担。家长要多给孩子以温暖和关怀，不能对孩子提出不切实际的要求，帮助孩子树立克服口吃的信心，要心平气和地与其说话，使他们说话时不着急，呼吸平稳，全身放松。必要时还可以采用一些特殊的言语矫治措施。

对于上述儿童发展与学习障碍，进行干预时应注意的问题是：(1)在时间上，及早发现，及早干预。当儿童在反应的灵敏性、交往的迟滞性、语言的流畅性上与同年龄的儿童有较大的不一样的时候，应当引起警觉。可以借助专门的诊断，来判断和确定孩子的问题，以对症下药，及早发现，及早干预，将对儿童的负面影响降低到最低程度。(2)在方法上，强调多样和适宜。对患有发展与学习障碍的儿童来说，其干预的手段不仅仅在药物方面，还应当运用多种多样的形式刺激患儿，以引起他们一定的反应活动。活动可以是玩的、说的、唱的等，以期待儿童能从心理的角度发生变化。(3)在态度上，尽量亲和。当我们面对这类儿童的时候，给他们以微笑、抚摸，让他们依偎在自己身边，教他们说话等是十分重要的精神安抚，对他们来说,这些安抚也许会产生药物无法达到的效果。

(四) 儿童常见的不良习惯

儿童的不良习惯是指儿童在发育过程中出现的异常行为,如吮吸手指、咬指甲、摇摆身体、拔毛、习惯性阴部摩擦、退缩行为等。这类行为多次重复,以致难以纠正,成为一种缺少控制的自动反应。在一定程度上,所有的孩子都会出现程度不同的不良行为习惯,但往往随着年龄的增长、教育或环境的变化而逐渐消失,一般不会持续到成年。但不良习惯应当引起成人足够的重视,因为它的产生会影响儿童的心理健康。

1. 吮吸手指

吮吸是人类的一种反射动作。据儿童心理学的研究,胎儿在母体子宫内就有了吮吸手指的行为。刚出生的婴儿,用任何物体触碰他的嘴唇,都会引起吮吸反射。婴儿早期由于吮吸反射的存在,可能有吮吸手指的行为,这属于正常的生理现象。而到了学龄前期的儿童,仍然出现自主与不自主地反复吮吸拇指、食指等手指的行为,则视为异常。

吮吸手指的原因,一是儿童自我安抚的需要。母乳喂养的孩子吮吸手指行为的发生率较低,因为母乳喂养婴儿有较长的时间吮吸,孩子即使吃饱了,也不会马上停止,这样,孩子与母亲的充分接触可以消除紧张焦虑,使孩子得到情感上的满足。而人工喂养的孩子吮吸时间相对短一些,未能满足口欲的需要。二是由于婴儿期不适当的教养方法所致。当婴儿饥饿时,几乎都会吮吸手指,如果不能及时得到食物,就会长时间地吮吸,以寻求安慰。孩子在身体疼痛或不适时,也会用吮吸手指来转移注意。而寂寞、焦虑、紧张的情境,如抚养者对孩子缺乏关心,没有足够的玩具或经常使其独处,不能与周围的人和物交流,会让孩子以吮吸手指自娱或自我安慰。

吮吸手指的预防矫治措施:要定时、定量、喂足、喂好婴儿,让其从小养成良好的生活和饮食习惯;要有丰富而合适的环境刺激,多提供与人交往的机会,转移其注意力;在手指上涂抹苦味的方法被证明也是很有效的。国外还使用腭槽装置(一种由金属丝编成的塑造装置),也取得了较好的矫治效果。它附着于牙齿,遮盖整个口腔顶部,使吮吸手指时手指与腭部无法接触,因而减少或消除了手指对硬腭的刺激,消除了吮吸手指的一个强化因素。

2. 咬指甲

小年龄儿童经常会不由自主地用牙齿将长出的手指甲咬去,有的咬指甲周围的表皮,有的还伴有多动、睡眠不安、吮吸手指、挖鼻孔等多种行为问题。在3—6岁的幼儿中,发生率较高,随年龄增大后,症状可自愈,但少数人养成顽习,这种行为可持续终身。

研究表明,儿童咬指甲往往是内心紧张的一种表现方式。家庭不和、心情矛盾、父母管教太严、精神高度紧张等都会使儿童形成强烈的心理压力,与咬指甲习惯的形成直接有关。

所以,在预防矫治儿童咬指甲行为时,应注意改善环境,消除可能引起儿童心理紧张的某些因素，也可在手指上涂苦味剂，帮助患儿消除这些不良行为。对于行为习惯比较严重的儿童，则可采用行为治疗的方法。

3. 习惯性阴部摩擦

习惯性阴部摩擦是儿童比较常见的一种不良习惯，主要是指孩子发生摩擦会阴部(外生殖区域)的习惯动作。6个月左右的婴儿即可出现，但多数发生在2岁以后，女孩多于男孩。

习惯性阴部摩擦的形成，一是缘于会阴部的刺激，如外阴湿疹、炎症、蛲虫病、包茎引起的包头炎等，因局部发痒而摩擦，以后在此基础上发展为习惯性动作。二是长辈不懂得卫生知识，有时为逗孩子玩，经常触摸男孩子的生殖器，对孩子玩生殖器也不阻止，使孩子认为玩弄生殖器无关紧要，偶尔产生快感后就会反复去做，从而形成不良习惯。

习惯性阴部摩擦一般随着孩子年龄的增长会逐渐减少，6—7岁后可消失，极少数儿童持续到成年。这种行为的矫治并不很容易，要有足够的耐心，不厌其烦地进行干预。同时，家长应给予儿童更多的爱抚和关心，不要大惊小怪或过分紧张恐惧，也不要严格控制和强行禁止，因为这样只能强化这一不良行为。

对于这类儿童，一是帮助他们消除诱因，对孩子的局部病症及时治疗，并保持外阴部的清洁、干燥，不要穿开裆裤、紧身裤，不要随意触摸孩子的外生殖器；二是转移他们的注意力，当发现孩子有这种行为时以更有吸引力的玩具、游戏或新奇的建议等来转移孩子的注意力；三是建立正常的生活制度，如晚上可安排些消耗体力的活动，让孩子感到疲倦后再睡觉，清晨醒后立即起床，鼓励孩子多参加集体活动，尤其是户外活动。

4. 退缩行为

退缩行为是指孩子表现胆小、害怕、孤独、退缩，但无精神异常的一种行为障碍。这种行为的产生与先天素质有关，有些儿童从小性格内向，适应能力差，胆小害羞，因此会表现得比较退缩。这种行为也与后天的教育影响有关，如果将孩子整天关在家中，让孩子与玩具、电视为伴，使孩子养成了独处的习惯，一旦进入新的环境，孩子就会表现出适应方面的困难；若在家庭教育方面经常采取简单粗暴的方法，使孩子的自尊心受到伤害，会促发其退缩行为的形成。有的家庭，因亲人死亡、父母离婚，使得儿童突然与亲人分离，或受到惊吓等，都有可能使儿童产生退缩行为。

大多数儿童在陌生环境中，可表现出短暂的退缩，随着时间的推移，能够较快适应新的环境。而有退缩行为的儿童，适应新的环境较困难。他们从不主动与其他小朋友交往，也很少交朋友，沉默寡言，在人多的场合，他们总是静坐一旁；他们宁愿一个人在家中玩布娃娃，也不愿主动与小朋友一起玩耍，有时家中来了陌生人，甚至要躲起来。

对儿童的退缩行为，主要通过改变教育方法来解决，如成人给予孩子合适的关爱而不是溺爱，合理地要求而不是一味地指责，鼓励孩子与同伴的交往活动，消除紧张的心理，使其感到快乐,培养活泼开朗的性格。在帮助孩子克服退缩行为的过程中,切忌操之过急,避免逼孩子与小朋友一起玩,避免用难听的话羞辱孩子,避免将孩子与别人作不适当的比较。

(五) 儿童的一些其他障碍

学前儿童一般行为偏异,除了上述我们讨论的问题之外,还有一些常见的、其他的表现。对此,也需要加以了解和注意。

1. 遗尿症

儿童在5岁以后,仍然经常性不自主地排尿,大多数发生于夜间,则称为遗尿症。人类需要当大脑皮层发育到一定程度时,才能有意识地控制自己的排尿。2岁以前的孩子,由于高级神经系统的功能发育不完善,只要膀胱存储了一定量的尿液,就会不分时间、地点、场合发生排尿反射,因而常常尿湿裤子或床。随着大脑的发育,2—3岁的孩子就可以开始自行控制排尿了,即有了尿意后,当条件不允许排尿时,大脑皮层可抑制尿意,而不发生排尿活动。到5岁以后,大多数儿童已完全能控制排尿活动了。

由躯体疾病,如大脑发育不全、膀胱炎、蛲虫病等引起的遗尿为器质性遗尿症,大约占儿童遗尿症的10%。而90%则是由于大脑皮层功能失调所致,为功能性遗尿症。功能性遗尿症产生的诱因主要是心理因素,如突然受惊吓、过度疲劳、突然的环境改变等。睡眠过深,没有养成良好的排尿习惯,也是主要的诱因。

防止遗尿症可采取以下措施:及早治疗小儿的各种躯体疾病;适时训练排尿,养成良好的排尿习惯,形成条件反射;建立合理的生活制度,避免过度疲劳;晚饭适当控制水、汤类、牛奶等的摄入量,以减少幼儿入睡后的尿量;消除引起儿童情绪不安的各种因素,不因其遗尿而责骂、吓唬孩子;适当的针灸或药物治疗。

2. 夜惊

夜惊的主要表现为儿童入睡后不久,在没受到任何外部刺激的情况下,突然大声哭喊,并从床上坐起,或两眼直视,或两眼紧闭,表情非常惊恐。此时很难唤醒儿童,其对他人的安抚、拥抱等不予理睬。持续一段时间后,儿童又自行入睡,醒来后什么都记不起来。夜惊以5—7岁的儿童较为多见,男孩的发生率高于女孩。

心理因素和环境因素常常是夜惊的诱因。如父母吵架、亲人伤亡、生活中遇到的困难,都会使儿童情绪紧张;又如睡前听了恐怖的故事,或被家长呵斥后入睡等,都会造成孩子精神紧张;另外,卧室温度过高、手压迫前胸睡觉、晚餐过饱、患肠道寄生虫病等也可导致夜惊。对于夜惊的儿童,主要是要想办法消除心理诱因和改变不良的环境因素。对于躯体有疾病的要尽早治疗。随着年龄的增长,大多数儿童的夜惊会自行消失。

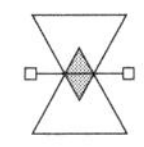

教与学的建议

1. 组织一次幼儿园见习活动，找出幼儿园实施心理健康教育的方法。
2. 结合自己的成长过程，开展一次心理健康的讨论会。

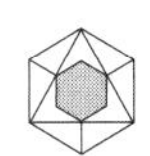

本章思考题

1. 试述学前儿童心理健康的标准。
2. 试述学前儿童心理健康教育的目的和任务。
3. 简述幼儿园应当如何实施心理健康教育。
4. 试述学前儿童一般行为偏异问题的鉴别。
5. 试述学前儿童一般行为偏异的表现及矫治。

第八章　学前儿童健康教育的评价

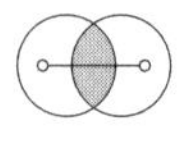

知识要点

- 学前儿童健康教育评价的理论模式
- 学前儿童健康教育评价的原则
- 学前儿童健康教育评价的实施过程
- 学前儿童健康状况的评价
- 幼儿园健康管理制度的评价
- 学前儿童健康教育活动的评价

学前儿童健康教育的目的是促进婴幼儿健康发展。如何发现问题，并在此基础上确定健康教育目标、设计健康教育计划，并在实施中衡量有效性等，这些都需要建立在评价的基础上。

学前儿童健康教育评价是依据一定的标准和程序，选择有代表性的评价参数，有计划、有目的地进行科学调查和作出价值判断，考核学前儿童健康教育的重要方面，是科学制定学前儿童健康教育计划的基础和依据。评价能够帮助教育者把握学前儿童健康教育的客观现状，准确地发现存在的问题，及早采取干预措施，从而改善群体儿童健康水平，促进婴幼儿健康发展。

第一节　学前儿童健康教育评价的理论模式

一、外貌模式

外貌模式是由斯塔克提出的，强调考查评价的全貌，主张适宜的评价必须包含详尽的描述，并基于此进行适宜的判断，只有把描述和判断相互结合，才能完成对课程的全面、完整的评价。外貌模式需要评价者收集前提因素、过程因素和结果因素等三方面的材料。前提因素是指教育实施之前任何可能与教育结果有关的因素或条件，例如儿童年龄、健康知识经验、幼儿园的资源条件、师资条件等；过程因素是指教育过程中有关对象的活动、交往、相互作用，如各类教育活动、游戏以及有关的人际关系（师生关系、同伴关系、亲子关系等），人与物之间的关系（儿童与材料的相互作用等），这类因素是动态的；结果因素是指健康教育所产生的影响，表现在儿童的学习效果、态度、动机水平、能力上，以及课程实施对于儿童的学习环境、材料等方面的影响。课程被看作由上述因素构成的系列，前一系列的结果因素是后一系列的前提因素。评价应该根据课程实施的状况而决定其前提、过程和结果因素，并对它们进行描述和判断。

表 8-1　外貌模式的框架①

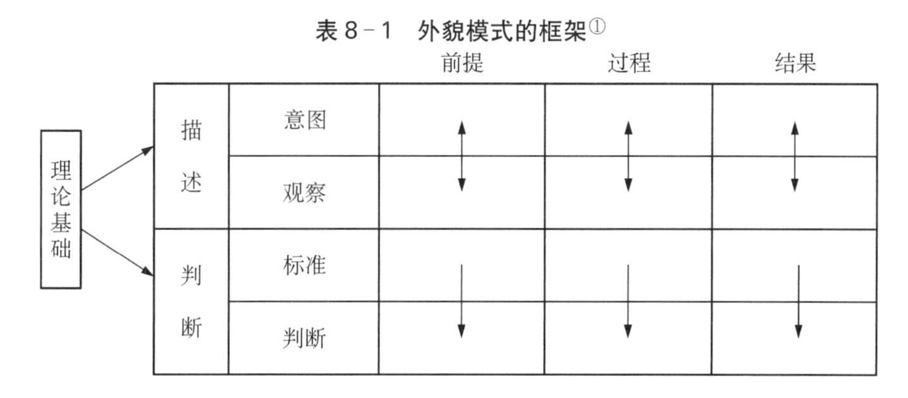

意图代表课程设计者、执行者和参与者等的目标或目的。在这一项上，各类人员的意图应该一一列出。

观察包括为达到评价目的而采用的测查，评价者应该对前提、过程和结果因素进行观测。通常，评价者可自行设计观察与测量工具。

标准通常指可供参考的行为标准，可以分为绝对标准和相对标准两种，绝对标准是由专家或有关人员制定的，被视为理想的行为水平、环境状况。相对标准是将被评机构的特征、结果与其他机构加以比较之后得出的。

判断指决定某些标准是否达到。评价者可以自行建立标准或在几种不同的标准中决定如何权衡并加以选择。最终将用各种方法收集来的信息汇总，作出全面综合性的判断。

表 8-2　一次健身活动的评价标准

活动		活动设计	活动观察	评价标准	评价结论
活动前提	幼儿分析			充分了解幼儿的运动能力、个性特征、兴趣、态度等因素。	
	环境创设			能够利用幼儿园、社区、家长等资源创设支持幼儿有效锻炼的环境。	

① 王坚红. 学前教育评价——理论·方法·实践[M]. 北京：人民教育出版社，1994：36.

续 表

活动		活动设计	活动观察	评价标准	评价结论
活动过程	教师的引领与指导			善于观察、鼓励和指导幼儿,及时调节幼儿的运动量;激发幼儿学习与活动的乐趣。	
	幼儿的态度与行为			积极参与锻炼,培养敢于坚持和挑战的品质。	
活动结果				大部分幼儿基本达到预期目标,幼儿之间可以存在个体差异。	
建议					

在获得信息后,评价者对描述部分的评价资料主要有两种处理方式:指出前提、过程和结果三者之间可能存在的关系;考察意图和观察之间的一致性。在对描述资料的处理中,必须将意图和观察相对应的各个资料加以比较,以考察评价过程中的观察是否针对了预期的意图。判断过程是将描述性评价资料中获得的结果与某种绝对标准,或与某些其他课程相比较而得出的相对标准加以对照,然后由评价者对比较的结果进行判断,或由有关人员进行判断后由评价者集中,并处理判断结果,最后,评价者撰写书面评价报告。下面,以一次口腔检查活动为例,说明外貌评价模式的运行过程。

体格检查结束后,某幼儿园教师发现中班幼儿龋齿率偏高,在与家长的沟通中,该教师了解到孩子普遍不太喜欢刷牙。为了让孩子养成良好的口腔卫生习惯,该教师设计了题为“清洁的牙齿”的主题活动,该活动计划在四周内完成,结合主题活动,教师随时抓住日常生活契机,对幼儿实施适应口腔清洁的教育。为了完善和改进教育活动,教师运用外貌评价模式进行了评价,评价标准如表8-3所示。然后,收集各种所需的资料,并在此基础上形成了评价结论和改进措施,如表8-4所示。

表8-3 “清洁的牙齿”主题活动评价标准

活动		活动设计	活动观察	评价标准	评价结论
活动前提	幼儿分析			充分了解幼儿的口腔状况、个性特征、兴趣、态度等因素。	
	环境创设			能够利用幼儿园、社区、家长等资源创设支持幼儿保护牙齿的环境。	
活动过程	教师的引领与指导			善于观察、鼓励和指导幼儿,及时引导幼儿保持口腔清洁;激发幼儿学习与活动的乐趣。	
	幼儿的态度与行为			积极漱口、刷牙,养成基本的口腔卫生习惯。	
活动结果				大部分幼儿基本达到预期目标,幼儿之间可以存在个体差异。	
建议					

表 8-4 "清洁的牙齿"主题活动评价结论及改进措施

	主题活动设计	主题活动观察	评价标准	分析与评价结论
主题活动前提	最近体检发现中班幼儿龋齿率高,家长反映孩子不太喜欢刷牙,尚未养成刷牙的习惯,有必要开展此活动。	一个月内全部幼儿都参与过主题活动。家长能积极提供各种资源。	见表 8-3。	对幼儿情况把握准确,环境创设适合。
主题活动实施过程	计划在一月内分四周进行单元活动;"蛋壳的变化""没有牙齿的大老虎""保护牙齿""我会刷牙了"。可以在午餐后尝试让幼儿刷牙。同时,指导家长让幼儿掌握正确的刷牙方法。	"蛋壳的变化""没有牙齿的大老虎"活动结束后,孩子对刷牙的重要性有了一定了解,"保护牙齿""我会刷牙了"开始后,幼儿开始尝试正确的刷牙方法。午餐后刷牙的孩子特别开心。	见表 8-3。	通过游戏、情境设计等多种形式开展活动,活动中善于观察孩子,能随机应变。通过刷牙计时器,帮助幼儿掌握刷牙时间,具有一定的创新性。
主题活动结果	通过主题活动使幼儿认识到刷牙的必要性,喜欢刷牙,了解正确的刷牙方法,尽可能在短时间内学会正确的刷牙方法。	幼儿了解了龋齿的危害性,愿意在午餐后刷牙。	见表 8-3。	大部分家长反映孩子愿意刷牙了,并慢慢学会了正确的刷牙方法。一段时间后,龋齿率有所下降。主题活动有效。
评价结论和改进措施	根据上述资料,可以认为: (1) 该主题活动对于帮助学前儿童养成良好的刷牙习惯是有一定效果的。 (2) 为了让幼儿了解刷牙的重要性,激发幼儿刷牙的兴趣,掌握正确的方法是养成这一习惯的关键,而主题活动只是帮助幼儿养成习惯的一种形式。 (3) 幼儿间存在个体差异,在养成刷牙习惯时不能要求同步,但是需要使幼儿在集体氛围中逐步进行。 (4) 应该进一步指导家长在家庭教育中让幼儿坚持刷牙,并逐渐使其掌握正确的方法。			

这类评价有助于改进学前儿童健康教育的实践活动及其效果,有助于澄清有关观点是否正确、是否具有教育价值。该模式多用于学前儿童健康课程设计研究,同时,适用于实施中的学前儿童健康教育课程。如果学前儿童健康教育课程设计者能够对综合性评价中的各个要素及其关系均予以审慎的考虑,则可以建立一种完善的课程。

二、CIPP 评价模式

CIPP 评价模式是由斯塔费尔比姆提出的决策类型模式,CIPP 评价模式是由背景评价(context evaluation)、输入评价(input evaluation)、过程评价(process evaluation)和成果评价(product evaluation)组成的一种评价模式。该评价模式将评价定义为判断决策时所作出的描述、获取、提供有用信息的过程。斯塔费尔比姆认为,课程评价应该为课程决策提供有用的信息,而不应该将评价局限于评定目标达成的程度。一般来说,人们将 CIPP 评价模式视为一种循环系统,认为它是一种不断收集和利用新信息的持续过程。

CIPP 评价模式中各类评价的作用有以下几点。

(1) 背景评价,强调应该根据评价对象的需要,对课程目标进行评价。评价其课程目标是否与评价对象的需要相互一致，要求描述目前教育环境中已经具备的条件、尚需改进的条件、尚未满足的需要、尚未利用的资源、可能存在的机会，诊断、选择目标，辨明潜在问题、迫切需要解决的问题。其目的是确定课程实施机构的背景，明确评价对象及其需要，明确满足需要的机会。

（2）输入评价，是对课程计划进行的可行性评价，是为决策服务的，旨在通过对各种可供选择的课程计划的评价，帮助课程决策者确定如何运用资源达成目标。输入评价包括对课程的材料、方法、程序、设备、人员、环境等加以分析，以便针对目标选择适宜的课程资源、设计方案和发展途径。在输入评价中，常常需要考虑以下问题：已经确定的教育目标是否可行？哪些方法、策略有助于达成教育目标？各种方法、策略的预期效用与实际效用如何？其理论假设是什么？教师是否有效运用了这些方法、策略？人员配备、时间安排、执行情况的管理与监督问题能否解决？这些方法、策略有无副作用？如何对方法、策略进行评价？

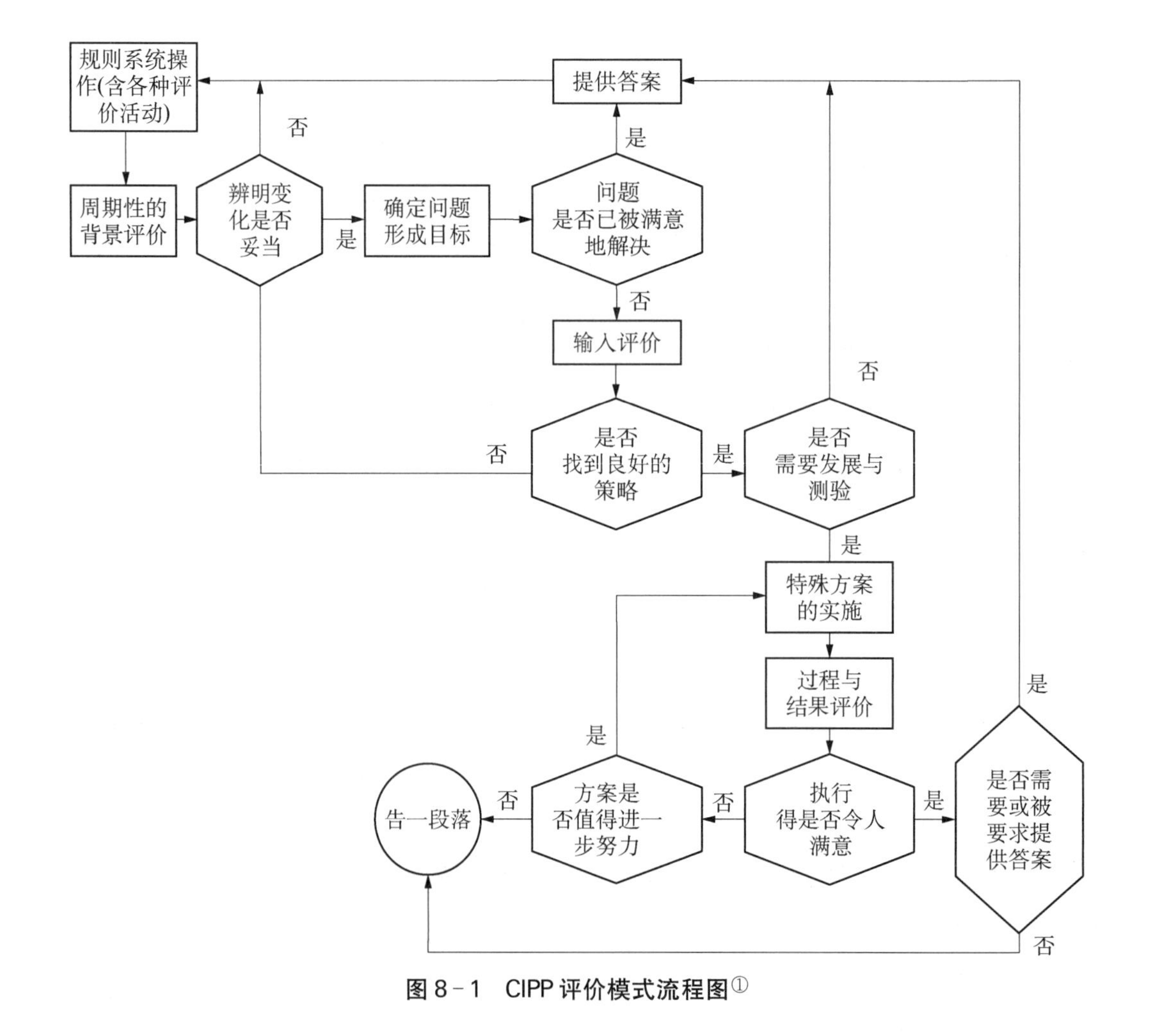

图8-1　CIPP评价模式流程图[1]

① 张玉田，等.学校教育评价[M].北京：中央民族学院出版社，1987：14.

（3）过程评价，是为执行决策服务的，在计划或方案设计完毕并付诸实施时便开始进行。过程评价可以在方案正式实施前进行预测，以决定计划是否可行，并加以修正；也可以通过对课程实施过程进行实际描述，及时提供有关实际运行状况的资料，记录所有的教育过程，以便在教学后加以分析，确定或预测课程本身或在实施过程中存在的问题，为课程决策者提供如何修改或调整课程的有效信息。

（4）结果评价，是为循环决策服务的，目的是测量、揭示和评价教育系统所获取的成果，不仅仅是对课程的最后鉴定，还是对课程质量控制的一种手段。可以在整个教育方案结束时进行，将获得的成果与课程目标及其背景、输入和过程等方面的信息联系起来，从而进行价值判断；也可以在方案执行时实施。结果评价应该考察的是课程实施达到目标的程度，着重于向决策者提供信息，较少强调评价者的判断，注重让决策者自己去分析并形成判断，最终采用维持原课程、微调、大幅度改革或者全面改革等不同的课程决策。

CIPP评价模式在学前儿童健康教育课程设计与评价中具有重要的参考价值。它强调收集关于需要、资源、课程方案的选择等方面的信息，向决策者提供有用的信息，尤其有利于制定新的课程计划。例如，某寄宿制幼儿园通过背景评价确定对新入园儿童进行适应性教育的迫切需要，并诊断出已有的某些教育资源（丰富的玩具、个别化的作息制度、家庭式的活动环境）可用于满足这种需要，进而决定要强调哪些特定的教育目标。然后，通过输入评价和教育专家的咨询，对几种可能达到目标的备选的新生入园适应教育课程方案（如分批入园制度、糖果会、大哥哥大姐姐来表演、木偶剧表演）进行研究、鉴定，选出被认为是最适宜的方案（分批入园制度、午睡时可以带自己喜爱的玩具等入睡）。此后，根据过程评价和结果评价所获取的信息，就可以作出执行的决策，同时也可以由此重新评价所选定的课程计划。

目前，幼儿园面临着自行选择教材、活动主题的挑战。在制定园本化的学前儿童健康教育课程的过程中，尤其在选择某个方案时，CIPP评价模式可以帮助教育工作者在作出新的决策时获得大量信息。当然，该评价模式没有为评价者提供价值判断标准，只是提供信息以供决策者进行评价，对评价者的要求较高。同时，该评价模式的操作过程比较复杂，评价成本也比较高。

第二节　学前儿童健康教育评价的原则

一、单项评价和综合评价相结合

单项评价是指对评价对象的某个侧面进行的评价判断。如对婴幼儿身体生长发育的评价,对幼儿园健康管理制度的评价,对学前儿童健康教育活动的评价。单项评价可以为改进评价对象某一方面健康教育工作的改进提供依据,为综合评价提供基础信息资料。

综合评价是指对于评价对象完整性的价值判断。由于学前儿童健康教育是一个多层次的系统工程,因此,综合评价能够获得更加完整、系统的信息。

在实际评价中,单项评价和综合评价往往是相互补充,甚至相互转化的。对某一个幼儿园的健康教育工作进行的评价,往往是在单项评价的基础上再通过综合评价完成的。

二、定性评价和定量评价相结合

定量评价是采用数学的方法,收集和处理数据资料,对评价对象得出定量结论的价值判断。在学前儿童健康教育评价中,对于儿童身体生长发育等的评价主要采用定量的评价方法。

定性评价则是不采用数学的方法,由评价者基于与评价对象的谈话及对其的观察,直接得出定性结论的价值判断。在学前儿童健康教育评价中,对学前儿童心理发展、幼儿园健康管理制度的动态性的评价,一般都采用定性评价方法。

由于定量评价和定性评价各有利弊和其适用性,因此,在进行幼儿园健康教育评价时,必须采用定性和定量相结合的方法,才能获得比较完整的信息。

三、筛查性评价和诊断性评价相结合

筛查性评价是以简单、快速的方法,对集体或者个体儿童进行评价,评价结果往往不能作为诊断性结论,对筛查性评价结果不理想的个体,可以作进一步的诊断性评价,用以确定是否存在发展问题。因此,若个体在筛查性评价中结果不甚理想,也并不能由此肯定该个体存在问题。例如,丹佛发育筛查测验、小儿听力筛查等,均为筛查性评价。

诊断性评价的结果可以作为个体或者群体发展的结论。例如,罗夏测验就是诊断性评价。

在对儿童心理发展进行评价时,往往是在筛查性评价的基础上,进一步实施诊断性评价。例如,在进行小儿听力筛查的基础上,实施专业的诊断性评价,以便及早准确地发现健康问题,及时治疗。

四、形成性评价和终结性评价相结合

形成性评价针对学前儿童健康教育过程中活动本身的效果进行评价,以调节活动过程、保证保育目标实施为目标进行价值判断,旨在及时把握健康教育的状态并作出调整。例如,在安全制度评价过程中,形成性评价就是为了保证评价安全制度本身的完备性、合理性和执行性。

终结性评价是在某一项健康教育活动告一段落时,对最终结果进行的价值判断。例如,对于入园一年后的幼儿进行身心发展的终结性评价,就是检验幼儿园健康教育工作质量的重要指标之一。

当然，形成性评价应该是与终结性评价相互结合的，因为任何健康教育工作都是连续的，形成和终结只是相对的。而评价的目的是在客观价值判断的基础上，及时发现问题，改善健康教育工作，促进儿童的身心发展。因此，任何评价既是形成性评价，在某种意义上也可以被理解为终结性评价。

五、绝对评价与个体间差异评价相结合

绝对评价是在被评价对象的集合外，预先确定一个客观标准，将评价对象与该客观标准进行比较，判断其是否达到标准程度的评价。在学前儿童健康教育评价中，绝对评价的客观标准往往并不是一个点，而是一个范围。例如，在学前儿童生长发育评价中运用发育百分位评价法。

个体间差异评价是把被评价对象集合总体中的每个个体的过去和现在相比较。例如生长发育图的运用，通过对个体生长发育状况的今昔比较，看到个体的变化发展趋势。

由于儿童的身心发育发展既有一定的共同规律，又有明显的个体差异性，所以，仅仅运用绝对评价的方法是不客观的，甚至可能导致一些错误评价。因此，从某种意义上说，个体间差异评价在对儿童身心发展的评价中更为重要。

六、自我评价和他人评价相结合

自我评价是评价者根据一定的标准对自己进行评价。例如，教师对自己健康教育活动的设计、实施的评价和反思，管理者对于健康管理制度执行状况的评价。自我评价能够减轻教师的心理压力，如果能够端正评价的目的和意义，自我评价往往更加有利于学前儿童健康教育工作的改进。

他人评价是由教师之外的他人进行的评价。例如，卫生部门、教育部门的相关管理者对幼儿园健康教育状况进行的评价、园长对教师进行的评价或者家长对教师健康教育工作进行的评价。严格的他人评价能够得到比较客观的信息。

由于自我评价和他人评价各有优缺点，因此，越来越多的人开始改变使用他人评价单一模式的习惯，而是采用自我评价和他人评价相结合的方式。

第三节　学前儿童健康教育评价的实施过程

学前儿童健康教育的评价过程包括熟悉方案、确定评价目的，设计评价指标，确定资料

收集的方案,实施评价、收集资料,分析整理资料,编制评价小结,及时反馈信息并修订原有计划或方案等七个环节。

一、熟悉方案、确定评价目的

每一项评价都有特定的目的,确定评价目的意味着评价者首先形成自己的评价概念,明确所要进行工作的真实含义,以及期望获得的信息和所要解答的问题。一方面,评价过程中的一切活动,都必须紧紧围绕其目的,否则将导致精力和财力的浪费。另一方面,评价目的不同时,评价的内容、组织形式、收集资料的方法都会有较大差别。因此,在决定评价目的时,应当作出全面考量,在可行的范围内对有实际意义的主要方面进行评价。一般来说,在确定评价目的时主要涉及以下三个方面的问题。

(一) 为什么要评价

幼儿园健康教育课程评价的目的既表现为满足教师、课程设计专业人员、幼儿园行政管理人员以及其他负责课程标准人员的需要,以检验、完善原有的课程,开发新课程等;又表现为满足学前教育政策制定者、幼儿园行政管理人员以及社会其他成员获得教育方面信息的需要,以进行课程管理和课程决策。

(二) 评价人员是谁

可以根据课程评价的目的、类型、内容、评价人员与评价对象的关系等因素,确定不同的评价人员。如果课程评价的目的是终结性的,如对幼儿园进行健康教育工作的全面评价,那么,评价人员应该从那些不受评价对象制约和影响,并具有评价知识和经验的人中去选择,一般需要外部专家介入;如果课程评价的目的是形成性的,如健康教育活动标准和改进指导意见、发现课程实施中的问题等,那么课程评价人员应该从接近评价对象并具有评价知识和经验的人中去寻找,比如可以由班级教师、保健教师和教研组长等组成评价小组。

(三) 评价什么

幼儿园健康教育课程评价可以是对健康教育课程方案本身的评价,也可以是对健康教育课程实施过程的评价,还可以是对健康教育课程的效果的评价。任何对幼儿园健康教育课程的评价都有可能涉及这三个方面,只是侧重点不同。

对于幼儿园健康教育课程方案本身的评价,主要是考察和评定幼儿园健康课程所持有的基本理念、主要价值取向是否体现了学前教育的社会取向和幼儿发展的个人取向,是否考虑了幼儿园教育的实际情况;考察和评定幼儿园健康课程的目标、内容、方法和评价等课程各种成分是否在课程理念的统整下形成了一个协调的整体,并且发挥其总体功能,例如鉴定某幼儿园的健康教育课程质量。对于课程实施过程的评价,主要是考察和评定课程实施过程中的诸多动态因素，重点在于检查健康教育活动预设目标的实现情况，如师幼互动的质量、幼儿和教师在课程运行过程中的态度与行为、幼儿园环境的创设和利用以及动态变化中的各种因素之间的关系。对课程效果的评价也是评价的一个重要目的，重点在于掌握幼儿园健康教育课程的实施结果。对课程效果的考察和评定，会涉及什么是效果（显性/隐性、长效/短效）以及如何去衡量效果的问题，如对教师教育活动的全面评价，或是对活动设计的合理性、独特性进行评价。

二、设计评价指标

在设计评价方案时，需要收集健康教育过程中能够使学前儿童健康状况发生变化的有关资料，例如学前儿童生长发育指标、学前儿童健康档案、学前儿童健康教育活动方案、幼儿园健康管理制度等，并确定评价指标。制定可靠的幼儿园健康教育评价指标是整个评价过程中技术性最强的环节。

作为衡量课程设计、实施以及效果的标尺，评价指标应当客观、公正和规范，由于课程评价是极为复杂的事情，因此，现有的各种评价指标一般都只能在一定程度上或在某一个方面局限地反映健康教育的作用和效果，在实际评价中，往往由于不同的目的、方式以及价值取向而运用不同的评价指标。

一般来说，评价指标可以分为直接指标和间接指标两大类。直接指标是指通过健康教育的实施而直接产生的作用或效果，包括个体学前儿童或群体学前儿童的相关能力和水平（卫生知识水平、卫生信念和态度、卫生习惯和自我保护能力等）、幼儿园健康管理制度、学前儿童健康教育课程等。间接指标是指通过健康教育，在提高群体学前儿童健康水平和观念的基础上，学前儿童通过一系列卫生习惯和自我保健措施而得到的健康效益的指标，这些指标所反映的效果，可能是受健康教育影响的结果，但也可能只是儿童发展在某一方面的反映。

（一）常用的学前儿童健康状况的评价指标

（1）儿童抵抗疾病能力指标：患病率（含龋齿率）。

（2）儿童的生理健康发育指标：身高、体重、视力、听力，以及平衡能力、协调能力、灵敏度、力量、耐力和精细动作能力等。

（3）儿童心理健康发展指标：智力发展、情意发展和性格发展。

（4）儿童健康态度指标：儿童对现实中与卫生、安全、营养、运动有关的健康问题所反映出的态度特征。

（5）儿童自主健康行为指标：儿童是否形成了自主的健康行为。自主的健康行为即儿童已经掌握，但可在教师或成人的提醒下自己完成的健康行为。

（6）儿童健康习惯指标：儿童是否已经养成相对稳定、不需他人提示，在一定时间、地点、情境条件下自动表现的健康行为习惯。

(二) 常用的幼儿园健康管理制度的评价指标

幼儿园的各项健康管理制度是否健全、贯彻执行的情况是否良好,是衡量幼儿园健康教育工作质量高低的重要依据。衡量幼儿园健康管理制度的标准主要是:制度的健全性、制度执行的实效性和制度调整的动态性。

幼儿园健康管理制度主要包括以下几个方面:生活作息制度、健康检查制度、膳食调查和营养评价制度、常见疾病管理制度、传染病管理制度、体弱儿健康管理制度、日常消毒制度、安全制度。幼儿园必须建立每个孩子的健康档案和与保育相关的各种登记统计表,并且填写完整,定期进行分析,掌握全园儿童的健康状况。登记表包括以下几种:健康检查、晨间检查、传染病、常见病、意外事故、预防接种、身高体重、出勤、膳食调查、营养计算、体格锻炼观察和体弱儿管理等。做好以下几个方面的卫生统计工作:体格发育评估、膳食评价、出勤率、矫治率、各种传染病的发病率、多发病患病率、预防接种情况等。

(三) 常用的学前儿童健康教育活动的评价指标

学前儿童健康教育活动是否适应学前儿童的需要、兴趣、接受能力以及儿童参与学前儿童健康教育活动的程度等;学前儿童健康教育活动所选定的目标和各级目标的合适程度,各级目标轻重缓急安排的顺序的合理程度;学前儿童健康教育活动的策略和实施措施是否正确与合理,是否适合教育对象以及其他各方面的客观情况。表8-5列举了一些具体的学前儿童健康教育活动评价指标。①

表8-5　常用的学前儿童健康教育活动评价指标

评价项目	指　标　项　目
教师对儿童活动的安排	让儿童使用玩具材料的时间占非餐点时间的比重。
	让儿童自选玩具材料与操作内容的时间占非餐点时间的比重。
	同伴可交往时间占非餐点时间的比重。
	安静、纪律与等待时间占非餐点时间的比重。
	无目的、无教师差异的自由活动时间占非餐点时间的比重。
	非技能的学与玩的时间占非餐点时间的比重。
教师行为	教师在一日生活中对儿童亲切温和、尊重儿童人格的态度与用语。
	教师听儿童说、关注儿童情绪态度变化的频率。
	教师对儿童积极肯定的评价频率。

① 项宗萍.从"六省市幼教机构教育评价研究"看我国幼教机构教育过程的问题与教育过程的评价取向[J].学前教育研究,1995,(02):31—35.

续　表

评价项目	指　标　项　目
	教师参与儿童学与玩的频率。
	教师面向每一个儿童的行为取向。
	教师完全脱离儿童活动的时间占非餐点时间的比重。
儿童活动的积极性	儿童在园的言语伴随频率。
	儿童在园时的同伴交往频率。
	儿童在园的无所事事的行为频率。

三、确定资料收集的方案

调查法、比较法、观察法、统计分析法等是收集评价相关资料的基本方法，其中调查法是收集资料的最基本的方法，它包括问卷法、测验法、访谈法以及专题调查法等。在确定资料收集方法时，应该根据评价目的、需要和客观情况，灵活、准确地进行选择和确定，有时可以多种方法结合进行，并相互考察。为了验证所获资料的一致性，也可以运用三角验证法进行验证。在设计方案时就确定好方法和步骤，以保证评价的实际过程按照评价目的有计划地进行。

四、实施评价、收集资料

在实施评价前，应该进行相应的准备工作，例如确定评价小组成员、建立评价表格。应该使评价对象理解评价工作的目的，并按照评价方案进行，收集资料既要有熟练的技术，更要有认真的态度，根据已经确定的资料收集的方法，按照规定进行操作。在资料收集的过程中，对学前儿童健康态度的资料收集最为困难，需要运用观察法或者日常行为记录法进行补充。

五、分析整理资料

运用各种方法收集的资料和数据需要经过整理、加工、分析、统计处理以后，才能说明健康教育评价所要阐述的问题。评价者可以采用定量、定性的方法进行全面分析。例如，将学前儿童定期测查的生理形态指标和相关个案资料结合起来进行整理、加工、分析。

六、编制评价小结

在全面分析资料，将零散的经验教训和发展的问题整合在一起，进行提抽和理性化，并检查与限定本次评价的效度和信度之后，就能够形成对评价对象的综合性结论。评价结论是以评价目的为出发点的，评价小结将现象和经验进行归纳与综合，找出规律性的东西，发现、分析与诊断学前儿童健康教育工作中的问题和不足。例如,以班级为单位制定学前儿童健康状况评估表。

七、及时反馈信息并修订原有计划或方案

根据评价结论,可以发现问题,进行信息反馈,及时对学前健康教育计划或者方案提出修改意见,整个评价过程到此告一个段落,并通往下一个循环,这样可以将健康教育推向更高层次和水平。例如,将学前儿童健康状况评价结果定期向家长反馈,进一步了解影响幼儿健康状况的原因,及时采取措施,做好幼儿健康的保护工作,对于突发健康问题应该及时采取措施。

第四节 学前儿童健康状况的评价

学前儿童健康状况的评价是一项复杂而困难的工作,评价的内容包括婴幼儿身体生长发育评价和婴幼儿心理发育评价。定期进行健康检查和评价是幼儿园保健工作的重要环节,通过检查和评价,能够了解学前儿童体格和心理发育状况,有的放矢地做好儿童健康教育工作。

一、婴幼儿身体生长发育评价

婴幼儿身体生长发育是衡量幼儿园保育质量的一个重要指标。选择反映人体生长发育的基本测量指标,运用正确的测量方法,通过与正常发育标准数的分析比较,能够对婴幼儿身体发育状况作出正确的评价,进而作为评价和改善幼儿园保育质量的重要指标。

(一)身体生长发育的衡量指标和测量方法

为了较好地反映生长发育状况,保证评价的高效率,选定的生长发育基本测量指标不仅应该比较准确地评价儿童生长发育的水平和速度,对判断其健康状况提供重要信息参考,而且这些指标还应与其他身体指标、生理功能指标和运动能力指标联系在一起进行判断。同时,选择与运用精确度较高和准确性较好的测量方法也是至关重要的。

一般来说,人们常常根据上述原则,将衡量小儿身体生长发育的基本指标确定为体重、身高(长)、头围、胸围、坐高、皮下脂肪厚度、视力功能、牙齿状况等方面。

1. 体重

人体体重是各器官、组织、体液的总重量。体重是衡量小儿体格生长发育、营养状况的

重要指标，也是计算小儿用药和补液剂量的依据。新生儿平均出生体重常常是衡量一个儿童保健工作的指标之一，男婴为3500克，女婴为3300克。早产或者宫内发育迟缓导致的出生时体重过低小儿，可能一直长得很瘦小，有时直到青春期才能赶上正常水平。

体重增长是体格生长的重要指标之一。体重增长的总趋势表现为：新生儿出生后3—4日内可能出现生理性体重下降，降至最低点后回升，至7—10日恢复到出生时体重，下降的体重不超过出生时体重的7%—8%。

体重增长速度在头一年最快，尤其表现在出生后的前半年，婴儿的体重会有较大的变化，在出生后的后半年，其增长的速度有所放缓，但仍然以相对较快的速度增长，此时也是婴儿体格生长发育的高峰期。2岁前体重增长的速度逐渐减慢，2岁至青春期前为稳速生长，青春期体重又开始猛增。

习惯上，我们常常以出生体重为基数，出生后3—4个月时的体重约为出生时的2倍，1周岁时约为3倍，2周岁时约为4倍。

体重测量可使用杠杆式体重计，最大载重50公斤，准确读数误差不超过50克，每次测量前应校准。测量前，被测小儿应先排完大小便，然后脱去鞋、袜、帽子和外衣，仅穿背心和短裤，去尿布。婴儿取卧位，1—3岁小儿取坐位；年长儿取立位，注意两手自然下垂，不摇动，不接触其他物体，以免影响准确读数。读数以公斤为单位，记录至小数点后两位。在生长快的年龄阶段最好每个月称一次。

2. 身高（长）

身高是指立位时颅顶点到地面的垂直高度，是人体头、颈、躯干和下肢的总高度。2岁以下的婴幼儿需要卧位测量，称为身长。身高（长）指标也是反映体格特征和生长速度的重要指标。

人体身高（长）受短期营养的影响不明显，但与长期营养状况有关，如种族、遗传和环境的影响等。身高（长）方面的异常，要考虑内分泌激素和骨、软骨发育不全的影响，例如甲状腺功能低下引起的克汀病既有身高发育迟滞现象，又伴随智力方面的异常。

我国新生儿出生时平均身长为50—51厘米，身高（长）增加的总趋势和体重一致，第一年增加最快，平均增加25厘米，之后增加的速度逐渐减慢，第二年平均增加10厘米，2岁至青春期前为稳速生长，青春期开始又会迅速增加。常用的身高（长）的计算公式为：1—10岁身高（长）（厘米）＝年龄（岁）×7＋70。

在测量时，2岁以下小儿量身长，取卧位，使用标准的量床，要求头板与量板垂直成直角，足板的活动度应小于0.5厘米。测量前小儿应脱去鞋、袜、帽，仅穿单衣裤。测量时小儿仰卧于量床底板中线上，面向上，两耳在同一水平线上。固定小儿头部，使头顶接触头板。测量者位于小儿右侧，左手按住两膝部，使小儿双下肢紧贴底板，右手推移足板，使两足底紧贴足板,注意量床两侧读数一致,以厘米为单位,记录到小数点后一位。

2岁以上小儿量身高,取立位,使用立式身高计,测量时同样脱去鞋、袜、帽和外衣,立于身高计底板上,取立正姿势,两眼直视正前方,胸部稍挺起,腹部微后收,两臂自然下垂,手心贴脚,脚跟靠拢,紧贴身高计板,脚尖分开60度,注意脚跟、臀部及两肩胛角间几个点同时靠住立柱,头部保持正直。测量者手扶滑板,使之轻轻向下滑动,直到滑板轻压受测者头顶,测量者的眼睛与滑板呈水平位。读数以厘米为单位,记录至小数点后一位。

3. 头围

头围是自眉弓上方最突出处经枕骨隆突绕头一周的长度。头围与脑和颅骨的发育有关,头围过小常见于头小畸形和大脑发育不良,头围过大常见于脑积水、佝偻病。

头部的发育在出生后前三年变化很快,其中出生后前半年最快,第二年后增速减缓。新生儿出生时平均头围为34厘米,在前半年里约增加9厘米,后半年增加3厘米,第二年增加2厘米,第三年增加1—2厘米,3岁时头围约为48厘米,6岁时为49—50厘米。有必要对3岁以下儿童进行头围监测。

新生儿出生时颅骨尚未完全闭合,有前后囟门,随着年龄的增长,脑和颅骨不断发育,骨缝闭合。前囟门由额骨和顶骨的骨缝构成,出生时斜径约为2.5厘米,出生后12—18个月闭合。后囟门由顶骨和枕骨的骨缝构成,呈三角形,出生后2—3个月闭合。先天性佝偻病可致出生时前囟门增大,骨缝前面可延至额部;如果出生时摸不到前囟门,要区别是否为颅骨畸形。囟门迟闭现象可能由佝偻病、脑积水和克汀病导致;前囟门饱满见于颅内压增加,囟门凹陷见于严重脱水和营养不良。

测量头围时,小儿取仰卧位、坐位或立位,测量者位于小儿右侧,用左手拇指将软尺零点固定于头部的右侧齐眉弓上缘处,软尺从头部右侧经枕骨隆突最高处而回至零点,读数以厘米为单位,记录至小数点后一位,注意软尺应紧贴皮肤,左右对称,梳辫子的女孩应该先将辫子解开放松。

4. 胸围

胸围是沿乳头绕胸一周的长度,是表示胸腔容积、胸肌、背肌的发育和皮脂蓄积状况的重要指标,能够反映呼吸器官的发育情况。胸廓畸形多见于佝偻病、肺气肿和心脏病等。重度佝偻病可出现肋串珠、鸡胸、漏斗胸等发育异常现象。先天性心脏病合并心脏增大也可出现鸡胸,漏斗胸可为单纯胸廓发育异常。

新生儿出生时胸廓呈现圆桶状,胸围小于头围约1—2厘米;随着年龄增大,胸廓的横径增加快,至12—21个月时胸围大于头围。营养状况影响着胸廓的发育,婴儿营养良好时,胸廓发育好,胸围大于头围发生得比较早。随着胸廓的发育和肺功能的逐渐成熟,婴幼儿肺炎的发病率也逐渐减少。

测量胸围时，3岁以下小儿取卧位，3岁以上小儿取立位（不能取坐位），小儿两手自然下垂，两眼平视前方，测量者位于小儿右侧，用左手拇指将软尺零点固定小儿右侧胸前乳头下缘，右手拉软尺经右侧背后，以两肩胛骨下角缘为准，经左侧而回至零点，注意软尺贴紧皮肤，取平静呼气和吸气时的中间读数，以厘米为单位，记录至小数点后一位。

5. 坐高

坐高是坐位时颅顶点至座位平面的垂直高度，能够反映躯干的生长情况，代表脊柱和头部的增长。

2岁以下小儿取卧位，使用卧式身长板。测量者位置及手法均同身长的要求。测者左手提起小儿双小腿，使小儿膝关节屈伸，同时使骶骨紧贴底板，大腿与底板垂直，测者右手移动足板使其压紧臀部，注意两侧刻度读数一致，以厘米为单位，记录到小数点后一位。

2岁以上小儿使用立式身高坐高计，小儿坐于坐高计的坐板上，骶部紧靠量柱，要求坐直，两大腿伸直与身体成直角面，并与地面平行，膝关节屈伸成直角，足尖向前，两脚平踏在地面上，头及肩部位置同测身高的要求，推移滑板，使其与头顶相接触，读数以厘米为单位，记录至小数点后一位。

6. 皮下脂肪厚度

皮下脂肪厚度是重要的营养指标之一。营养不良患儿皮下脂肪层薄，而营养过剩患儿皮下脂肪层厚，临床上常常以腹部皮下脂肪的厚度作为评价指标。

小儿取卧位或立位，测量者用左手拇指及食指，取小儿锁骨中线上平脐处的腹壁，皮褶方向与躯干长轴平行，捏起皮肤和皮下脂肪，捏时两指间的距离为3厘米，右手进行测量。测量时误差不超过0.5厘米。

7. 视力功能

婴儿期：小儿取平卧位，检查者用7—8厘米大小的红球距小儿眼前30厘米处，缓慢地左右来回移动3次，观察小儿眼球是否跟随运动，有一次跟随运动则为正常。如果4个月以上婴儿无跟随运动，或者对外界无反应则为可疑。此外，还可以采用光照法，用聚光电筒照射双眼，观察眨眼运动、朝光运动、瞳孔反射，以判断有无异常。

视力检查：采用国际标准视力表制成的灯箱，灯箱高度应使1.0一行与多数被检者两眼位于同一水平。先查右眼，后查左眼，检查时，一眼遮盖（切勿压迫眼球）。测试时自上而下，检查者应指向每个视标的正下方0.5厘米处。通常要求0.1—0.5的每行视标都能看正确，0.6—0.9每行视标可以错一个，1.2—2.0之间，每行可以错两个。戴镜者应先查裸眼视力，再查戴镜视力，并且分别记录。

表8-6 婴幼儿正常视力参考标准①

	年龄	标准
婴幼儿	1个月	光感与眼前手动
	2个月	0.01
	3个月	0.02
	4个月	0.04
	6个月	0.06—0.08
	8个月	0.1
	10个月	0.1—0.15
	1岁	0.2—0.25
幼儿期	2岁	0.5
	3岁	0.6
	4岁	0.8
学龄前期	5岁	1.0
	6岁	1.2

教师应该仔细观察,及时发现孩子的眼病,一般注意以下情况是否经常出现,如果经常出现,应到医院检查:眼睛充血发红;眼屎增多、怕光、流泪;两眼位置不正:内斜或者外斜;喜欢眯眼,过近或歪头视物等。

8. 牙齿状况

牙齿的发育是衡量骨成熟的一个重要标志。牙齿在胎儿5个月时开始钙化,乳牙在出生后6—8个月开始萌出。最先萌出的20颗乳牙萌出顺序不同,个体之间萌出乳牙的最早时间也具有个别差异性:早的4个月开始萌出,迟的10—12个月才开始萌出。

表8-7 乳牙发育程序表②

	钙化		出牙年龄(岁)	
	开始	完成	上颚	下颚
中切牙	胎龄5个月	16—24个月	6—8个月	5—7个月
侧切牙	胎龄5个月	18—24个月	8—11个月	7—10个月
尖牙	胎龄6个月	30—36个月	16—20个月	16—20个月
第一磨牙	胎龄5个月	24—30个月	10—16个月	10—16个月
第二磨牙	胎龄6个月	36个月	20—30个月	20—30个月

① 姚芳蔚.儿童眼病防治[M].上海:文汇出版社,1996:28.
② 刘湘云.儿童保健学[M].南京:江苏科学技术出版社,1999:15.

健康的牙齿结构需要健康的身体和适当的营养，包括蛋白质、钙、磷、维生素 D 和维生素 C，并且需要一定的甲状腺素。龋齿的预防与适量的氟和口腔卫生有关。我国城市儿童龋齿率明显高于农村，其原因可能为城市儿童日照缺乏引起的钙源不足，也可能与食用甜食过多有关。

（二）身体生长发育评价标准

身体生长发育标准是评价个体或者集体儿童生长发育状况的统一尺度，一般通过一次大数量的发育调查，收集发育指标的测量数值，经过统计学处理，所获取的资料可以成为该地区个体或者集体儿童发育的评价标准。由于各生长发育指标呈长期增长趋势，同时地理环境、气候条件、社会经济状况、营养来源和生活方式等因素可导致不同地区儿童的发育水平普遍呈现一定的差异性，因此，生长发育标准是暂时的、相对的，可以根据不同的时间、地点和条件进行调整。

为了使评价更加客观、正确，可以根据样本对象的不同制定出现状标准和理想标准，在实际运用中经常结合使用。

现状标准是借助标准化程序和样本的抽样调查，运用一定的统计学处理方法和各种评价量表，制定一种规范化的评价标准。这种标准能够客观、准确地描述个体的发育水平及其在群体中所处的位置，同时，也可用于个体或群体之间的比较和评价。选择的对象一般未作严格的挑选，得出的标准只可以代表一个地区一般的儿童体格发育水平，而不是生长发育最好的儿童水平，运用这种标准进行评价是相对评价。

理想标准是用于评价个体或群体发育状况是否达到理想水平的标准。运用理想标准可进行发育状况的绝对评价。选择的样本为在最适宜的环境中的优秀群体，有合理安排的膳食和喂养，能够得到足够的热能和营养素，有良好的生活条件，得到良好的卫生保健服务，其体格发育状况比较理想，因此，所测得的数值制定出来的标准，高于一般儿童的水平。

为了使评价正确、客观，进行个体评价时要考虑小儿体格生长发育的特点以及影响因素，不能简单地根据体重高低判断营养状况的优劣，同时，也不能忽视从体格生长测量上已显出的与正常同龄、同性别的儿童的标准值有较大差距的偏离者，防止因不能及时查明原因进行矫治而影响其健康发育。

目前我国常用的体格评价方法有单项指标评价法和多项指标综合评价法。

1. 单项指标评价法

（1）标准差评价法。

适用于正态分布状况，按年龄的体重、按年龄的身高标准差法进行评估，是目前集体体检时常运用的评价方法。具体是根据不同年龄、性别、固定分组，通过大量人群的横断面调查计算出的均值（$\overline{X}$）作为基准值，以其标准差（S）为离散值，制成生长发育评价标准，均值加减一个标准差包含68.3%的总体,加减2个标准差包含95.4%的总体,加减3个标准差包含99.7%的总体,按此制定出五等级评估。接着,根据个体儿童情况与均值差异的大小和高低,来评定该儿童的生长发育状况。评价时将个体各项发育指标的实测数值与当地发育标准中同年龄、同性别相应指标的均值作比较,将其差数除以标准差,以获得超过或低于均值的标准差数,然后再评定其等级,我国常用的是五等级评价标准。

表8-8 五等级评价标准①

标准	等级	营养评估
$\overline{X}+2S$ 以上	上等	正常
$\overline{X}+S$ 到 $\overline{X}+2S$	中上等	正常
$\overline{X}+S$ 到 $\overline{X}-S$	中等	正常
$\overline{X}-S$ 到 $\overline{X}-2S$	中下等	正常/轻度营养不良
$\overline{X}-2S$ 以下	下等	可能营养不良

用于标准差评价法的主要单项指标有:坐高、身高(长)、胸围、头围、皮下脂肪厚度和体重。其中最常用的指标是身高(长)和体重。个体儿童的身高(长)、体重数值在标准均值加减2个标准差($\overline{X}\pm 2S$)范围以内,可视为正常,大约95%的儿童均属此列。但在$\overline{X}\pm 2S$范围以外的儿童也不能一概肯定为异常,需要定期连续观察,并结合体检得出结论。该评价法的优点是简单易行,缺点是只能用于单项指标评价,无法对小儿进行体形以及生长动态的评估,同时与同龄儿童仅进行体重、身高(长)等单项指标的比较,也不能正确地判断小儿是否健康。

标准差评价法还可用来评价以班为单位的集体儿童发育状况,例如可将一个班级的实测数值,和该地区发育标准作对比,依次评定每个幼儿各项指标的发育等级,然后统计每项指标中各发育等级的人数和占集体总人数的百分比,这对评价集体儿童的营养水平、健康和发育状况具有一定价值。

(2) 百分位数评价法。

百分位数评价法是以某发育指标的第50百分位数为基准值,以其余百分位数为离散距,制成的生长发育指标,是近年来常用来评价体格生长的方法,可用来对个体或集体儿童的发育水平进行评价。如以3、10、25、50、75、90、97等几个百分位数值划分发育等级,并表述为P3、P10、P25、P50、P75、P90、P97。如果个体儿童某些发育指标的测量值低于第3百分位或高于第97百分位,则应进行严密的定期追踪观察,并结合体格检查以确定是否属于发育异常。也可以使用其他百分位数作为评价指表,如表8-9和表8-10所列出的2005年上海市儿童体格五项的发育标准,就属于百分位评价法(表8-9和表8-10仅呈现了体重的百分位数)。

① 刘湘云.儿童保健学[M].南京:江苏科学技术出版社,1999:18.

表 8－9　上海市市区 0—6 岁男童体格发育五项指标评价参考值(2005 年)

年龄	体重(KG)					身高(CM)		头围(CM)		胸围(CM)		坐高(CM)	
	$\overline{X}$	S	$\overline{X}$－15%	$\overline{X}$－25%	$\overline{X}$－40%	$\overline{X}$	S	$\overline{X}$	S	$\overline{X}$	S	$\overline{X}$	S
初生	3.32	0.37	2.83	2.49	1.99	50.02	1.64	34.39	1.13	32.80	1.46	33.43	1.28
1 月—	5.06	0.59	4.30	3.80	3.04	56.09	1.97	38.09	1.20	37.61	1.91	37.39	1.63
2 月—	6.20	0.69	5.27	4.65	3.72	59.97	2.23	39.64	1.15	40.07	1.96	39.92	1.82
3 月—	7.24	0.74	6.16	5.43	4.35	63.11	1.99	41.21	1.13	41.89	1.94	41.97	1.56
4 月—	7.89	0.72	6.70	5.91	4.73	65.84	1.98	42.50	1.33	43.02	1.72	43.32	1.68
5 月—	8.40	0.86	7.14	6.30	5.04	67.90	2.10	43.45	1.32	43.64	1.85	44.29	1.76
6 月—	8.91	1.01	7.57	6.68	5.34	69.87	2.33	44.32	1.39	44.33	2.16	45.39	1.85
8 月—	9.40	0.93	7.99	7.05	5.64	72.59	2.36	45.53	1.17	45.18	1.82	46.63	1.99
10 月—	10.15	0.92	8.63	7.61	6.09	75.61	2.34	46.36	1.18	46.27	1.66	47.81	1.60
12 月—	10.55	1.12	8.97	7.91	6.33	78.30	2.67	46.89	1.16	46.65	1.75	49.05	2.17
15 月—	11.21	1.11	9.53	8.41	6.72	81.67	3.30	47.71	1.23	47.67	1.81	50.59	2.01
18 月—	11.80	1.08	10.03	8.85	7.08	84.41	3.04	48.18	1.12	48.51	1.86	51.96	2.05
21 月—	12.68	1.18	10.78	9.51	7.61	87.87	2.95	48.78	1.27	49.50	1.79	53.40	1.94
2 岁—	13.50	1.43	11.48	10.13	8.10	91.72	3.33	49.30	1.23	50.20	2.09	55.34	2.33
2.5—	14.53	1.64	12.35	10.90	8.72	96.10	3.48	49.74	1.19	51.21	2.11	57.23	2.36
3—	15.43	1.66	13.11	11.57	9.26	99.34	3.73	50.07	1.25	51.64	2.06	57.95	2.42
3.5—	16.59	2.18	14.10	12.44	9.95	102.79	4.22	50.57	1.20	52.48	2.26	59.62	2.61
4—	17.76	1.94	15.10	13.32	10.66	106.27	3.70	50.84	1.21	53.55	2.34	60.92	2.20
4.5—	18.92	2.33	16.08	14.19	11.35	109.91	4.36	51.17	1.29	54.43	2.64	62.47	2.21
5—	20.40	2.64	17.34	15.30	12.24	113.86	4.44	51.39	1.11	55.73	2.52	64.01	2.32
5.5—	21.59	2.78	18.35	16.19	12.95	116.78	4.67	51.73	1.25	56.75	2.84	65.06	2.37
6—7 岁	23.46	3.09	19.94	17.60	14.08	121.06	4.54	52.15	1.25	57.85	3.15	67.16	2.34
			轻度营养不良	中度营养不良	重度营养不良								

表 8－10　上海市市区 0—6 岁女童体格发育五项指标评价参考值(2005 年)

年龄	体重(KG)					身高(CM)		头围(CM)		胸围(CM)		坐高(CM)	
	$\overline{X}$	S	$\overline{X}$－15%	$\overline{X}$－25%	$\overline{X}$－40%	$\overline{X}$	S	$\overline{X}$	S	$\overline{X}$	S	$\overline{X}$	S
初生	3.23	0.37	2.75	2.42	1.94	49.59	1.53	34.06	1.03	32.60	1.45	33.26	1.35
1 月—	4.67	0.54	3.97	3.50	2.80	55.06	2.03	37.05	1.23	36.56	1.63	36.72	1.50
2 月—	5.66	0.60	4.81	4.25	3.40	58.70	2.11	38.79	1.06	38.73	1.72	39.13	1.63

续 表

年龄	体重(KG)					身高(CM)		头围(CM)		胸围(CM)		坐高(CM)	
	$\overline{X}$	S	$\overline{X}$-15%	$\overline{X}$-25%	$\overline{X}$-40%	$\overline{X}$	S	$\overline{X}$	S	$\overline{X}$	S	$\overline{X}$	S
3月—	6.68	0.61	5.68	5.01	4.01	62.03	1.91	40.35	1.08	40.70	1.67	41.08	1.65
4月—	7.22	0.67	6.14	5.42	4.33	63.96	1.88	41.21	1.11	41.62	1.83	42.04	1.52
5月—	7.66	0.80	6.51	5.74	4.59	66.11	2.09	42.25	1.21	42.35	1.84	43.10	1.79
6月—	8.17	0.84	6.95	6.13	4.90	68.23	2.33	43.12	1.20	43.12	1.77	44.36	1.87
8月—	8.91	0.98	7.57	6.68	5.35	71.34	2.43	44.44	1.17	44.27	1.88	45.84	1.88
10月—	9.41	0.82	8.00	7.06	5.64	73.77	2.54	45.23	1.14	45.43	1.66	46.65	1.75
12月—	9.99	0.91	8.49	7.49	5.99	76.90	2.55	45.80	1.15	45.85	1.63	48.19	2.00
15月—	10.88	1.36	9.25	8.16	6.53	80.73	2.81	46.54	1.38	46.94	1.99	49.88	1.99
18月—	11.11	1.12	9.44	8.33	6.66	82.71	2.67	46.83	1.24	47.28	1.87	50.83	1.88
21月—	12.13	1.31	10.31	9.10	7.28	87.16	2.95	47.75	1.23	48.36	1.94	52.69	2.35
2岁—	12.84	1.40	10.92	9.63	7.71	90.43	3.68	48.19	1.34	49.02	1.91	54.32	2.31
2.5—	13.87	1.48	11.79	10.41	8.32	94.65	3.63	48.76	1.11	49.78	2.06	56.26	2.34
3—	14.90	1.64	12.67	11.18	8.94	97.71	3.90	49.28	1.22	50.30	2.13	56.82	2.43
3.5—	15.90	1.76	13.52	11.93	9.54	101.41	3.62	49.53	1.18	50.92	2.13	58.40	2.25
4—	17.24	1.88	14.66	12.93	10.35	105.50	3.67	50.10	1.17	52.16	2.33	60.01	2.23
4.5—	18.52	2.35	15.75	13.89	11.11	109.20	4.35	50.47	1.24	53.02	2.52	61.76	2.45
5—	19.37	2.11	16.47	14.53	11.62	112.54	4.27	50.73	1.24	53.79	2.50	62.99	2.29
5.5—	20.67	2.65	17.57	15.51	12.40	115.98	4.23	50.90	1.30	54.69	3.02	64.54	2.45
6—7岁	21.99	2.75	18.69	16.49	13.19	119.11	4.55	51.28	1.23	55.74	2.88	65.75	2.24

轻度营养不良 中度营养不良 重度营养不良

一般来说,可以对常见的P3、P10、P80、P97等评价数值作如表8-11中的解读。

表8-11 评价数值意义解读

评价项目	评价数值意义				
	<P3	P3—P10	P10—P80	P80—P97	>P97
按年龄测体重	体重低下	正常偏轻	中等	正常偏重	过重
按年龄测身高	生长迟缓	正常偏矮	中等	正常偏高	过高
按身高测体重	消瘦	正常偏瘦	中等	正常偏胖	过胖

（3）曲线图法。

因对体重的测量简单易行，体重成为了评价儿童营养状况的常用指标，一些国家绘制了以年龄为横坐标的体重标准图，通过儿童随机体重测量结果在体重标准图中的位置，判断评价该儿童的营养健康状况。

20世纪70年代开始，关于体重标准图应用的观念发生了转变。英国学者莫利根据多年在尼日利亚农村研究小儿生长的实践，认识到小儿的体重在体重标准图中的位置对于评估营养状况并不重要，而强调应注意小儿体重曲线的走向：若小儿本人体重曲线的走向是向上并且与图中的标准曲线平行，即为正常。这一结果的发现导致了评价方式的改变：以定期连续测量的体重值所描述的体重曲线（即生长趋势）取代偶尔一次测量的体重值。由此出现了一种新的评价方式：生长监测和生长发育图。莫利指出：生长监测的目的是评估小儿的体重曲线走向。另一位学者罗德指出，若将注意重点放在中、重度营养不良儿童身上，将会错过早期干预的机会。而应用生长发育图监测婴幼儿的生长速度和趋势，就能够于早期察觉儿童生长速度减慢或者超速现象，及时干预，防止形成明显的营养不良或超重。

20世纪80年代初，联合国儿童基金会认识到生长发育图是监测婴幼儿生长速度和趋势的较好工具，故将生长发育监测纳入改善儿童的营养状况，预防营养不良发生的GOBI[①]四项世界推行技术之一。生长发育监测即GOBI中的G（growth monitoring），通过对个体儿童的体重进行定期连续测量，并将测量值记录在生长发育图中，观察分析其体重曲线在生长发育图中的走向，以于早期发现生长异常现象，及时随访儿童的生长发育状况，分析原因，采取相应的保育干预措施，促使儿童充分生长。近年来，又发展成为GMP（growth monitoring promotion）。

1982年以来，我国在10个妇幼卫生示范县开始探索生长监测的实施和研究，1989年，我国与联合国儿童基金会合作，编制了适合中国0—3岁小儿的生长发育图，后郭迪教授与世界卫生组织合作，编制了适合中国0—6岁儿童的“儿童生长保健卡”，进而逐渐在全国各地初级卫生保健工作中，采用了生长监测这一手段来预防营养不良的发生，及时改善小儿的保育环境。

生长发育图的实施方法是：定期、连续、准确地测量个体儿童的体重；在生长发育图中描记小儿的体重曲线；评估小儿体重曲线在生长发育图中的走向、分析曲线变化的原因；根据小儿体重曲线变化的形式和变化原因，指导家长采取相应的干预措施。

亨德拉和罗德分析了国际资料后，指出实施小儿体重监测时应该避免没有将监测结果

① GOBI中的O为口服补液疗法，即在儿童患腹泻时，给患儿增加液体摄入量和在腹泻期间继续喂养，这一方法能够有效地预防脱水，纠正脱水，减轻病症，降低病死率。B为母乳喂养，即4—6个月内的婴儿应纯母乳喂养，不添加任何食物和饮料，这是预防小儿营养不良的最好方法，对母婴都有好处。I是计划免疫，即在1岁内的婴儿应按照规定时间接受四种免疫接种（卡介苗、脊髓灰质炎疫苗、百白破三联疫苗和麻疹疫苗），预防六种疾病（结核病、骨髓灰质炎、百日咳、白喉、破伤风、麻疹）。联合国儿童基金会希望通过GOBI等措施，降低儿童的死亡率，增强儿童的体质。

及时告诉家长并且给予指导等错误,以提高监测、评价的价值。

2. 多项指标综合评价法

(1) 相关回归评价法。

相关回归评价法是以离差法为基础、利用相关系数和相关回归表评价个体发育水平的方法,将体重、身高(长)、胸围、臂围等多项指标结合起来,进行对小儿体格生长的综合评估的方法。因为人体是一个有机的整体,在生长发育过程中,各种形态发育指标之间存在一定的内在联系。相关回归评价法就是在这一原理基础上设计的评价方法,可用于研究各变量之间的关系,同时,这种方法不仅可反映个体的发育水平,还可结合两项指标进行比较,分析出儿童体格的匀称程度,被认为是目前较理想的综合评价方法。该评价方法的优点在于,对多项体格生长发育指标进行测定后,因各数值组不在同一水平而难以解释时,可以用相关回归评价法进行评估。这一方法也是一种比较理想的体形评估,其缺点在于比较繁琐。

(2) 身体指数评价法。

身体指数评价法是根据人体各部分之间的比例关系,用数学公式将几项有关体格发育的指标联系起来判断体格生长、营养状况、体形、体质,以了解儿童生长发育状况的一种综合评价方法。这一方法根据不同目的和要求,可以选择不同的指数法进行评估,常用于研究工作、教学工作中,以及对体格发育判断有疑难时。在幼儿身体发育的评价中,常用的是身高坐高指数、身高胸围指数和考泊指数等营养指数。

身高坐高指数:(坐高 cm/身高 cm)×100,表明身体上下长度的比例。随着年龄的增长,该指数逐渐变小,肢体发育与躯干发育不正常的小儿该指数异常。

身高胸围指数:(胸围 cm/身高 cm)×100,用以评估婴幼儿的体形状况,新生儿约为 64,3 岁约为 53,粗壮型的儿童,该指数比较高,瘦长型的儿童,该指数比较低。

考泊指数(乳儿用):{体重(g)/〔身长(cm)×2〕}×10;考泊指数(幼儿用):{体重(kg)/〔身长(cm)×2〕}×10^4。这一指数可用以评估婴幼儿的营养状况。一般来说,小于 12 为营养不良,12—13.5 为偏瘦,13.5—18 为正常,18—20 为营养优良,大于 20 为肥胖。

(3) 发育年龄评价法。

发育年龄评价法是指用身体某些发育指标(如形态、功能、性征等)的水平制成标准年龄,并评价儿童身体发育状况的综合评价方法。由于遗传和环境因素的影响,个体的成熟类型和生长类型存在着差异,儿童的实际年龄(时间年龄)往往难以准确地反映生长发育的程度。同样是健康的孩子,高、矮、胖、瘦、生理功能以及心理发育水平等都不尽相同。因此,常用四种发育年龄来评价儿童的生长发育状态,即形态年龄(如身高年龄、体重年龄等)、牙齿年龄、骨骼年龄、第二性征年龄。

常用的发育年龄评价法是采用将年龄测身高(H/Y)、按年龄测体重(W/Y)和按身高测体重(W/H)三个单项指标综合起来进行综合评价，这也是世界卫生组织推荐的评价儿童营养状况的方法。

对于个体儿童进行评价时，先利用按身高测体重区分目前营养状况的优、中、差，再结合年龄测身高和按年龄测体重作出全面营养评价。具体地说，先按照该儿童所测的身高和体重在按身高测体重图上画出一点，再按照该儿童的年(月)龄和所测的身高及体重分别在按年龄测身高图和按年龄测体重图上也各画出一点，根据三个点落在各图中的(高、中、低)区域参考综合评价表进行营养评分。对于群体儿童的评价，可以个体儿童评价为基础，确定群体中位于优、中、差三种等级的儿童比例，作为检查或者评定群体儿童营养状况的依据。

表 8-12　综合评价表

按身高测体重	按年龄测身高	按年龄测体重	意义	营养评分
高	低	高	肥胖	优＋＋
高	中	高	目前营养好	优＋
高	低	中	目前营养好，过去营养不良	优
中	高	高	高个子，营养正常	中＋＋
中	中	中	营养正常	中＋
中	低	低	目前营养正常，过去营养不良	中
低	高	中	目前轻度营养不良	差
低	中	低	目前营养不良	差＋
低	高	低	目前营养严重不良	差＋＋

拓展阅读

有关学前儿童消瘦问题的健康教育

(1) 定期进行健康检查(测量体格生长发育指标)：发现个体儿童存在消瘦问题。

(2) 寻找原因：将健康检查结果及其评估告知家长，共同寻找可能的原因，如由营养摄入不足、厌食、睡眠不足以及某些疾病所致。如果通过营养调查分析，发现主要为供给营养素不足，可以进一步调查家庭膳食，以了解是什么引起营养不良，例如是否由饮食安排不当、烹饪方法不合理所致，还是由挑食、偏食等不良的饮食习惯所致。

(3) 健康教育：向家长宣传营养科学知识，可以让年长幼儿和家长一起讨论；帮助年轻父母制定合理食谱，并且引导其建立良好的饮食习惯，督促执行。

(4) 评估实施结果:2—3个月后通过对体格生长发育指标的测量、评估,复查健康教育和干预效果,执行良好者使儿童体重增长,效果显著;未执行者,要进一步寻找原因,并且协调解决可能存在的问题。

二、婴幼儿心理发育评价

学前儿童心理发展的水平主要表现在感知、运动、语言和心理过程等各种能力以及性格方面。影响学前儿童心理发展的因素是多方面的,其中,来自幼儿园的心理社会环境、物理环境等是重要的影响因素,因此,从某种程度上来说,学前儿童的心理发展的健康状况往往是衡量幼儿园保育质量的重要指标之一。当然,对学前儿童心理发展状况进行评价,可客观、公正地了解学前儿童在当前生态环境下的行为表现,从群体儿童中鉴别出问题行为和心理发展障碍,进而有针对性地实施早期保育,有利于提高保育质量、促进学前儿童心理的健康发展。

常用的婴幼儿心理发育的评价方法是谈话法、观察法、筛选检查法和诊断性测验,其中对于幼儿园保教工作者来说,最常用的是谈话法和观察法。由于受到幼儿认知水平、语言能力以及评价人员本人的认知水平、人格特征、情绪情感、教养态度等多方面的影响,幼儿心理评价过程存在着一定的复杂性,难度较大,因而需要评价人员具有特殊的心理评价知识和技能,以及对幼儿的生理、心理的基本了解。作为评价人员,还必须明确不同心理评价方法获取信息的可信度:其中谈话法、观察法、筛选检查法的评价信息只能用于初步评价,不能作出诊断性结论,所获取的评价信息也不能对日后的智力发展有任何预测,只能提供一定的参考意义。而智力测验、人格测验的评价信息则可以得出诊断性结论。评价人员应该正确地理解并贯彻这些信息的评价意义。

(一) 谈话法

谈话法是对儿童进行心理发育评价时获取所需有关信息的一种简单而普遍运用的方法。谈话往往是从儿童心理发育问题(感性或者经验层面)出发,有明确的目的、围绕问题(主题)进行,谈话对象可以是儿童或者与儿童熟悉的人。谈话应选择有利于自然轻松开展谈话的时间和地点(例如在家长接送孩子时或者在幼儿自由游戏时),由于影响幼儿心理发育的因素很多,因此,谈话内容也可以是多方面的(例如母亲妊娠期情况、家庭成员关系、同伴关系等),记录方式可以是客观实录(录像、录音)或者关键词笔录。

在运用谈话法时要注意:确定谈话对象、谈话场所和谈话时间;制定不同的谈话提纲(以聊天等开放的方式导入,围绕主题进行谈话;或者以直入主题式导入,围绕事先设计好的问题进行选择式的谈话)；记录谈话过程(可以通过录音、笔记等方式进行，强调记录的及时性和客观性)；根据谈话信息进行评价。

由于谈话法获取的信息的可信度有一定的局限，所以只能初步估计儿童心理发育的水平，为儿童心理发育的进一步评价提供参考依据，可以结合其他评价方法，更全面客观地评价儿童的心理发育状况。

(二) 观察法

观察法是评价儿童心理发育状况的一个重要手段，可为进一步评价儿童心理发育水平提供大量有价值的信息。观察也是从儿童心理发育问题(感性或者经验层面)出发，有明确的目的，在自然条件下对儿童进行观察。观察过程中应做好资料、信息的记录、整理和分析工作。常用的记录方式有客观实录(录音、录像)、等级记分和频数记分。

运用观察法时要注意的是：确定观察者、观察对象、观察场所和观察时间(由于观察法强调的是自然状态，因此，尽量选择与儿童熟悉的人作为观察者，例如本班教师或者家长；如果必须请与儿童尚未熟悉的人作为观察者，须经过一段时间的熟悉期，减少儿童由于紧张而表现出的不自然信息)；制定观察评定表(可以根据观察内容的特点，在观察者经验或者相关研究结果的基础上，制定一份观察评定表，观察评定表的制定有利于保证信息记录的完整性)；记录观察过程(可以通过录像、笔记等方式进行，强调记录的及时性和客观性)；根据观察信息进行评价。

表 8-13　康纳斯教师观察评定表

表现	0	1	2	3
(1) 在房间里不停地来回走动。				
(2) 发出不该有的声音。				
(3) 有要求必须立即给予满足。				
(4) 动作敏捷(莽撞、冒昧)。				
(5) 容易突然发脾气和出现一些不可预测的行为。				
(6) 对批评过分敏感。				
(7) 易分心，注意力短暂。				
(8) 打扰他人。				
(9) 做白日梦，好幻想。				
(10) 好噘嘴和生闷气。				
(11) 情绪变化迅速和激烈。				
(12) 好争吵。				
(13) 对权威人士很顺从。				

续 表

表现	0	1	2	3
(14) 不安静,常常"过分忙碌"。				
(15) 易激怒和冲动。				
(16) 要求教师给予极大的注意。				
(17) 明显不受同伴的欢迎。				
(18) 在房间里不停地来回走动。				
(19) 容易接受同伴的领导。				
(20) 游戏时不能正确对待输赢,只能赢不能输。				
(21) 明显缺乏领导能力。				
(22) 常不能完成已经开始做的事。				
(23) 幼稚,不成熟。				
(24) 不承认错误或者责怪别人。				
(25) 与同伴相处不好。				
(26) 与同伴不能合作。				
(27) 办事容易受挫折。				
(28) 与教师不能合作。				
(29) 学习困难。				

注:该表涉及攻击性行为、注意力不集中、焦虑、多动和社会合作性行为等五个方面的问题,如第1、5、7、8、10、11、14、15、21、26项表现与儿童的多动行为有关。若得分高,提示儿童可能有多动症。

(三) 筛选检查法

筛选检查法是运用尽可能简便的方法筛选出一些发育中可能存在问题,但在临床上尚无症状的婴幼儿;对于有问题的婴幼儿可用筛查工具检查,予以证实或否定;对于高危的婴幼儿可以进行发育的监测。筛选检查法快速、简便,能在短时间内得出结果,筛查只提供对婴幼儿的粗略的评价,判断婴幼儿是否存在心理障碍和问题行为,不能得出结论性诊断,筛选评价结论往往使用"可能、大致"等评价词汇。

1. 听力筛查

检查者位于婴幼儿后方,手持听力计距离受检儿童耳朵的50厘米处,并注意在耳后方45度处,避开儿童的视线。先在右侧给声,观察其对声的反应,继而换到左侧给声,仔细观察其对声的反应,如果给声后观察到婴幼儿有明显的反应,即为通过;如果反应不明显,可给声3次,有2次通过即可,给声时要注意发声约2秒钟,停顿4—5秒钟后再重复给声。

给声顺序:先选择40 dB、1000 Hz的声音进行测试,然后再分别给2000 Hz、4000 Hz,最后给500 Hz,如果40 dB无反应,再取60 dB给声。

要注意婴幼儿的状态，如果处于深度睡眠状态或者哭闹不安时，则不能进行检查。如果婴幼儿对于听力计的声音不敏感，可以用已测试过频率的响声玩具结合进行测试。

婴幼儿对刺激声音可能作出的反应方式为：头向声源眼球转动（注视声源方向）；转头或转身；停止了正在进行的动作；浅睡眠状态时从睡眠中醒来；出现笑容；发生哭、叫；表情惊讶；发出声音（或者语言回答）；用手指示（声源方向）。

2. 发育筛查

发育筛查可用于婴幼儿语言、粗大动作、精细动作和人际适应能力等方面的评价。目前比较常用的是丹佛发育筛查测验及其修订试验（DDST－R）。

这一测验的项目共有104项，分布于4个能区，即个人—社会、精细动作—适应性、语言、粗大动作。每一个项目用一条横条作为代表，横条安排在一定的年龄范围内。每一个横条有4个点，分别代表25％、50％、75％和90％ 的正常小儿通过该项目的百分比数。横条上有“R”则表示这个项目允许向家长咨询而得到结果。横条前标有数字的是包含注解的，测试时按照注解进行。表的顶线与底线均有年龄标记。

3. NYLS 3—7岁儿童气质问卷

气质是个性心理特点之一，主要表现在心理活动（包括情绪）的强度、速度、稳定性、灵活性和指向性方面，它是心理活动的动力特征。美国儿童心理学家及精神病学家托马斯和切斯领导的研究小组通过著名的纽约纵向研究（NYLS）提出儿童气质包括9个维度：(1)活动水平：指在活动（游戏、进食、穿衣或睡眠）中身体活动的数量，即活动期与不活动期之比；(2)节律性：指饥饿、睡眠、大小便等生理活动是否有规律；(3)趋避性：是对新刺激的最初反应特点，即接受或躲避；(4)适应性：是对新环境或新刺激的接受过程，是容易还是困难，如旅游、初去幼儿园或学校时的适应能力；(5)反应阈限：指唤起一个可以分辨的反应所需要的刺激强度，如对光、噪音或温度等的反应；(6)反应强度：对刺激产生反应的激烈程度，包括正性情绪和负性情绪。如遇到事情是大声哭闹、兴高采烈还是反应轻微；(7)心境特点（情绪本质）：指友好的、愉快的、高兴的行为数量与不友好的、不高兴的行为数量之比，即主导心境状态；(8)分心程度：指注意力是否容易从正在进行的活动中转移；(9)注意广度和持久性：指专心于活动的时间，分心对活动的影响，即从事单一活动的稳定注意时间的长短。

托马斯和切斯根据9种气质中的5个维度（节律性、趋避性、适应性、反应强度、情绪本质）将儿童分为难养型、启动缓慢型和易养型3种主要类型。

气质类型的划分标准：

(1) 难养型：节律性、趋避性、适应性、情绪本质中至少3项低于平均值；反应强度高于平均值；5项中至少2项偏离至少1个标准差。

(2) 启动缓慢型：5项中至少3项得分低于平均值且趋避性或适应性有1项低于至少1

个标准差;活动量得分不可高于1/2个标准差;情绪本质得分不可低于1个标准差。

(3) 易养型:如果反应强度高于平均值,则其他4项中最多有1项低于平均值,如果反应强度不高于平均值,则其他4项中最多有2项低于平均值;没有任何1项偏离超过1个标准差。

凯里和麦克大卫等人在此基础上进一步扩大样本修改了测查手段,最后将儿童气质分为5种:难养型、启动缓慢型、中间近难养型、中间近易养型、易养型。

1977年NYLS小组设计了家长评定的3—7岁儿童气质问卷(Parent Temperament Questionnaire,简称PTQ),选定符合9种气质且能清楚、独立地代表儿童日常生活一般表现的72个条目,采用7分法评定。该问卷为其他儿童气质测查量表的发展奠定了基础,目前仍是测查3—7岁儿童气质的常用工具,故首先被引入国内。1995年,北京医科大学精神卫生研究所通过对北京地区2067名健康儿童的调查分析,对NYLS 3—7岁儿童气质问卷建立了数学常模。

该问卷的测查方法为:每个维度有8个条目,量表由家长填写,每个条目均在"从不"到"总是"7个等级上对儿童的日常行为表现进行评定。其中一半条目为从1—7正记分,一半为反记分,评分过程较为复杂,已设计为计算机软件处理。

4. Achenbach儿童行为筛查量表

Achenbach儿童行为筛查量表(Child Behaviour Checklist,简称CBCL)是在众多的儿童行为量表中用得较多、内容较全面的一种。1970年首先在美国使用,1983年出版了使用手册(主要是针对家长使用的表),1986年及1987年又分别出版了针对教师用表及儿童自填表的使用手册。1988年增加了适用于2—3岁幼儿的行为量表及直接观察表。我国在1980年初引进适用于4—16岁儿童的家长用表,主要用于筛查儿童的社交能力和行为问题,内容如下:

(1) 一般项目。姓名、年龄、性别、出生日期、种族、填表日期、年级、父母职业、填表人等。

(2) 社交能力。包括7大项:Ⅰ为参加体育运动的情况;Ⅱ为参加课余爱好的情况;Ⅲ为参加课余爱好小组(团体)的情况;Ⅳ为课余职业或劳动;Ⅴ为交友情况;Ⅵ为与家人及其他小伙伴相处的情况;Ⅶ为在校学习情况。这部分内容又被归入3个分量表,即活动情况(包括Ⅰ、Ⅱ、Ⅳ项);社交情况(第Ⅲ、Ⅴ、Ⅵ项)及学校情况(第Ⅶ)。将这3个分量表从左到右排列在横轴上,把各分量表的总分从少到多排列在纵轴上,就构成了儿童社会能力剖析图。4—5岁组不计第Ⅶ项。

(3) 行为问题。包括113项,要求父母根据儿童最近半年内的表现填写。这部分是量表的主要部分。设计者按不同年龄、性别分组进行因素分析,共得出6个常模。即4—5岁、6—11岁、12—16岁组的男女常模。每个常模包含8—9个因子(即分量表)。每一个分量表包含113项里的若干项,有时同一项可出现在不同的分量表之中。各分量表既可用罗马数字表示,也可以用临床综合征的名称来代表。以6—11岁男孩的常模为例,包括分裂症样、抑郁、不合群、强迫—冲动、躯体化诉述、社交退缩、多动、攻击性行为、违纪行为等 9 个分量表。但使用这些名称并不意味着已经形成了临床诊断。

也有人喜欢传统的、简单的两分法，即分为内向性和外向性行为问题。将内向特征最明显的因子排在横轴的最左边（例如，6—11 岁男孩为Ⅰ—Ⅴ项）；将外向性特征最明显的因子排在横轴的最右边（如 6—11 岁男孩的Ⅸ、Ⅶ、Ⅷ项）；将既不属于外向，也不属于内向的因子置于中间（如 6—11 岁男孩的Ⅵ项），即构成了儿童行为问题剖析图。

该量表内容较全面，信度、效度较高，国内已用于临床研究，认为其可以作为儿童行为问题的筛查工具。

（四）诊断性测验

对于筛查出有问题的学前儿童，可以进行进一步的诊断性测验，确定其发育商或者智商，并且对迟缓者进行病因诊断和治疗。常用的诊断性工具有格塞尔发展量表，贝利婴儿发展量表等。

应该指出的是，无论是筛选检查法还是诊断性测验，都是非常严肃的评估。为了提高测验结果的真实性，必须由持上岗证的专业人员、在专门的环境下，采用适合不同年龄的测验方法和测验工具，对由一位家长陪同下的学前儿童进行心理发育状况的评估。对连续两次结果可疑或一次评价为异常的小儿，需要进行进一步的检查或转至上一级医院进行检查。测试后应给家长和保教人员提示小儿发展的趋势并提供保育上的参考。

1. 格塞尔发展量表（Gesell Developmental Scales，简称 GDS）

格塞尔发展量表于 1940 年编制，1974 年第二次修订，我国学者 1986 年修订其中国版，适用于 4—6 岁的婴幼儿。这一量表是目前国内外应用最广的智力发展评价工具之一，包括五个能区，能够对儿童的各种能力进行评价。

（1）适应能力：测查对外界刺激的组织、综合分析以及应用过去的经验解决新问题的能力。

（2）粗大动作能力：身体姿势、头部控制、坐、站、爬、走、跳的能力。

（3）精细动作能力：用手和手指抓握与操作物体的能力。

（4）语言能力：语言理解和表达能力。

（5）个人社交能力：控制大小便、进食、穿衣等生活自理能力，独自游戏、合作、对训练以及社会习俗的反应等社会交往能力。

2. 贝利婴儿发展量表（Bayley Scales of Infant Development，简称 BSID）

贝利婴儿发展量表是美国心理学家贝利及其同事于 1969 年在格塞尔发展量表的基础上编制的，适用于 2—30 个月的婴幼儿。1993 年第二次修订，将被测试对象的年龄扩大到 0—42 个月。我国学者 1995 年将其修订后于我国使用。该量表包括智力量表、精神运动量表和行为记录三个部分。其中智力量表(163项)测试婴幼儿的感知、记忆、学习、概念、语言等能力;精神运动量表(81项)测试粗大动作和精细动作;行为记录(24项)包括记录测验过程中儿童所表现出的情绪状态、对人和物体的反应性、注意力、坚持性、目标定向、活动程度和兴趣等。该量表同样是目前国内外应用最广的发展量表之一,其特点是常模样本大、信度效度高、结果计算精确。

第五节 幼儿园健康管理制度的评价

幼儿园的各项健康管理制度是否健全、贯彻执行的情况是否良好,是衡量幼儿园健康管理工作好坏的重要依据。衡量幼儿园健康管理制度的标准主要是:制度的健全性、制度执行的实效性和制度调整的动态性。

幼儿园的健康管理制度主要包括以下几个方面:生活作息制度、健康检查制度、膳食调查和营养评价制度、常见疾病管理制度、传染病管理制度、体弱儿健康管理制度、日常消毒制度、安全制度。

一、生活作息制度

有规律的生活作息习惯是健康生活方式的重要方面。科学地制定和安排符合学前儿童身心发育特点的生活制度与各项活动,不仅可以使幼儿养成良好的生活习惯,促进幼儿的健康成长,而且可以保证幼儿园保教任务的顺利实施。幼儿园在制定生活作息制度时应充分考虑园所自身条件和儿童的具体情况,根据本地区的气候、习俗、地理环境等进行切合实际的安排,建立必要且合理的常规。生活制度的制定应该根据大脑皮层的始动调节、动力定型等特点,坚持一贯性和灵活性相互结合的原则,培养幼儿的良好习惯和初步的生活自理能力。

幼儿园的生活作息制度包括一日生活制度、一周生活制度、学期生活制度和学年生活制度。其中最主要的是一日生活制度。幼儿一日生活中的环节有:晨(午、晚)检、进餐、睡眠、盥洗、如厕、上课、游戏和户外活动。因此,生活作息制度的评价也是围绕这些方面来进行的。

在幼儿早晨起床或入园、中午起床、晚间入睡前(寄宿制幼儿园)实施检查,通过一问、二摸、三看、四查进行健康情况的观察,注意儿童的情绪变化,必要时做好登记。

进餐制度指对幼儿饮食的时间和数量进行规定,并严格执行。一般来说,幼儿要做到一日三次正餐,上下午各加点心一次。年龄大点的幼儿,上午的点心可以取消;对于体弱儿,逐渐加量并增加餐前运动量;对于超重或者肥胖儿童,在运动量和膳食热能上考虑其个别化特点;对于过敏体质儿童,也要注意膳食内容的特殊性。

由于幼儿的睡眠时间随年龄和健康状况而变化，因此需要在生活作息制度中对不同年龄阶段幼儿的睡眠时间作出规定。儿童每天需要睡眠的总时数(夜间和白天)一般为：3—5岁为12—13小时；5—7岁为11—12小时。注意儿童睡眠时的出汗、呼吸和翻动情况。根据儿童睡眠的差异性调整床铺的位置，在睡眠管理上更加灵活，必要时可以将活动室和寝室打通，使某些不愿意继续入睡的孩子在教师的照顾下进行安静活动。

教育活动应安排在幼儿精力最充沛的时间段内，在餐点后半小时开始最佳。幼儿年龄越小，兴奋就越不易集中，注意力也就越不易持久。活动持续时间应根据不同年龄儿童的主动注意时间而规定，遵循由易到难、动静交替等规律，活动时间不宜过长。

合理的生活作息制度应保证学前儿童每日有充足的时间进行游戏和户外活动。每日儿童游戏的时间要根据儿童的年龄和幼儿园的实际情况决定。游戏应安排在通风良好、空气新鲜、采光照明良好的地方进行。在正常情况下，每天幼儿的户外活动时间不得少于1小时，要充分利用日光、空气、水等自然因素，以及本地自然环境，有计划地锻炼幼儿身体，增强身体的适应和抵抗能力，对体弱或有残疾的幼儿予以特殊照顾。户外场地应清洁安全，周围无危险物。

二、健康检查制度

健康检查是指对幼儿和工作人员进行的定期或不定期的体格检查。

(一) 幼儿园工作人员

每年必须在当地妇幼保健机构或当地卫生部门指定的卫生医疗机构进行一次健康检查，体检合格并且获得健康检查单位签发的健康证明后方能上岗工作。工作人员若患有传染病、化脓性皮肤病、精神病，则不得从事相关工作。工作人员在参加工作前必须进行全面的身体检查，参加工作后也必须每年进行一次全面身体检查，并填写身体检查表。

(二) 幼儿

幼儿健康检查的类型分为入园前的健康检查、定期的健康检查、每日的健康观察；在内容上包括：体重、身高(长)、头围、胸围、肺活量、脉搏、血压、眼睛、耳朵、鼻、口腔与咽喉、胸部、背部、四肢。定期对幼儿进行健康检查，了解幼儿的生长发育和营养状况是否达到正常的标准，以便尽早发现幼儿的疾病和生理缺陷，检查不利于幼儿生长发育的因素，及早进行干预和矫治。

1. 健康检查的类型

(1) 入园前的健康检查。

对于新入托、入园的学前儿童，必须进行入托、入园前健康检查，要求在规定时间，在指定的学前儿童保健机构进行专门的健康检查，以鉴定学前儿童是否适合开始集体生活，并防止将传染病带入幼儿园中。

（2）定期的健康检查。

一般来说，定期健康检查的时间是：①学前儿童出生后，除在满月时检查一次外，第一年每3个月检查1次，分别在3个月、6个月、9个月、12个月时进行，1周岁时作一次总的健康评价。②出生后第2年、第3年每半年检查一次，分别在18个月、24个月、30个月、36个月时进行。③3岁以后每年检查一次。如果发现异常，应随时增加检查次数。幼儿园需要在体检后对体弱儿进行专案管理，并配合妇幼保健机构定期开展儿童眼、耳、口腔保健，开展儿童心理卫生保健。

（3）每日的健康观察。

每日的健康观察包括晨检及全日观察。晨检工作可根据本园实际情况，采取保健教师检查、带班教师检查两者结合的方式。晨检内容包括询问儿童在家有无异常，观察精神状况，检查有无发热和皮肤异常，检查有无携带不安全物品等，发现问题及时处理。

保教人员应当对儿童进行全日观察，内容包括饮食、睡眠、大小便、精神状况、情绪、行为等，并完成观察及处理记录。卫生保健人员每日深入班级巡视2次，若发现疑似传染病，应当尽快将患儿隔离并与家长联系，及时送到医院诊治，并追访诊治结果，患儿应当离园休息。如果幼儿在园需喂药的，由卫生保健人员与家长做好药品交接和登记，并请家长签字确认。

2. 健康检查的内容

健康检查的内容主要包括询问个人现状及既往病史、体格测量及评价、全身体检、实验室检查、心理筛查等。

（1）询问个人现状及既往病史。

通过向家长询问，可获得有关学前儿童生长发育的资料，询问内容一般包括：①出生史、喂养史。②饮食、睡眠、户外活动情况。③日常生活习惯。对于日常生活习惯养成情况较弱的学前儿童，应对家长进行沟通和指导，帮助该儿童纠正不良生活习惯。④智能发展情况。对于发育迟滞的学前儿童，可以联合家长、带班教师与社区医院，进行相关的医教结合干预治疗。⑤预防接种情况。对于未按规定接种的学前儿童，要告知其监护人，督促监护人带学前儿童到当地规定的接种单位补种。⑥患病情况。尤其要注意传染病患病情况，在发现患传染病时应及时通知其监护人带患儿离园诊治。患传染病的患儿治愈后，凭医疗卫生机构出具的病愈证明方可入园。

（2）体格测量及评价。

包括身高（长）、体重、头围、胸围、坐高、上臂围及皮下脂肪厚度，其中前3项为必测项目。每次测量均应在固定时间进行，测量用具和测量方法要统一，保证测量结果准确。测量后要根据测量结果,对各项指标的测量所得数值加以评价,并筛查出生长发育偏离者进行重点管理。

(3) 全身体检。

① 头部。头围、前囟门闭合情况,有无方颅及颅骨软化。

② 眼。根据《关于印发儿童眼及视力保健等儿童保健相关技术规范的通知》(以下简称《通知》),在儿童健康检查时应当对0—6岁儿童进行眼外观检查,对4岁及以上儿童增加视力检查。有条件的地区可增加与儿童年龄相应的其他眼部疾病筛查和视力评估:满月访视时进行光照反应检查,以发现眼部结构异常;3月龄婴儿进行瞬目反射检查和红球试验,以评估婴儿的近距离视力和注视能力;6月龄婴儿进行视物行为观察和眼位检查(角膜映光加遮盖试验),1—3岁儿童进行眼球运动检查,以评估儿童有无视力障碍和眼位异常。对4岁视力≤0.6,5岁及以上视力≤0.8的视力低常儿童,或两眼视力相差两行及以上的儿童,都应当在2周—1月内复查一次。如果检查出孩子患有弱视,要及早治疗,越早越容易治愈。不要等到发育完全后再去医治,以免耽误最佳治疗时机,大大增加治疗难度。如果已经近视,要戴眼镜,不要任由度数加深,放任不管。

③ 耳。根据《通知》,耳及听力检查的目的是早期发现听力损失,及时进行听觉言语干预及康复,保护和促进儿童的听觉和言语发育,减少儿童听力和言语残疾,提高儿童健康水平。新生儿听力筛查后,进入0—6岁儿童保健系统管理,在健康检查的同时进行耳及听力保健,其中6、12、24和36月龄为听力筛查的重点年龄。检查内容包括耳外观检查,检查有无外耳畸形、外耳道异常分泌物、外耳湿疹等;听力筛查,即运用听觉行为观察法或便携式听觉评估仪进行听力筛查。听力筛查未通过者应当及时转诊至儿童听力检测机构进行进一步诊断。

④ 口腔。根据《通知》,口腔疾病检查主要包括:面部检查,检查是否有唇裂、腭裂等颜面发育异常;牙齿、口腔黏膜和舌系带的检查,检查牙齿的数目、形态、颜色、排列、替换及咬合情况,乳牙有无早萌、滞留、反咬合,检查有无口腔溃疡、鹅口疮、舌系带过短等异常;龋齿检查,检查牙齿是否有褐色或黑褐色改变,或者出现明显的龋洞。对于没有蛀牙的学前儿童,建议每半年进行一次口腔检查。对于已经发生蛀牙的学前儿童,每三个月就需要进行一次口腔检查。

⑤ 胸部。胸廓有无畸形,听诊有无心脏杂音及肺部啰音。

⑥ 腹部。腹部有无异常包块、肝脾有无异常肿大。

⑦ 外生殖器。外生殖器有无畸形。

⑧ 脊柱和四肢。脊柱和四肢有无畸形或其他异常。

⑨ 淋巴结。全身表浅淋巴结有无异常肿大。

(4) 实验室检查。

根据体格测量与全身体检结果,确定相应的实验室检查项目。一般情况下,所做的检查项目包括:出生后6个月或9个月的尿常规检查;2岁后每半年检查一次血红蛋白,1岁后每年检查一次尿常规;1岁、2岁时各做一次大便寄生虫卵检查。

(5)心理筛查。

儿童生长发育监测图主要监测8项儿童行为发育指标(抬头、翻身、独坐、爬行、独站、独走、扶栏上楼梯、双脚跳),了解儿童在监测图中相应月龄的运动发育情况。如果某项运动发育指标至箭头右侧月龄仍未通过,则提示有发育偏异的可能。预警征象:根据儿童心理行为发育问题预警征象,检查有无相应月龄的发育偏异;使用标准化量表测量:使用全国标准化的儿童发育筛查量表进行儿童心理行为发育问题的筛查评估。对于心理行为发育良好的儿童家长,可以给予科学的预见性指导;对于高危儿童和心理行为发育异常儿童,则需要转诊至上级妇幼保健机构,并进行随访。

三、膳食调查和营养评价制度

完整的膳食调查和营养评价制度应该包括临床评估、膳食调查和实验室检查,以对小儿营养状况进行全面可靠的评估。幼儿园主要参与膳食调查和体格检查等部分的临床评估。

(一)膳食调查

膳食调查主要计算每人每天膳食中所摄取的营养素是否能满足每日活动的需要。调查的目的是了解儿童的饮食情况,每人每天各种营养素的摄入量,结合体格检查的结果,评定营养摄入的合理性,从而为改进膳食结构、改善儿童的营养状况提供依据。

膳食调查内容包括儿童的进食量、膳食的搭配、两餐的间隔时间、烹调方法对营养素的影响,以及进食环境和饮食卫生等。在膳食调查时须以几种营养素作为衡量标准,继而从食物成分表中查出营养素的含量,衡量该数量能否满足儿童的需要,以评价膳食质量。常用的膳食调查方法是称量法、记账法和询问法。膳食调查后,应进行膳食评价,对膳食进行调整,以保证儿童正常发育。膳食评价包括膳食种类评价、食物进食量评价、各种营养素一日摄入量评价、热量营养素摄入量的评价和各种营养素供给量的评价。

(二)体格检查

小儿体格生长状况能够比较准确地反映其营养状况,幼儿园应该在膳食调查的基础上,结合儿童体格生长指标的变化,结合生长发育中的个体差异以及儿童的进餐情况等进行综合评价分析,并根据具体情况作出适当调整。

常用的体格生长指标主要有体重、身高(长)、头围、上臂围和皮下脂肪厚度等。其中最能反映小儿营养状况的是体重,而可以反映小儿长期营养状况的是身高(长)。

四、常见疾病管理制度

常见疾病管理制度主要是指对呼吸系统疾病、消化系统疾病、营养性疾病、五官常见疾病和寄生虫病等的预防、检查、登记、治疗。对于反复呼吸道感染、佝偻病、营养不良、贫血等患儿，应将其作为体弱儿，建立专门档案，加强管理。

表 8－14　儿童血红蛋白检查登记

年份	年龄组	验血人数			血红蛋白(g/L)				
		应检人数	实检人数	受检率(%)	＞110	＜10	＜100	＜90	＜60
					占比(%)	占比(%)	占比(%)	占比(%)	占比(%)

对于寄生虫病的预防制度，主要是建立定期的驱虫制度，对 2 岁以上幼儿的驱虫情况进行登记，驱虫前的准备包括与当地卫生防疫机构建立联系、明确保健医生的职责、安排驱虫时间、教师与家长联系并宣传驱虫的意义和注意事项、消除幼儿的恐惧心理。在驱虫的实施过程中，保教人员和医务人员应该相互配合，防止漏驱、错驱或重复驱虫，对于驱虫时出现的不良反应，应该实行应急措施。

表 8－15　儿童体检常见疾病患病情况和治疗情况登记

年份	体检人数			常见疾病分析									
	应查人数	实查人数	受检率	佝偻病	营养不良(1度、2度、3度、治疗数、患病数)	贫血	呼吸系统疾病	心血管系统疾病	消化系统疾病	肥胖症	皮肤病	龋齿(＞3岁)受检数、患病率	驱虫(应服人数、实服人数、服药率)

五、传染病管理制度

(一) 预防制度

预防制度包括建立并实施科学规范的健康检查制度、消毒制度、预防接种制度。健康检查制度旨在尽早发现幼儿的患病情况，若有传染病及时隔离。消毒制度能够消灭外界环境中的病原体，切断传播途径。预防接种制度指严格按照规定的接种种类、剂量、次数、间隔时间等进行预防接种，并防止漏种、错种或重复接种。预防接种制度评价主要针对预防接种的过程是否有严格的规定进行判断，包括接种登记、接种前准备、接种中的工作和接种后的工作。预防接种的登记方面包括建立幼儿预防接种卡和预防注射卡、在预防接种卡上对每个幼儿的接种状况进行详细记录，以保证预防接种的连续性。

表8-16 预防接种登记

姓名	结核菌素试验		卡介苗	脊髓灰质炎疫苗				百白破疫苗					乙脑疫苗					流脑疫苗					麻疹疫苗		
	日期	反应	日期	1	2	3	4	第一针	第二针	第三针	加强	加强	第一针	第二针	加强	加强	加强	初种	加强	加强	加强	加强	初种	加强	加强

(二)预后制度

预后制度指传染病发生后的措施。首先对传染病患者所在班的环境应彻底消毒。同时有专人(保健教师)负责园所传染病的报告、登记、统计、分析和管理工作。发现《中华人民共和国传染病防治法》中甲类传染病或疑似病人,应立即先用电话报告市、区(县)卫生局、防疫部门、妇幼保健所,然后填写传染病报告单并在规定时间内报至有关单位。发现乙类传染病、丙类传染病病人,应及时填写传染病报告单并在规定时间内报告。

表8-17 传染病发病情况登记

月份	在册人数	肠道传染病					呼吸道传染病							食物中毒		
		细菌性痢疾			病毒性肝炎											
		发病人数	继发人数	发病率	发病人数	继发人数	水痘	腮腺炎	麻疹	百日咳	猩红热	流脑	乙脑	发病起数	中毒人数	其他

对于曾经与传染病患儿接触过的幼儿,要实行检疫,检疫期由该传染病的最长潜伏期而定,同时根据该传染病的前驱期、症状明显期的相关症状进行观察。在检疫期间,受检疫儿童应与健康儿童隔离,但每日活动照常进行。对于发生或可能发生传染病的患儿和患病工作人员,应该建立与实施隔离制度,这是幼儿园控制传染病传播和蔓延的一项重要措施。对隔离制度的评价可以参考表8-18和表8-19。

表8-18 隔离制度评价表

隔离对象	评价维度		
	隔离内容	隔离方式	隔离时间
患病幼儿			
可疑患儿			
患病工作人员			

表 8－19　观察室(隔离室)记录

<table>
<tr><th rowspan="3">班级</th><th rowspan="3">姓名</th><th rowspan="3">性别</th><th rowspan="3">年龄</th><th rowspan="3">观察原因</th><th colspan="8">观察内容</th><th colspan="2">护理和治疗情况</th><th rowspan="3">进观察室日期</th><th rowspan="3">离观察室日期</th><th rowspan="3">离室时情况和去向</th><th rowspan="3">备注</th></tr>
<tr><th rowspan="2">精神</th><th rowspan="2">食欲</th><th colspan="2">大便</th><th rowspan="2">小便</th><th colspan="2">体温</th><th rowspan="2">其他</th><th rowspan="2">服药、打针和其他</th><th rowspan="2">饮食</th></tr>
<tr><th>次数</th><th>性状</th><th>上午</th><th>下午</th></tr>
<tr><td></td><td></td><td></td><td></td><td></td><td></td><td></td><td></td><td></td><td></td><td></td><td></td><td></td><td></td><td></td><td></td><td></td><td></td><td></td></tr>
</table>

六、体弱儿健康管理制度

体弱儿健康管理制度是衡量幼儿园个别化健康管理质量的有效指标之一。体弱儿健康管理制度是婴幼儿多发病防治制度的重要组成部分，婴幼儿常见的呼吸道、消化道疾病、佝偻病、营养不良、营养性贫血等，都被列为常见疾病。幼儿园中常见的体弱儿是肥胖儿，及患有缺铁性贫血、维生素D缺乏性佝偻病、营养不良、生长迟缓、先天性心脏病、反复呼吸道感染和哮喘(经常发作)的儿童。对于这些儿童，其健康管理工作必须建立园长、保健教师的专人负责制度，建立个人档案、随访制度、个案记录和小结分析制度，通过家长访谈、病史资料收集和日常活动观察记录等方式开展。与此同时，保教人员应该建立有针对性的生活、保健、护理、治疗等保育工作制度；注意活动室、寝室的通风换气；注意户外活动时运动量的调整、衣服的及时增减；膳食结构的适当调整等。

拓展阅读

体弱儿个案记录

________区________幼儿园(托儿所)　　入园日期________

姓名____________　　性别____________　　出生年月________________

____胎____产　足、早、顺、难产、小样儿、双胎　孕周____周

产时：抢救、正常　　出生体重______克　　身高________厘米

母亲孕期健康状况：________________

父姓名______年龄______身高________体重________有无疾病______职业______

母姓名______年龄______身高________体重________有无疾病______职业______

饮食习惯：定时：是　否　　定点：是　否

挑食____________偏食____________

大便正常____________腹泻____________次/日　大便干结________次/日

零食：常吃/偶吃

食物过敏:有/无　　何种食物________

生活习惯:白天睡眠______小时　夜间睡眠______小时

出汗:多/少　　湿衣湿枕:有/无

疾病史:呼吸道感染______次/季　　腹泻______次/季

其他______________________________

七、日常消毒制度

日常消毒是预防疾病发生的一项重要措施,包含了餐具、毛巾、玩具和室内空气等的消毒工作。幼儿园按照消毒常规要求建立并严格执行消毒制度,由保健教师负责消毒工作的技术指导和检查执行工作。保健教师必须接受卫生防疫机构的消毒灭菌技术培训并获得合格证书。餐具、毛巾、玩具和室内空气等必须按照规定定期进行消毒,并达到以下卫生要求:班级空气细菌菌落总数小于等于 2500 cfu/m^3;环境、玩具、手表面的细菌菌落总数均应小于等于 15 cfu/cm^2,并不得检出大肠菌群与致病微生物;食具、餐具、饮具、熟食器具等表面的菌落总数应小于等于 100 cfu/cm^2。幼儿园儿童活动室、卧室、厕所、营养室、隔离室,应采用含氯、碘等的消毒剂每日进行一次预防性消毒。儿童一人一巾一杯一餐具,一用一消毒,大便便盆也是一用一消毒。常用的消毒方法有:热力灭菌法、日晒法、化学法等,不会对物品产生损坏的消毒方法是紫外线消毒法。

表 8-20　幼儿园消毒制度评价表

评价内容		评价标准			
一级指标	二级指标	消毒材料	消毒方法	消毒周期或频率	消毒时间
生活用品	餐具				
	饭桌和抹布				
	被褥和床单				
	厕所和便盆				
文娱用品	玩具				
	图书				
其他	空气				
	呕吐或排泄物				

八、安全制度

幼儿园应该建立健全的安全制度，明确各项安全规则，做到有章可循，同时定期进行安全检查并记录，以确保安全措施的落实。幼儿园的安全制度，包括意外伤害发生前的预防制度和意外伤害发生后的急救措施处理制度。

预防制度包括门卫制度，饮食卫生制度，交接班制度，房屋、设备、消防、交通等安全防护和检查制度，食品、药物等管理制度，幼儿接送制度，保教人员急救培训制度，保教人员安全教育制度，保教人员安全守则等。各种物品应放在固定、安全的位置上，一般内服药必须有明显标签，妥善保管，放在婴幼儿拿不到的地方，严禁将外用药、消毒药品、热水瓶、烧水壶、热饭热菜和可能伤害儿童的物品带进班级。交接班时要清点人数，交代安全情况后方可离岗。给婴幼儿服药时应该事先核对，不漏服、不错服。不携带私人用品进班，特别是有尖锐棱角的物品、金属物品、有壳有核的食物、外用化学药水等，不佩戴长耳环、不留长指甲。

预防意外事故的基本原则是事先计划、建立规则、谨慎指导和遵守安全措施。事先慎重地考虑和谨慎地计划，有利于为儿童选择适宜的设备和活动，为不可预知的意外事故做好准备。规则是通过安全的方式来帮助儿童使用游戏设备、开展适当的游戏以及与他人互动。而谨慎指导对于年龄小的儿童、危险性较高的活动尤其必要。安全措施主要是保教人员应该创设一个安全的环境，包括玩具、设备、室内活动、户外活动等方面的安全。

急救措施处理制度是指意外伤害发生后的处理备案，备案包括保教人员接受急救训练、专门人员来协调和指导意外伤害发生后的处理、建立紧急联络的电话号码簿（家长、医院、消防队、救护车和警察局）、安排输送路线和配备班级急救物品，建立意外事故报告制度。重大责任事故（由于保教人员失职导致的小儿死亡、残疾、重要组织损伤等）及时电话报告市、区卫生部门和妇幼保健部门，然后再书面上报。责任事故应立即报告。一般事故应该在两天内报告，不漏报、不迟报。要求一般事故年发生率＜0.5％，无责任事故、体罚和变相体罚。

评价安全制度时重在考虑制度的健全性和执行的健全性。管理不善、制度不严、监督不力往往是幼儿园事故发生的主要原因。通过这些制度的制定和实施，可使幼儿园的建筑、设备符合安全要求，在生活环节中保证儿童安全，并在各类活动中做好安全工作。

表 8－21　差错、意外事故登记

日期	班级	姓名	年龄	性别	差错事故名称	差错事故发生情况	差错事故后果	差错事故处理	带班教师	备注

第六节 学前儿童健康教育活动的评价

学前儿童健康教育活动的评价分为四个方面的内容:对学前儿童健康教育活动准备工作的评价、对学前儿童健康教育活动设计和实施过程的评价、对学前儿童健康教育活动所产生的影响或近期效果的评价、对学前儿童健康教育活动总目标的评价。

一、对学前儿童健康教育活动准备工作的评价

第一,评价学前儿童健康教育活动是否适应不同年龄和发展水平的儿童的需要、兴趣、接受能力,以及学生参与学前儿童健康教育活动的程度等。看似热闹的学前儿童健康教育活动往往只是教师教学能力和教学技巧的充分展示,只有当儿童积极参与活动、充分体验学习乐趣,并在愉快的学习中获得发展的学前儿童健康教育课程才是好的课程。

第二,评价学前儿童健康教育活动计划所选定的目标和各级分目标的合适程度,各级目标轻重缓急安排的顺序的合理程度。具体地说,即评价其是否以我国《幼儿园教育指导纲要(试行)》中所提出的健康教育领域总目标为依据,是否根据不同年龄进行目标分级,是否在目标选定时体现出螺旋式上升的特点,是否从目标指向的紧迫性、针对性、即时性等因素考虑各级目标的轻重缓急。

第三,评价学前儿童健康教育活动所确定的策略和实施措施是否正确与合理,是否适合教育对象以及其他各方面的客观情况。具体地说,学前儿童健康教育活动是否具有可行性、教师是否做好准备状态等。

二、对学前儿童健康教育活动设计和实施过程的评价

第一,评价学前儿童健康教育活动的设计质量。具体地说,即教育活动设计时能否考虑学前儿童的经验水平和学习特点,教育活动设计时是否考虑教育材料的可获得性,教育活动设计是否考虑与整个幼儿园课程的整合。

第二,评价学前儿童健康教育活动实施过程中组织、领导、分工和协调的情况。学前儿童健康教育活动的实施往往需要教师、保育员协作完成。近年来随着利用家庭、社区和幼儿园资源进行立体式健康教育模式的倡导,健康教育活动实施中的组织、领导、分工和协调成为学前儿童健康教育活动目标顺利达成的重要保障。例如,作为面向家长的幼儿园营养教育系列内容之一,家长品尝会不仅有助于家长了解幼儿园的膳食状况,还能够进一步向家长普及有关科学育儿的膳食知识,从而实现家园共同提供科学膳食、改善婴幼儿营养状况的目

标，显然，该健康教育计划的实施需要周密的管理基础，并通过教师、保健教师、园长共同组织、分工和协调完成。

第三，评价学前儿童健康教育活动实施过程中所选择和组织的教学内容与材料、运用的方法与技术、采用的教育途径与组织形式等方面的质量及效果。在体育活动中，丰富的运动材料、适宜的活动空间以及合理的运动规则，有助于孩子进行适宜的活动，获得充分的锻炼。一般来说，衡量幼儿体育活动的标准是高密度（60%—70%）、低强度，时间不能太长。多媒体技术的运用适合学前儿童思维的具体形象性特点，能够激发孩子的学习兴趣，尤其适合形象性、动态性教学内容的呈现。

第四，评价学前儿童健康教育活动实施过程的效率和成本效益等方面的问题。这是对学前儿童健康教育资源利用有效性的考虑。例如，将闲置空间改建为室内锻炼场所，能够增加幼儿体育锻炼的机会，这是提高幼儿园健康教育资源有效性的措施。专用游泳池对于夏天幼儿健身是一项良好的设施，但是，专用游泳池往往由于占地面积大、闲置时间长、利用效率低、维护费用高等原因，其有效性较低。必要的费用应该更多用于活动场地、体育设施、体育器材的定期检修工作，这样可以减少由此可能造成的学前儿童体育活动意外事故的发生率。

三、对学前儿童健康教育活动所产生的影响或近期效果的评价

近期影响指在健康教育活动实施基本结束后的一年之内，通过观察、调查或者测量而得到的结果。包括学前儿童对有关健康知识和技能的掌握状况；学前儿童对健康问题的价值观、态度和信念的变化状况；学前儿童卫生习惯和行为的变化状况。对于幼儿园而言，学前儿童的健康状况是衡量健康教育影响力的根本因素，即通过婴幼儿的生长发育、患病率和死亡率等指标进行判断。

四、对学前儿童健康教育活动总目标的评价

从宏观上评价学前儿童健康教育活动所产生的社会价值和效益，评价社会对幼儿园健康教育的参与和支持程度等。

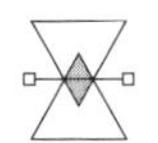

教与学的建议

1. 观摩一次学前儿童健康教育活动，对其教育设计和实施过程进行评价。
2. 学生自主学习教育部颁发的《幼儿园办园行为督导评估办法》，了解涉及健康教育的评估内容、评估办法。

本章思考题

1. 试述学前儿童健康教育评价的几种理论模式。
2. 试述学前儿童健康教育的原则。
3. 列举学前儿童健康状况的常用评价指标及其评价目标。
4. 阐述幼儿园健康管理制度的内涵及其评价指标。

第九章　学前儿童健康教育理论评析

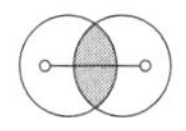

知识要点

- 当代健康教育模式
- 当代学前儿童健康教育理论的分析

学前儿童健康教育是以保护和增进学前儿童健康为目标的教育过程。学前儿童健康教育理论除了遵循教育学的基本原理外，也受到相关学科的基础理论的影响，近几十年来，行为科学、传播学和生态学的理论对学前儿童健康教育产生了很大的影响。

第一节　当代健康教育模式介绍

一、健康教育的知信行模式(Knowledge, Attitude, Belief and Practice，简称 KABP)

英国健康教育委员会的柯斯特用知信行模式表示知、信、行在卫生信息与健康增进之间的关系。

(一) 理论概述

知是知识学习和接受有关健康的信息的过程；信是对传播的信息的相信、信仰，并由此形成一种信念；行就是将已知的且相信的东西付诸行动。知(知识和学习)是基础，信(信念和态度)是动力，行(促进健康行为)是目标。为了达到目标，就要使接受信息者知和信。从知到行，三者之间只存在因果关系，不存在必然性，受信者可以知而不信，也可以信而不行。

健康信息——知识——态度——行为——增进健康

图 9-1　柯斯特的健康教育模式图

以吮吸手指为例,孩子对自己吮吸手指的危害性往往并不清楚,无法从主观上改变行为。如果学前儿童健康教育工作者通过多种方法和途径把吮吸手指有害健康、吮吸手指易引发疾病等知识传授给学前儿童;学前儿童获得相关知识后,就会了解该行为对健康的危害性,通过思考形成对吮吸手指行为的态度(即吮吸手指行为是不对的,不应该吮吸手指),从主观上建立改变吮吸手指行为的认同感;这种态度将成为他在接受成人矫治、克服吮吸手指行为时的积极动力,从而逐步建立起不吮吸手指的健康行为。

(二) 在学前儿童健康教育中的应用

培养学前儿童的卫生行为习惯,增强幼儿自身保护的能力,是学前儿童健康教育的最终目标,其中,健康知识的传授,是学前儿童健康教育的一个重要方面。幼儿健康态度、信念的确立以及健康行为和习惯的养成,一般来说是建立在正确的健康知识的基础之上的。因此,提高幼儿对健康的认知水平,有利于将其行为引向正确的方向。

健康态度和行为基于一定的知识基础,接收的信息越多,掌握的知识越多,态度和行为的倾向性就越明显。学前儿童往往并不了解自己不健康生活习惯的危害性或者健康生活习惯的价值,以认知为切入口实施健康教育,帮助或强化幼儿认识正确的健康知识,是帮助其形成认同感,进而建立健康行为的基础。例如,当学前儿童了解蔬菜所含的丰富营养有助于长高、长大后,他们就可能克服对于蔬菜的味道、口感等不喜欢的态度,开始尝试进食蔬菜,这对于逐渐养成均衡的膳食结构非常重要。在托幼机构,教师往往会扮演医生等权威角色,或者通过讲故事,将有关蔬菜的营养及其对身体健康影响的知识传递给儿童,这种以认知作为开端的健康教育方式是幼儿园健康教育常用的方式。

当然,从知识到行为往往是一个复杂的过程,知识、态度和行为三者的转变,所需的时间和困难程度是不同的。对于学前儿童来说,知识、态度、个体行为和群体行为的转变亦是如此。知识的转变比较容易,态度的转变涉及情感问题,不仅较为困难,而且历时也较长;个体行为的转变比前两者都更困难和费时,而群体行为的改变最难达成,也最花时间。在完成了健康知识(信息)的传递以后,幼儿还经常出现言行不一的现象,或者知而不行,或者知而不信。正如上述例子中,通过一个以蔬菜营养知识传授为主的健康教育活动,比较容易使学前儿童在有关蔬菜营养的知识方面发生转变,使之了解各种蔬菜富含的营养素及其作用,有助于改变学前儿童对蔬菜的态度。但这种态度的改变往往具有短时性和情境性,而且由于学前儿童认知水平较低这一特点,以知识为切入口的健康教育活动在改变其进食蔬菜行为的效果方面则更加复杂,有的孩子可能在营养教育活动结束后开始愿意尝试,而有的孩子可能依然不愿意尝试进食蔬菜。教育工作者需要从更为复杂的视角进行原因分析,制定并实施教育方案。同时必须认识到,以知识为导入的学前儿童健康教育活动,其效果往往具有不稳定性和情境性，需要考虑情感因素、行为因素等多个方面，并处理好来自家庭、社会和托幼机构等多种教育影响因素的一体化关系。

案例

五谷杂粮(中班)

活动目标

(1) 帮助幼儿了解一些常见的五谷杂粮。

(2) 培养幼儿的认知观察力。

(3) 引导幼儿初步了解杂粮的营养价值，并喜爱吃五谷杂粮。

活动过程

1. 问题讨论——什么是五谷杂粮

活动开始前，教师用桌布将所有物品遮盖。

导入：今天老师带来了一些好东西跟大家分享，我们先来听听它们的声音吧。(教师晃动储存盒发出声音，引起幼儿兴趣)你们想知道是什么吗?

逐一出示五样食物。从颜色、形状方面引导幼儿进行认知。

准备几盘分装好的杂粮，让孩子们分组，真切地体验。

小结：你们知道吗，这些食物放在一起，有一个好听的名字，叫五谷杂粮。

2. 杂粮蹲游戏——进一步熟悉杂粮的名称

教师出示代表 5 种杂粮的卡通吊牌，引出游戏。

教师：现在你们已经认识了这 5 种杂粮，我们就来做一个杂粮蹲的游戏。

教师让幼儿选择自己喜欢的杂粮吊牌后进行分组，并介绍杂粮蹲的游戏规则。

导入语：你们已经选择了自己代表的杂粮，一会儿由一组小朋友先开始，说"××蹲，××蹲，××蹲完××蹲(另一组小朋友代表的杂粮)"，被叫到的小组继续说，若未说出则会被淘汰。

3. 杂粮对对碰——了解杂粮的一些存在形态

提问：老师介绍了那么多杂粮，你们还见过哪些杂粮?(从幼儿的生活经验引入，请幼儿自由发言)

提问:你们见过那么多种杂粮,那你们吃过哪些食物是用杂粮做成的呢?味道怎么样?你们喜欢吗?(请幼儿自由发言,结合幼儿给出的答案出示食物照片)

提问:老师这里也有一些食物,你们来看看它们是用什么杂粮做成的?我们来玩一个杂粮对对碰的游戏!(教师出示食物及杂粮的照片,请幼儿连线)

在幼儿无法统一意见时,教师可以引导幼儿讨论,如:杂粮面包里可以看见好多种杂粮,所以这些杂粮都和面包做好朋友。

4. 简单介绍五谷杂粮的营养价值,了解其对身体的益处

教师:五谷杂粮中含有很多我们的好朋友,比如维生素、胡萝卜素、微量元素、膳食纤维,它们都是我们成长中很重要的营养素,你们知道它们对我们有哪些好处吗?(请幼儿自由发言)

教师简单介绍五谷杂粮的营养价值:增强免疫力,强壮身体,保护牙齿、视力,促进生长发育,帮助我们远离疾病等。

小结:今天发现了五谷杂粮有那么多的本领,你们喜欢这些五谷杂粮吗?

其实五谷杂粮的很多本领,你们的爸爸妈妈可能还不知道,请小朋友们把今天学到的小知识带回去跟爸爸妈妈一起分享,让爸爸妈妈也给你们做做杂粮点心,尝一尝杂粮的好味道,养成不挑食不偏食的好习惯!

教师出示绿豆发芽观察日记,告诉幼儿记录的方法。

活动建议

(1) 活动开始前将所有物品遮盖起来,活动中逐一展示,以免分散幼儿注意力。

(2) 在实际教学过程中可投放更多的实物来使孩子们真切地体验,可以让每个孩子都有机会从视觉、触觉等各个方面去感受什么是五谷杂粮。

(3) 游戏道具制作应人性化,要充分考虑到安全性、方便和娱乐性。

(4) 同时,要求中班幼儿自主说出杂粮的营养价值存在一定的难度,对于幼儿的各种奇思妙想,教师尽量以鼓励和引导为主。

(上海市徐汇区宛南实验幼儿园 方松园)

二、健康行动模式

健康行动模式的创始人唐纳斯倡导健康教育需要从强调认知转变为强调情感，他认为尽管健康教育的认知领域十分重要，成功的健康教育无疑应该以正确的知识和理解为基础，但是，只有对健康有关问题的认识和理解，是不足以形成健康行为的，健康教育需要更多考虑健康教育中情绪情感领域的问题，从而改变幼儿的态度和价值观。

（一）理论概述

根据健康行动模式，有三个系统对个体准备遵循的健康行动产生重要作用：信念系统、动机系统和从来自一般的社会规范到来自集体或个人的各种压力所产生的效应系统。这三个系统中的任何一个因素都可以引发某种与健康有关的决策和行动。

对于学前儿童健康教育而言，强调情绪情感领域，比强调认知领域，能更为有效地达成健康教育的目的。学前儿童不仅需要获得并相信事实或者信息，而且要有信念和动机去做。态度、动机和价值观的形成常常与儿童所处的环境有关，其中，家庭、托幼机构对于形成价值观和态度具有强有力的影响。例如，学前儿童的挑食态度和行为往往与家庭成员，尤其是母亲的挑食行为具有很高的一致性，而在集体教养机构中通过树立集体压力来改变个体挑食行为具有一定的效果。

（二）在学前儿童健康教育中的应用

唐纳斯指出了健康教育的一个重要策略：以情感为切入口，通过儿童态度的转变，影响其行为。由于学前儿童认知水平不高，而情感易被激发，容易受到周围环境的影响，同时模仿能力强，因此，利用周围环境中的健康教育因素，激发孩子产生共鸣，有利于孩子产生认同感，从而驱使其发生健康行为。例如，在“换牙”教育中，针对换牙期个别孩子容易产生恐惧心理的现象，教师请幼儿来谈谈换牙时候的经历和想法，通过集体讨论，使个别胆小的孩子认识到换牙是大家都在经历的事情，尤其可以请一些比较勇敢、开朗的孩子来谈谈换牙时的轻松感受，这有利于打消其他孩子的恐惧心理，进而转化为“换牙代表自己又长大了”的自豪心理。同样，考虑到家庭成员言语行为对儿童健康动机的重要影响，可以通过家园沟通、为家长开设讲座等形式，使家庭和托幼机构在促进学前儿童建立健康行为中形成合力。

案例

睡不着怎么办(大班)

活动目标

(1) 了解午睡有益于身体健康,知道睡觉对人体的帮助。

(2) 讨论、交流各自的午睡习惯以及帮助自己快快入睡的好方法。

活动过程

1. 问题讨论——午睡对身体有什么好处

教师播放视频,让幼儿看视频讨论片段里的孩子们在干什么。

导入:今天老师带来一段视频,请你们来看看里面的小朋友在干什么。

提问:里面的小朋友为什么都睡不着觉呢?(请幼儿自由发言)

小结:原来太吵闹的环境会影响睡觉。

提问:那么你们知道为什么小朋友每天都要午睡呢?(请幼儿自由发言)除了小朋友外,还有谁也需要午睡?看来午睡是帮助我们恢复体力的好方法,是非常重要的,那有什么方法能帮助我们午睡呢?

2. 记录下自己午睡的好方法

提问:你有没有也遇到和视频里的小朋友一样的困扰?睡不着觉的时候你会怎么办?

教师请幼儿用绘画的方式在空白的纸上写出应对自己睡不着觉的好方法。

提问:你们前面都说了很多好的办法。那这样,老师这里有空白的纸。每个小朋友选择一个自己认为最有用的办法画在纸上,我们一起来讨论!

集体讨论幼儿画出来的好点子。

3. 午睡棋类游戏——比比谁先睡着

教师出示棋盘。

提示:午睡的好方法有这么多,先让我们评选出最佳的6张图片,然后我们一起来玩这个比比谁先睡着的棋类游戏吧!

先讨论评出游戏时需要的6张好方法图片。

教师介绍游戏规则。

导入语:我们可以将选出来的游戏卡片分别放在棋盘格里,然后投掷骰子,最多有3个幼儿同时行走,如果投掷到放有卡片的格子里,这张卡片就属于你，游戏结束拿到最多卡片，就说明用了最多的办法帮助自己睡觉，可以成为最佳午睡者，也就赢了这一局。

分成4—5组进行游戏。

用提问引导幼儿关注如何让自己快快睡着。

提问：在我们玩了这个游戏后，你们学到了哪些平时没有用过的午睡方法呢？

教师小结：其实每天我们只要坚持在午睡时间保持安静，闭上眼睛让自己放松，即使不能马上睡着，闭目养神也能帮助你恢复上午消耗的体力。或许过不了多久就能快快睡着。还有的小朋友想到了在心里默数等好办法，同样也很聪明。别人的好办法你可以拿来用一下，不一定马上能见效，不过习惯了午睡对我们身体会很有帮助。

活动建议

对于大班幼儿来说，午睡已经不陌生。在3年的幼儿园生活中，每天都要午睡。但随着年龄的增长，午睡成了他们的难题。有些孩子一提起午睡就觉得很困难、很无聊。要通过一个活动立刻提升他们的午睡质量几乎是不可能的。教师在活动中要引导幼儿知道应利用午睡保持体力，确保下午精力旺盛。对于个别幼儿，可以告诉他试一试别人的好方法，但如果实在无效，闭目养神同样也是很好的。如果强求他们一定要睡着，可能也是痛苦的事情，毕竟每个幼儿的体质不相同，对于睡觉时间会有不同的需求。让幼儿在活动中知道虽然睡不着，但不影响别的小朋友休息也是一种好习惯。教师应该在活动中传递给幼儿此类经验与信息。

（上海市徐汇区宛南实验幼儿园　郦田卿）

三、计划性行为理论(Theory of Planned Behavior，简称TPB)

20世纪70年代初期，菲什拜因和艾甄提供了一个新的研究个体对健康行为所持态度的框架——计划性行为理论。

(一) 理论概述

计划性行为理论强调行为是在已经计划的、人们通常处于相当理性的状况下，系统利用个体可获取的信息，在决定要采用还是不采用一种指定行为之前，通常会考虑行为背后的意义，行为意向是主要的行为预兆。

个体对于已知的事物具有很多的信念，所见的事物也具有很多不同的性质或特征。对于事物的态度受到对于该事物的性质的信念和对这些性质的评价所制约。个体对健康行为所持的态度包括：行为信念、对行为结果的评估、客观规范、规范信念、顺应的动机。个人实施行为的意向来自对该行为所持的态度和客观规范的综合思考。如果个人预知到实施健康行为会有一个积极的结果，他就会对行为的实施有一个积极的态度；反之，如果个人预知到实施健康行为的结果是消极的，他的态度也将是消极的。如果与个人相关的他人对实施该行为态度乐观，而个人也受到迎合这种态度的激励，那么就会有一个积极的客观规范。相反地，若是相关他人对实施该行为的态度消极，而个人还是有迎合的意愿，那么这一经验对个人来说将会成为一种消极的客观规范。例如攻击性行为，如果学前儿童将“打人”作为不好的或负面行为，并相信父母和同伴也不希望他“打人”，那么“打人”行为将减少甚至消失；反之，如果学前儿童将“打人”行为作为制服对方的英雄手段，或者发现自己通过打同伴可以满足自己的需要，同时看到父母通过“打人”方式教育自己，那么，学前儿童就会认同并接受“打人”行为，进而表现出更多的“打人”行为。

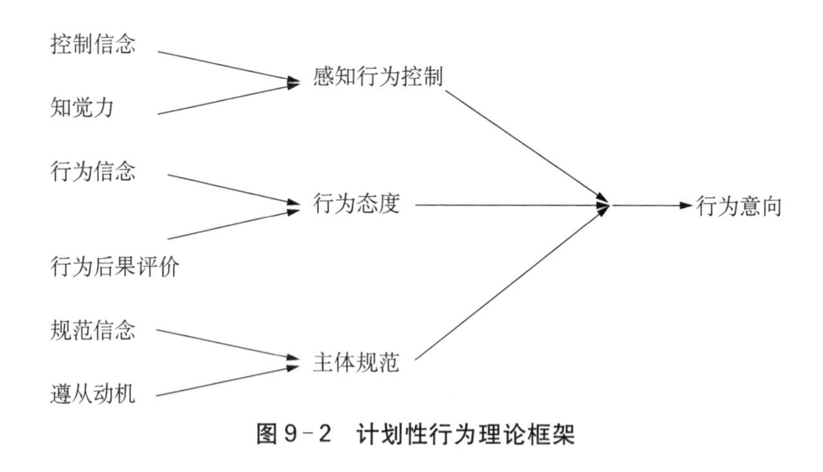

图9-2　计划性行为理论框架

（二）在学前儿童健康教育中的应用

计划性行为理论超越了传统模式中健康态度与健康行为的直线关系，呈现了知信行之间非线性的复杂机制，揭示了个体对该行为所持的态度和对客观规范进行综合思考的健康行为意图是健康行为形成的决定因素。

计划性行为模式主张将个人意图对行为的影响置于首位，强调个人实施健康行为的意向取决于其态度和对客观规范的衡量结果。在学前阶段，尽管个体对于已知事物具有许多不同的信念，但是对于这些不同信念所持的态度和相关的客观规范主要受权威因素的影响，尤其是抚养者以及社会客观规范对于信念建立、健康行为养成起着关键作用。例如，在幼儿园进行身体锻炼时，教师倡导在体育锻炼过程中培养勇敢、坚韧的品质，但如果家长因为担心孩子摔跤了而减少外出锻炼的机会，或者降低锻炼的难度，那么，来自外界的不一致影响，就可能导致学前儿童不稳定的健康行为。作为影响儿童健康行为重要的权威因素，抚养者不仅需要言行一致、以身作则，为学前儿童树立良好的客观规范，而且应该对学前儿童生活环境中的相关行为进行客观评价，树立正确的客观规范。此外，学前儿童健康教育需要开展家庭——幼儿园——社区整体教育，将家长、社区作为整个学前儿童健康教育计划的一部分，帮助学前儿童建立正确的客观规范。

案例

我会叠被子(大班)

活动背景

随着社会的发展，家长对孩子的知识教育越来越重视，但另一方面，在生活能力的培养上却有着忽略的趋势。现在的孩子在家里什么事都让爸爸妈妈做，因此自我服务能力较差。为此，通过“我会叠被子”这一活动使幼儿的生活自理能力和动手能力都得到锻炼，提高幼儿的生活自理和互帮互助的能力，让幼儿感受自己长大了，体验生活自理的乐趣。

设计思路

在寝室中采用一种富有鼓励性的记录方式创设幼儿可以互动的环境，让幼儿积极动手自己叠被子，并让教师和家长及时关注幼儿的情况，给予适时的引导和提醒，帮助幼儿学习自己叠被子的方法，形成良好的生活自理能力。

环境创设

保教人员可以在寝室展板上创设“我会叠被子”。

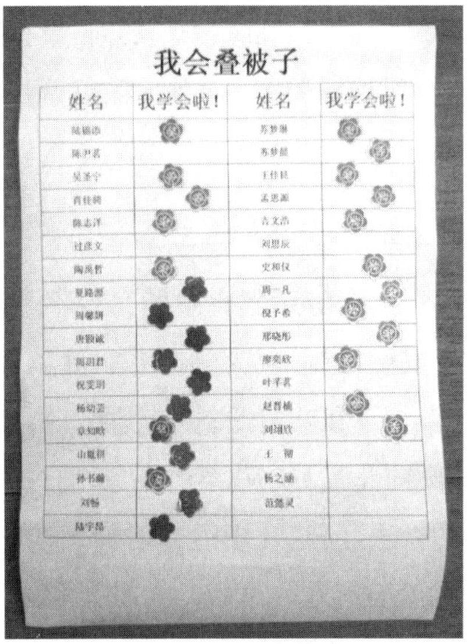

图 9-3 我会叠被子

活动方法

幼儿在学会正确的叠被子方法后,在自己的名字后可以贴上一颗五角星。

(上海市徐汇区宛南实验幼儿园 汤秋萍)

四、心理场论模式

社会心理学家勒温于1942年用心理场的场内力学的观点解释环境中影响群体行为的各种因素。根据这种理论,行为除了起源于个体或群体的具体特征以外,更受环境的影响。

(一)理论概述

根据心理场论的基本观点,勒温提出了一系列独特的基本概念:生活空间、行为与移动、力与力场、紧张与张力系统等。生活空间:即是“场”,它包括人及与之有关的心理环境,指在特定时间内影响个人心理因素的总体。行为与移动:行为指人在生活空间中的移动,移动指的是对某个目标的接近或避拒。力与力场:具有方向、强度和支点等各种性质。紧张与张力系统:任何生活空间或场内都存在相反的力。两个或更多的正力对不同的目标,或正力与负力对同一个目标区,其结果就会呈现一种紧张状态。勒温把场应用于社会心理学的研究中,认为团体作为一个不可分割的单位,其中每个成员的心理活动均处在团体其他成员的心理场之中,解释了个体行为受到环境影响的机制。

心理场论中对于张力系统的阐述,揭示了健康教育的发生机制:个人生活空间中两股力量,或者在单独条件下,或者是在相互依赖的条件下彼此抗衡,其中转变力量产生向目标方向转化的压力。当转变力量强而抵制力量弱时,行为会朝目标方向转化;当抵制力量强而转变力量弱时,就不会出现预期的行为;当两者相等时,也不会发生转变。这一机制有助于解释健康教育中言行不一现象背后的复杂原因。

(二)在学前儿童健康教育中的应用

心理场论不仅可以解释健康教育中的言行不一现象的复杂原因,其张力系统所揭示的健康教育的实施以及发生机制,也为学前儿童健康教育提供了策略:增强转变力量;减少抵制力量;同时增强转变力量和减弱抵制力量。

例如,针对某些学前儿童不吃蔬菜的现象,通过教育活动让孩子认识到蔬菜的营养价值就是增强转变力量的做法,而膳食中适当增加该幼儿的蔬菜量或者减少提供膳食纤维含量比较少的蔬菜就是减少抵制力量的做法,如果能够双管齐下,即增强转变力量和减弱抵制力量,往往可以产生最为明显的效果。

心理场论中所包含的系统论思想，强调必须在动力场或生活空间的具体情境中考察人的行为和心理事件，突出团体在每个成员的心理活动中的心理场作用，这一思想在学前儿童健康教育中的运用，表现在利用群体力量影响个体的机制，必须关注影响儿童健康行为的环境因素。例如针对不爱吃蔬菜的孩子，还可以通过爱吃蔬菜同伴的影响来引导其产生改变。

案例

谁来接宝宝(小班)

设计思路

新小班的幼儿刚从家庭走进集体生活，他们对幼儿园的环境、人都非常陌生，安全意识薄弱。为了确保小班幼儿离园的安全，要加强对幼儿的离园“安全教育”。保教人员应该掌握该年龄阶段幼儿发展的特点和需求，通过儿歌、绘本、示范、游戏等多种形式，对小班幼儿进行“跟自己的家人走”“陌生人的东西我不要”等系列安全教育。

活动目标

(1) 懂得离园时等自己的家人接，不跟陌生人走。

(2) 体验平安快乐离园。

活动过程

1. 视频再现

(观看视频)讨论：你们看，这是什么时候？看看视频里的宝宝都是跟着谁走了？你们都认识吗？仔细看玲玲小手搀着谁？(奶奶)

小结：放学后，玲玲手搀着奶奶一起回家了。

2. 经验回顾

讨论：每天谁来接你们？还有谁也会来接你的？

小结：还会有爸爸、妈妈、爷爷、奶奶、外公、外婆等家里人来接。不认识的人来接你，你能跟着走吗？为什么？

提问：如果陌生人请你吃糖、给你好玩的玩具，你能跟着他走吗？为什么？

小结：每天放学，爸爸、妈妈、爷爷、奶奶、外公、外婆等家里人来接我们。陌生人来，我不跟着走。

3. 活动延伸

鼓励幼儿每天来园时，让家长或者自己挂上放学来接的人的树叶牌子。

今天谁来接(小班)

环境创设

“今天谁来接?”

来园时,家长就在幼儿的照片下,挂上离园时接幼儿者的树叶牌子。

离园时,幼儿可以把树叶牌子拿下送回原处。

(1) 放学了,仔细瞧,谁来接?是奶奶。

(2) 不着急,不乱跑,老师点名,慢慢走。

(3) 手挽手,一起走,说再见,乐融融。

图9-4　今天谁来接

创设思路

小班上学期,幼儿刚刚从家庭走向小社会,他们的自我保护意识还很薄弱,时常会发生“跟着陌生人走”“陌生人诱骗幼儿”“离园时碰撞”等事件,因此,安全教育便是小班幼儿的首要任务。保教人员根据幼儿的年龄特点,创设有效的互动环境,对幼儿进行安全教育,以此增强幼儿的自我保护意识。

我们创设了“今天谁来接”的环境,让教师了解离园时谁来接宝宝,确保了幼儿的安全。另外,我们把放学时的注意事项编成儿歌,用图片进行展示,让幼儿知道放学时应该做些什么,增强了幼儿的自我保护意识。

(上海市浦东新区冰厂田幼儿园　许　剑)

五、健康信念模式(The Health Belief Model,简称 HBM)

健康信念模式是一个试图解释与预测健康行为的心理模式。

(一) 理论概述

健康信念模式最初是由在美国公共健康部工作的社会心理学家霍克鲍姆、罗森斯托克以及科格斯在 20 世纪 50 年代创立的,目前主要被应用于探测多种多样的长期或短期健康行为。健康信念模式是用社会心理学方法解释健康相关行为的重要理论模式。它以心理学为基础,由刺激理论和认知理论综合而成。这一模式指出,健康信念是人接受教育,采取保健行为的关键,而健康信念的形成受到动机、对预防危害的重要性的认知以及对建议的信任程度等因素的影响。

健康信念模式将健康行为的产生概括为三个不同阶段,这三个阶段分别是个人的认知、修饰因素和行为的可能性。

1. 个人的认知

个人的认知包括生病对个人的威胁性的主观认识。例如学前儿童饭前洗手习惯的养成,如果学前儿童认为饭前洗手对于健康是有益的,还认识到饭前不洗手容易生病,则会养成饭前洗手的行为习惯。因此,这里有两个认知,即个人对疾病的易受性以及疾病对个人影响的严重性,这两个认知合并为对个人的威胁性。这两个认知交互作用结果所产生的认知,则为修饰饭前洗手行为的必要条件。

2. 修饰因素

当认知的知觉或条件存在时,个人对于饭前不洗手行为的最终决定因素来自学前儿童生活环境中的各种不同的修饰因素。例如,对于一个家中没有饭前洗手习惯的幼儿要建立饭前洗手习惯会比较困难,如果这个幼儿在幼儿园健康教育课程中获得了知识,了解了饭前不洗手对健康造成的威胁性,那么,该幼儿的认知结构的改变是否能改变其行为,往往是受来自家庭、同伴的压力以及幼儿园获得的健康知识等的综合影响,某种程度上,家庭的修饰作用远远超过幼儿园的影响力。

3. 行为的可能性

大众传媒以及其他来源所倡导的行动也被用来解释这些内容。如果洗手液的广告经常出现,那么就会鼓励幼儿养成洗手行为。在当前学前教育市场化的背景下,经过商业包装的广告、传媒对学前儿童认知所产生的影响不可小觑。

健康信念模式在产生促进健康行为的实践中遵循以下步骤:首先,让人们对他们目前的行为方式感到害怕(知觉到威胁和严重性);其次,让人们坚信一旦改变不良行为会得到非常有价值的结果(知觉到效益);同时清醒地认识到行为改变中可能出现的困难(知觉到障碍);最后,使人们感到有信心、有能力通过努力改变不良行为。

在健康信念模式自身的发展中,从最初关注周围环境因素对人的行为的影响,发展到逐渐加强人类自身在与环境互动中的结果,越来越强调人类的主动性价值,"行为主动性"是健康信念模式的核心概念。近年来,这一模式中又加入了自我效能的概念,这些概念在健康信念模式中,可以更好地适应改变习惯性非健康行为(如不爱运动、过食等)的挑战。

表 9-1 健康信念模式的基本概念

概念	定 义	应 用
潜在的威胁	个人对达到某一状态的机会的看法。	界定危险人群,危险层次;根据个人特征或行为将危险个别化;提高估计不足的可能的艰难。
可能的困难	个人对情况的严重程度和结果如何的看法。	使危险的结果和状况具体化。
预期的利益	个人对采取建议行为后降低危险性或影响的严重性的信念。	决定应采取的行动;方法,环境,时刻;澄清预期的积极效果。
存在的障碍	个人对采取建议行为所需付出的实际的和精神上的代价的认识。	通过再认,奖赏,协助确认和减少障碍。
行为榜样	激发主动性的措施。	提供如何行动的信息,促进认识,提示作用。
自我效能	个人对采取行动的能力的信心。	提供训练,指导行动。

(二) 在学前儿童健康教育中的运用

加强学前儿童在幼儿园健康教育课程中的认知水平,改变学前儿童的认知结构,有利于提高学前儿童对疾病的易受性、严重性的主观认知。例如,如果学前儿童认为肥胖对于健康的威胁是非常严重的,同时认识到高热能食品的过量食用会导致肥胖,则会减少高热能食品的摄入。

由于学前儿童的好奇心强,模仿性强,因此,可以广泛采取行为榜样的方法,行为榜样可提供关于如何行动的信息,促进认知水平发展,具有提示作用。身边的成人、同伴、媒体形象都可作为他们的榜样。通过优化这些来自学前儿童生活环境中的各种不同修饰因素,使之成为个人对于改变或维持健康行为的最终决定因素,不仅可以改变孩子的行为,而且有利于增强其健康行为的持久性。此外,在当前学前教育市场化的背景下,正确引导商业广告、传媒对学前儿童健康行为的影响也是十分重要的。

此外,健康信念模式的几个概念在学前儿童的健康教育活动中仍有其应用价值。

1. 潜在的危险(perceived susceptibility)

这一概念的应用表现为"界定危险人群、危险层次;根据个人特征或行为将危险个别化”。“潜在的威胁”在学前儿童健康教育中的应用体现为建立危机管理机制，界定需重点关注的儿童群体，给予个性化、人性化的关怀保护。将学前儿童作为传染病易感人群，建立并执行预防接种制度，同时创建完善的婴幼儿的保健网络，尤其是关注处境不利家庭背景幼儿的健康问题，这是世界各国政府普遍采用的儿童保健措施，该措施能够有效预防潜在的威胁，保障每个适龄学前儿童的健康。对于我国来说，在直面社会变革带来的新社会问题时，需要重点关注作为弱势人群的幼儿的健康状态，建立有效的管理机制，提高他们对于儿童保健的易获得性。

2. 可能的困难（perceived severity）

这一概念的应用表现是使危险的结果和状况具体化。“可能的困难”在学前儿童健康教育中的应用体现为对危险行为后果的预先展示。在幼儿的日常生活中，安全事故的隐患比比皆是。自然后果法是让幼儿获得经验、接受教训的最佳方法。但我们不可能让每个幼儿都通过“体验”事故的后果来学习。比如在一个群体中有一个幼儿得病或受伤，抚养者可就此对幼儿进行直观的健康教育，使其更好地获得确保自身安全健康行为的认知。

3. 预期的利益（perceived benefit）

指个人对采取建议行为后降低危险性或影响的严重性的信念。其应用价值为决定采取的行动、方法、环境、时刻，澄清预期的积极效果。“预期的利益”在学前儿童健康教育中的应用体现为对健康行为的传播与推广，抚养者对儿童直接或间接进行的采取健康行为的教育。如多吃蔬菜水果等健康食品，看电视时间不宜过长，保持充足睡眠，过马路时注意红绿灯、要走横道线等。“预期的利益”与“可能的困难”的作用本质相同，都是让健康行为渗透在幼儿的意识之中。前者从正面促进健康行为的养成，后者则能从反面抑制非健康行为的产生，是一对相辅相成的工具。

六、社会学习理论

社会学习理论的创始者班杜拉认为，个体的行为、其他个人的因素（思想、情绪反应以及期待等）和环境对行为所造成的结果之间，存在着相互持续的交互作用。

（一）理论概述

班杜拉认为影响行为的最重要因素是持续的、相互的交互作用或其结果的反馈。例如，环境可能对行为具有决定性的影响力，而情绪反应等个人因素可能是控制行为的主要力量。

社会学习理论认为个人学习是由直接所表现出的反应以及通过间接经验观察到其他人反应的影响而获得的，几乎所有的学习均发生于经由观察他人的行为与其结果中，而且观察学习能力能够加快个人的学习过程。一种新行为获得的学习方法如下。

1. 由直接的经验而学得

个人从自己的行为及其结果中获得学习。假如学生从教师那里获得有关个人问题(如个人清洁)的忠告,那他所表现的行为将与他所受到的忠告相一致。当学前儿童表现出个人清洁行为时能够得到教师亲切的肯定,那么他就会继续表现出个人清洁卫生行为;反之,当他的个人清洁行为并没有得到教师的肯定,那么他就可能无法保持个人清洁行为。

2. 由观察而学得

个人通过观察同伴行为及其行动的结果能够很快地学习,事实上,这种情况发生得更多。当学生观察到同伴的个人清洁行为受到教师的肯定和表扬时,他就更容易表现出和同伴一样的行为;反之,当同伴的行为受到教师的批评或者惩罚时,个体就不容易表现出和同伴一样的行为。

(二) 在学前儿童健康教育中的应用

社会学习理论对于健康教育具有重要意义。通过树立榜样、示范等进行的观察学习,是学前儿童健康教育中常用的手段。例如,体育活动中的动作示范、个人卫生行为学习中的动作示范,都是健康教育常用的方式。对于大多数教育行为,教师都会采用直接示范的方式,让儿童通过直接观察进行学习。同时,结合榜样给予儿童肯定和表扬,可起到示范和强化的作用。

此外,尽管学前教育中强调运用学前儿童的多种感知觉,但是,并不是每一种经验都是有意义的、需要亲身体验的,对于某些不适合运用亲身体验方式进行学习的内容,就可以利用观察学习进行教育。例如,自我保护、预防意外是安全教育的重要内容,教师利用生活中正在或刚刚发生的意外伤害事件来提醒每个幼儿,达到强化的目的。如攀爬过程中发生挤推事件后,教师往往会要求大家停止各自的运动项目,就这一事件进行讨论、分析原因,总结经验教训,这对于避免类似事件的发生是非常有效的教育手段。

案例

离园五件事(大班)

设计思路

大班幼儿已经有了初步的自我服务意识,同时,他们对离园前要做好哪些准备也有所了解。作为保教人员,应该掌握该年龄阶段幼儿的发展特点和需求,通过故事、图示、游戏等多种形式帮助幼儿养成良好的生活习惯,提高他们的自主性。

活动目标

(1) 知道离园前要做的准备,初步养成良好的生活习惯。

(2) 增强自我服务意识。

活动过程

1. 视频引入

请幼儿观看视频“离园时”。

讨论：离园时发生了什么事情？

事件一：妈妈来接明明了，明明才想起口干，急急忙忙去喝水。

事件二：小宝走出校门才想起自己的外套、玩具还在教室里，急忙回去拿。

事件三：东东走了一半路想上厕所了，急得到处找厕所。

讨论：为什么会发生这样的事情？

小结：因为离园前没有做好准备，所以才会手忙脚乱。

2. 交流分享

讨论：离园前要做好哪些事情、哪些准备呢？

(小便、喝水、穿外套、塞好衣服、带好回家物品)

讨论：离园前为什么要喝水、小便？

小结：离园前要做好一些生理上的准备。

讨论：怎样才能将衣服穿戴整齐呢？

幼儿演示、教师指导。

(1) 塞好衣服。

教师：左手拉起裤腰，右手按住衣服，并用力将衣服塞进裤腰中，从前往后将衣服塞好。

(2) 穿外套。

教师：穿外套时，双手拉住衣领，衣服反向对自己，后将衣服披至肩上，右手握紧衣领，左手先伸入袖子，换左手握紧衣领，右手伸入袖子，最后扣上纽扣或拉上拉链。

小结：离园前要将自己的衣服整理好，带好回家物品。

3. 自主体验

讨论：离园前该怎样依次做好这五件事呢？为什么？

出示流程图(喝水→小便→塞好衣服→穿外套→带好回家物品)

游戏：离园五件事。

教师：今天我们就根据流程图，在十分钟内依次做好离园五件事。

教师要引导幼儿养成良好的生活习惯,学会自主地做好离园前的准备,巩固穿脱整理衣服技能的掌握。

对于能自主完成的幼儿,教师要及时表扬;对于不能自主完成的幼儿,教师可适时提醒并鼓励;对于个别不能独立完成的幼儿,教师可通过语言提示动作要领,帮助其尽快掌握方法,提升幼儿的自我服务意识。

(上海市浦东新区冰厂田幼儿园　高　瑾)

七、PRECEDE/PROCEED模式

该模式是由美国学者劳伦斯·格林提出的,1968—1974年为PRECEDE模式,20世纪80年代以后称为PROCEED模式。

(一)理论概述

PRECEDE模式是指在教育/环境的诊断和评价中应用“倾向因素”“促成因素”“强化因素”,将健康教育视作对于目标人群的问题诊断并进行干预,该模式中包含社会/行为科学、管理和教育等元素,强调有多种因素影响健康和健康行为,因此需要进行评估,从而确保适度的干预。

PROCEED模式是在20世纪80年代被增加进来的,由于劳伦斯·格林在地方政府任职过程中,认识到健康干预的急迫性,提出必须超越传统的教育方式来改变不健康的行为,其中管理诊断是健康干预中的最后计划步骤,以促进计划或者政策制定、规范环境、组织资源和服务。因此,PROCEED模式指执行教育和环境干预运用政策,将实践工作者从教育干预上升到运用必要的政策、管理和经济活动,使社会系统环境更加有利于引导健康生活方式,实现更加完整的身体、精神和社会健康。

PRECEDE/PROCEED模式的目的是将注意力集中在结果而非投入上。这将迫使健康教育计划制定者在制定计划时首先从结果开始考虑,然后再考虑影响结果的因素,之后的干预将直接锁定这些因素。在计划过程中必须遵循两个原则:参与的原则和环境的原则。

(1) 参与的原则:指健康行为的改变需要个体自身的参与。健康教育的原则在于健康教育行为必须是自愿行为。

(2) 环境的原则:健康和健康行为受到媒体、政策以及社会规则的影响。

PRECEDE/PROCEED模式的基本步骤:

步骤一:社会诊断。该步骤的核心是定义并评估影响目标人群生活质量的社会问题。

健康教育的最终目的在于在最大程度上提高个人和全社会的生活质量，健康教育最关心的是如何通过干预来提高生活质量。因此，首先需要通过社会需求评估，了解目标人群有关生活质量的需求，可通过召开座谈会、专家咨询、回顾已有的信息、进行社会调查等方法来进行。

步骤二：流行病学诊断。根据生命统计、潜在生命损失、残障或疾病发病率、意外伤害发生率和死亡率等数据，确定目标人群中与生活质量有关的主要健康问题，进而通过对问题的重要性和可变性的评估，确立优先干预项目。

表 9-2　确定优先干预项目的策略

	非常重要	不重要
可以改变	高度优先	除非政策原因，一般不优先
不易改变	关键问题优先改革	不列入计划范围

步骤三：行为和环境诊断。确定优先干预项目以后，必须进一步分析影响与这一健康问题有关的行为与环境因素。可能的因素包括非健康行为和行为因素。非健康行为（如个人和环境因素）可能导致健康问题，但是往往是健康教育工作者难以控制的。非健康行为包括先天素质、年龄、性别、气候和工作环境、健康护理设施的充足性等。而考虑行为因素对健康影响的评估、确认以及界定则是健康教育工作者的主要目的，这些因素能够帮助其确认进行干预的目标行为。

步骤四：教育和组织诊断。要求健康教育工作者从大健康观，从身体—心理—社会等多维视角，从家庭—社区—个人三个层次，来分析可以影响行为目标和环境目标的种种因素，然后制定健康教育干预计划。

该模式将所有可能促成行为和环境改变的因素归纳为三类因素：倾向因素、促成因素和强化因素。倾向因素是指产生某种行为的动机或愿望，常先于行为，包括个人或群体的知识、信念、理解力等。促成因素是指使行为动机和愿望得以实现的因素，包括实现或达到某种行为所必需的条件。例如，为肥胖儿提供低热能的特殊膳食、提供户外活动的场地等。强化因素存在于行为之后，是指强化（或减弱）某种行为的因素，如通过奖励或惩罚使某种行为得以巩固、增强，或淡化、消失。

（二）在学前儿童健康教育中的运用

PRECEDE/PROCEED 模式体现了大健康观，从过去的“生物医学模式”转变为“身体—心理—社会模式”，把健康教育放在更广阔的背景中，用多维视角综合考虑种种影响健康的因素。例如，对于口吃幼儿，除了寻找可能的生理原因（例如舌系带过短）以外，还必须从心理因素、社会因素中寻找原因，紧张往往是导致幼儿口吃的重要原因，模仿口吃也是发生口吃的可能原因，需要通过减缓压力和紧张源、消除不良的语言环境，综合进行矫治。

PRECEDE/PROCEED模式从倾向因素、促成因素和强化因素三个方面进行干预,体现了健康教育的新概念——传播与教育并重,使健康教育更趋合理和完善。从这一模式出发,学前儿童健康教育不能靠说教,而应创建一种健康的生活,使幼儿形成动力定型,从而养成健康行为习惯。在媒介对于儿童生活影响力越来越大的背景下,倡导健康生活的社会舆论,有助于形成儿童健康行为的形成。

第二节 当代学前儿童健康教育理论的分析

一、健康行为是学前儿童健康教育理论的核心

世界卫生组织曾经指出:健康教育的重点在于群众和行动。其目标在于鼓励人们采取和维持健康的生活方式,充分利用现有的卫生服务,并能做出个人的或集体的决定,以改善他们自己的健康状况和生活环境。这表明,健康行为是健康教育的最终目标。

在认知、情感、行为的相互关系中,认知是健康行为的基础,只有具有正确的知识才可能建立健康行为;情感是健康行为产生的驱动力,对于健康行为积极的认同感有助于健康行为的产生,对于不健康行为的厌恶情感也能够抑制不健康行为的产生;只有健康行为才是健康教育的最终目标指向。

作为学前儿童健康教育的最终目标,培养幼儿健康的行为、健康的生活方式已经成为当前学前儿童健康教育理论的核心内容。知信行模式中明确了知识——态度——行为之间的递进关系;计划性行为理论则是从认知——情感——行为的非线性现状中试图探寻影响个体健康行为的态度因素,这种尝试在健康行动模式和心理场论模式中同样存在;PRECEDE/PROCEED模式更是将健康行为作为健康计划的出发点和归宿。

当然,当人们纷纷将幼儿健康行为的改变作为幼儿园的健康教育目标时,必须清醒地认识到目标达成的复杂性。事实上,各种健康教育理论模式已经揭示了健康行为的复杂性,认知、情感、行为之间远不是简单的线性关系,即使在良好的实验控制条件下,也难以明确影响学前儿童健康行为的因素。正如劳伦斯·格林所警告的,期待学校健康教育产生健康行为的改变是一种天真的想法,但学校健康教育需要在特定的健康行为发展上作出最重要的贡献。幼儿园健康教育的主要任务是发展健康知识和积极的健康态度、传授某些健康的行为技能,例如保持环境卫生、正确进行人际交往、选择营养的膳食、参加适宜的活动,以及获取适用于急救和紧急照顾程序所必需的技能等。将这些方法提供给学前儿童,是其选择健康的生活方式和行为模式的基础,可以促进其健康。

二、大健康观是学前儿童健康教育理论的视角

正是由于认识到影响健康行为因素的复杂性、达成健康行为目标的复杂性，越来越多的健康教育模式倾向于运用大健康观，用生态学的理论来审视健康教育的问题。PRECEDE/PROCEED模式倡导从家庭——社区——学校一体化的角度看待健康教育，将健康教育置于大健康观之下，提出教育和传播相互结合的模式；同样，计划性行为理论揭示了个人实施健康行为的意向取决于其态度和对客观规范的衡量结果，指出对于学前儿童健康行为发挥主导作用的是父母以及社会客观规范的态度影响，因此，学前儿童健康教育需要开展家庭——幼儿园——社区整体教育，将家长、社区作为整个学前儿童健康教育计划的一部分。

由于学前儿童健康行为受到来自生态环境的复杂影响，因此，仅仅考虑幼儿园健康教育是远远不够的。虽然孩子在幼儿园的生活时间很长，但是若比较他们的家庭、邻居、社区，尤其是他们的同伴团体所产生的影响，前者的影响就相当薄弱了。即使是理想的幼儿园健康教育计划，能够提供健康教育的时间也相当有限，因此，传统的幼儿园闭门式的健康教育已经被打破，必须将幼儿园健康教育置于所处的生态环境中，从家庭、社区以及社会生活等多个维度来研究影响因素，针对这些维度确立有目的、有计划的健康教育计划，对于其中的健康教育资源进行合理利用，重视幼儿与周遭环境的互动，这样才能更好地实现健康教育的目标。

三、预防模式是学前儿童健康教育理论的关注焦点

对已经存在的健康问题进行干预、矫治，进而建立正确的健康行为固然是学前儿童健康教育的目标，但对于危机问题的发现和积极预防更是当前学前儿童健康教育理论的关注点。这种观点不仅适应教育资源效益最大化的社会需要，同时也可避免不良健康行为对于个体健康状况乃至社会健康水平的不必要的损害。PRECEDE/PROCEED模式在确定目标时就是以流行病学为依据进行的，这种方法能够有效地寻找危机目标；同样，健康信念模式特别关注“潜在的威胁”，倡导建立危机管理机制，界定需重点关注的儿童群体，并给予个性化、人性化的关怀保护。

在学前儿童健康教育中，这种危机预防模式是非常重要的。例如，建立有效的传染病管理制度，能够有效地预防学前儿童感染传染病，创建完善的婴幼儿的保健网络，有效预防潜在威胁，保障每个适龄学前儿童的健康。又如，定期组织身高体重的监测、制定每个儿童的生长发育图、建立健康档案、跟踪观察幼儿体质的变化，可及时监控幼儿身体素质的变化发展，捕捉潜在的威胁，并在幼儿园健康教育的内容、途径中作出相应调整。

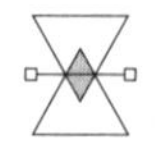

教与学的建议

1. 观摩一次学前儿童健康教育活动,分析其中包含的健康教育模式。

2. 以促进学前儿童强身健体为目标,运用 PRECEDE/PROCEED 模式,设计一个健康教育行动方案。

本章思考题

1. 简述健康教育的知信行模式的主要内容及其在学前儿童健康教育中的运用。
2. 简述社会学习理论的主要内容及其在学前儿童健康教育中的运用。
3. 简述 PRECEDE/PROCEED 模式的主要内容及其在学前儿童健康教育中的运用。
4. 如何理解"健康行为是学前儿童健康教育理论的核心"这一观点?

参考文献

1. [美]劳拉·E·贝克.儿童发展(第五版)[M].吴颖,等,译.南京:江苏教育出版社,2002.
2. [英]约翰·洛克.教育漫话[M].徐诚,杨汉麟,译.石家庄:河北人民出版社,1998.
3. 王坚红.学前教育评价[M].北京:人民教育出版社,2010.
4. 张玉田,等.学校教育评价[M].北京:中央民族学院出版社,1987.
5. 项宗萍.从"六省市幼教机构教育评价研究"看我国幼教机构教育过程的问题与教育过程的评价取向[J].学前教育研究,1995(2):31—35.
6. 姚芳蔚.儿童眼病防治[M].上海:文汇出版社,1996.
7. 刘湘云,等.儿童保健学[M].南京:江苏科学技术出版社,1999.
8. 朱家雄.幼儿园课程[M].上海:华东师范大学出版社,2003.
9. 魏金铠,栗克清,高顺卿,崔泽.现代儿童心理行为疾病[M].北京:人民军医出版社,2002.
10. 黄人颂.学前教育学参考资料(上、下册)[M].北京:人民教育出版社,1991.
11. 欧新明.学前儿童健康教育[M].北京:教育科学出版社,2003.
12. 朱家雄.学前儿童心理卫生[M].北京:人民教育出版社,1994.
13. 顾荣芳.学前儿童健康教育论[M].南京:江苏教育出版社,2003.
14. 史秋琴,杨雄.儿童安全与社会责任[M].上海:上海文化出版社,2006.
15. 郑艺.运动·快乐·健康——幼儿快乐运动教学探究[M].上海:上海教育出版社,2005.
16. 邵乃济,邱晓云.播种"健康"——上海市实验幼儿园"健康教育"课程领导篇[M].上海:上海教育出版社,2012.
17. 王雁.幼儿卫生与保健[M].北京:中国社会出版社,1999.
18. 钱源伟.幼儿健康心理八十题[M].上海:华东师范大学出版社,1996.
19. 郑静,曹家正,邵慧玲.幼儿问题行为及其矫正[M].上海:华东师范大学出版社,1996.
20. 许卓娅.学前儿童体育[M].南京:南京师范大学出版社,2003.
21. 刘馨.学前儿童体育[M].北京:北京师范大学出版社,1997.
22. 冯志坚.学前儿童体育[M].重庆:西南大学出版社,2000.

后　记

《幼儿园教育指导纲要(试行)》明确指出,幼儿园的教育内容是全面的、启蒙性的。因此,要根据教育目标,选择和组织对幼儿最有价值又最贴近实际生活的部分构成教育内容,使幼儿得到良好的发展。而健康教育是幼儿园教育的重要组成部分。

在《学前儿童健康教育与活动指导(第3版)》教材的编写中,我们更新了有关健康与健康教育的一般理论及其模式,结合最新的教育实际介绍了学前儿童健康教育的目标、内容、方法、途径及其评价,并强调了活动设计、活动操作和活动反思等相关内容,增强了教材的可操作性,培养学生以渗透的、整合的观念开展幼儿园健康教育活动的能力。

本书由庞建萍、柳倩主编。其中,第一章、第三章和第七章由庞建萍编写;第二章、第八章和第九章由柳倩编写;第四章、第五章和第六章由张晔编写。本书借鉴吸收了国内外同行的研究成果,在有关章节中选编了幼儿园健康教育活动的教学活动案例,所用之处书中均有注明,在此一并表示感谢。由于学识所限,若有不当之处,敬请批评指正。

庞建萍

2023年5月